1900 ~ 1999

한국불교 100년

김광식 편 / 사진 자료수집 윤창화

민족사

머 리 말

　20세기! 근·현대, 격동의 시절, 세계사 및 세계화로 나아간 시기, 전통과 근대화의 대립, 이념과 민족의 갈등, 개화와 개항, 외세의 도전과 응전, 국권수호, 대한제국의 멸망, 일본제국주의 식민통치, 3·1운동, 독립운동, 상해 임시정부, 해방과 분단, 6·25전쟁, 4·19와 5·16, 민주화와 독재, 경제발전, 남·북한 대치, 정권교체와 문민·국민의 정부, IMF사태 등 최근 100년의 역사는 이처럼 다양한 얼굴로 우리에게 다가왔다가 이제 모두 지나갔다.

　그러면 이 100년간의 불교사의 단면은 어떠하였는가?

　더욱이 그 100년을 마감·정리하는 이때에 우리는 불교의 흔적을 어떠한 잣대로 바라보아야 하는가? 이러한 시·공간에 처하여 지난 100년 불교사의 흐름과 흔적을 더듬어 봄은 어떤 의미일까? 그것은 보다 나은, 건강한, 사회에 이바지 하는, 중생을 구제할 수 있는, 21세기 사상과 문화의 주역이 될 수 있는 불교를 만들기 위함이다. 과거를 되돌아 보고, 현재를 점검하며, 미래의 방향을 조망하는 것이 바로 본 책자 편집의 근본 목적이다. 이를 강조하여 표현하면 '역사의식' 으로 말할 수 있고, 격조있게 말하면 '온고지신' 이라고 할 수 있다.

　우리는 지난 100년간의 불교의 흔적을 사진, 문서, 책자, 성명서, 잡지, 신문 등 다양한 대상들을 종합하여 그 흐름을 요약·정리하여 보았다. 이제 우리는 100년이라는 시간의 여울에 남아 있는 앞서간 불교인들의 고뇌와 열정의 단면이라도 엿볼 수 있을 것이다. 그 흔적과 단면 그리고 거기에 담겨진 아쉬움과 회한을 통하여 자그마한 역사의 숨소리나마 느낄 수 있다면 이 책자 발간은 성공한 셈이다. 아니다, 역사의 숨소리를 느끼지 못하여도 좋다. 언제인가는 그 숨소리를 들을 필요성이 절실할 때가 올 것이라고 확신한다. 시간이 지나갈수록 역사의 흔적, 즉 기록들은 사라져 버리는 것이 통례이기에 더 이상의 자료 산실을 안타까워하는 소박한 심정이 이 책자의 구석 구석에 스며 있다는 것으로 위안을 삼고자 한다.

　100년의 불교사는 한마디로 요약하면 불교의 중흥과 발전의 역사였다. 그러나 그 역사의 뒤안길에는 부끄럽고, 처절하고, 치욕스러운, 생각하고 싶지도 않은 흔적들이 고스란히 지금 이 순간에도 남아 있다. 그리하여 그 100년은 양지와 음지가 공존하였던 애증의 그림자이다. 그러나 어찌하랴, 미우나 고우나 우리의 역사인 것을.

조선후기의 정치ㆍ사회적인 낙후에서 개화, 개항, 도성출입금지 해제, 일본불교 침투 등 거세게 도전해왔던 문명과 근대라는 도도한 폭풍우를 불교는 마주 대하였다. 거기에다 한국을 강탈하였던 일본제국주의 선발대로서 침투하였던 일본불교의 간악함은 어떠하였는가?

이에 불교계는 불교의 대중화의 기치를 앞세우고 산간에서 도회지로 부지런히 왕래하였다. 학교를 세우고, 포교당을 세우는 등 손과 발을 열심히 놀렸다. 그러면서 불교의 유신과 개혁의 목소리도 힘껏 내면서 그 이론을 정비하기도 하였다. 그러나 간혹 불교의 정신을 저버리고, 한국불교의 전통을 팽개친 경우도 있었다. 그런 때이면 눈밝은 선지식들이 그 오류를 교정해주기도 하였다.

이따금 그 개혁의 농도가 지나쳐 불교의 근본을 상실한 경우도 적지 않았다. 그러나 그 오류와 정도를 이탈하였어도 곧 중심으로 되돌아 오곤 하였다. 물론 종단 내부의 갈등과 분규도 왕왕 있었다. 또한 신도들도 가세한 분규가 몇 년을 지속하거나 사찰과 사찰 재산을 더 많이 차지하기 위한 부끄러운 흔적도 있었음을 부정할 수는 없다. 이제 그 오욕의 잔재들도 서서히 지나가고 있다. 이 모든 것들을 내일을 위한 토양으로 삼아야 할 때가 왔다.

이제 우리는 지난 100년간의 불교가 걸어온 긴 여정을 되돌아 보아야 한다. 거울을 대하여 자기의 모습을 바로 볼 수 있는 여유스러운 지혜가 더욱 절실하다. 문제는 앞으로 나아갈 방향과 그 내용이다. 그것을 더듬어 보고, 되새김질 하는 마당이 바로 본 책자인 셈이다. 보다 멀리 갈 수 있는, 차분차분 그 길을 모색하는 대화의 장이 바로 여기에 있다. 이제 우리 모두 그 탐색을 통하여 한국불교의 나아갈 길을 가슴으로 느껴 보지 않겠는가?

본 사진집은 자료수집 및 제공에 협조해 준 단체 및 여러분들의 도움으로 세상에 나오게 되었다. 동국대 도서관, 독립기념관, 이철교 선생님, 박상국 선생님, 고재욱, 이동은, 김남수, 김순석, 김상석, 안후상, 이경순, 유근자 씨와 청청스님, 전불련, 선우도량, 실천불교승가회, 불교신문, 법보신문, 현대불교, 주간불교 등 여러 기관ㆍ단체와 도움을 주신 분들의 고마움에 새삼 감사의 뜻을 전한다. 그 외에도 사진제공에 협조해 주신 분들께 감사를 드린다.

2000년 원단.

편집인 김 광 식

일 러 두 기

1. 이 책은 1900년대를 전후하여 1999년까지 불교계에서 있었던 중요사
   건, 희귀사진, 기념사진, 신문, 잡지, 인물, 책, 성명서, 문건, 주요 사건
   기사 등 중요하거나 희귀하다고 판단되는 것을 모은 사진집이다.

2. 차례에 표기된 숫자 중 앞의 숫자는 사진자료의 일련번호를 나타내고
   뒤에 표기된 숫자는 본 사진집의 쪽수를 의미한다.

3. 찾아보기는 독자들의 편의를 제공하기 위하여 관련사진의 중요한 문구
   를 가나다 순으로 정리하였고, 해당 숫자는 본 사진집에 표기된 사진자
   료의 일련번호를 의미한다.

4. 이 책에 수록된 사진과 신문기사는 현재 모을 수 있는 것만 모았고 기타
   개인이 소장하고 있는 사진이나 자료는 모으지 못했다.

5. 이 책에 수록되지 못한 사진이 있을 것으로 생각한다. 특히 개인, 사찰,
   단체가 소장하고 있는 사진 중 중요하거나 희귀하다고 생각되는 사진이
   있으면 추후 다시 자료를 모아 보유판을 낼 계획이다. 개인이나 단체에
   서 소장하고 있는 사진을 제공, 대여해 주시면 고맙겠습니다.

차   례

1930년대

해방 이후 ~ 1949년

1960년대

1980년대

1990년대

부록[1] 조선사찰 31본산 사진첩

주요 칼라 사진

●

●

●

●

●

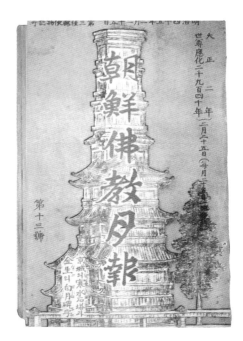

▶ 선교양종 각 본산주지회의원에서 발간한 불교잡지
「조선불교월보」 제13호. 「조선불교월보」는 「원종」에
이어 두번째로 창간된 잡지로서 1912년 2월 25일에
창간되어 1913년 8월, 통권 19호로 종간되었다.

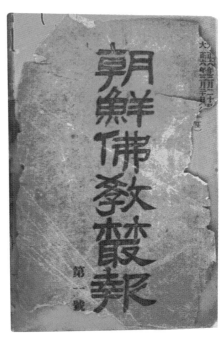

▶ 30본산연합사무소에서 발간한 불교잡지 「조선불교
총보」 창간 제1호. 「조선불교총보」는 1917년 3월
20일에 창간되어 1921년 1월 20일 통권 22호로 종
간되었다.

▶ 통도사 불교청년회에서 간행한 불교잡지 「취산보림」.
「취산보림」은 1920년 1월 25일 창간되어 같은 해
10월 15일 통권 6호로 종간되었다.

▶ 불교진흥회본부에서 펴낸 불교잡지 「불교진흥회월보」
창간 제1호. 「불교진흥회월보」는 1915년 3월 15일
창간되어 1915년 12월 15일 통권 9호로 종간되었다.

▶ 한용운의 「불교대전(佛敎大典)」. 각 경전의 명구와 요점만을 발췌하여 간행된 한용운의 대표적 명저이다. 1914년 범어사 간행(관련사진 106, 108, 297, 298, 299 참조).

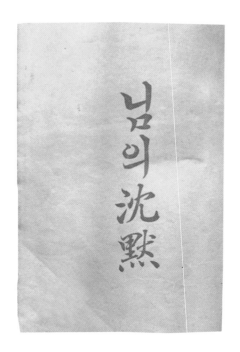

▶ 한용운의 사상과 문학정신의 정수를 보여준「님의 침묵」초간본 표제지. 1926년 5월 20일 서울 회동서관에서 초간본이 발간되었다. 한용운은 1925년 8월 29일 설악산 오세암에서「님의 침묵」원고를 탈고하였으며, 이 시집이 발간되고 15일후에는 6·10만세운동의 '임시검속'으로 피검되었다(관련사진 104, 106, 108 참조).

▶ 권상로의 저술「조선불교약사」(1917년). 국한문 혼용체로 쓰여진 이 책은 최초의 한국불교 역사서이다.

▶ 불교의 개혁과 유신의 대중화를 일으킨 한용운의 「조선불교유신론」의 표지(1913.5.25.간행)(관련사진 104, 297, 299).

▶ 조선불교 교무원에서 발행한 불교 종합잡지 「불교」 창간호. 이 잡지는 당시 불교계의 기관지로서 1924년 7월에 창간되어 1933년 7월(통권108호)에 재정난을 이유로 중단되었으나 그후 1937년 3월에 다시 「신불교」로 속간, 발행되었다.

▶ 「불교(신)」 창간 제1집. 1937년 3월에 창간된 이 잡지는 「불교」지 폐간 이후 4년만에 다시 발행된 잡지이다. 재정은 경남3본산회의(해인사, 통도사, 범어사)에서 부담하면서 속간되었다. 조선불교의 기관지 역할을 했던 이 불교지를 「불교(신)」이라고 하였다. 1944년 12월 통권 67집으로 종간되었다.

▶ 조선불교단의 기관지 「조선불교」. 1924년 5월에 창간된 이 잡지는 총독부의 식민지 정책을 선전, 대변한 잡지로서 일본불교가 우리나라에서 발행한 잡지로서는 「동양교보(東洋敎報)」에 이어 두번째이다. 「조선불교」는 몇호까지 발행되는지는 알 수 없으나 130호 이상이 발행되었다(관련사진 294 참조).

▶ 불교잡지 「평범(平凡)」 창간호. 1926년 8월에 창간된 이 잡지는 통권 3호(1926.10)까지 발행되었다. 대중적인 문예지로서 발행인은 범어사 출신 불교청년 허영호였다.

▶ 개화기의 승려 모습. 흥미로운 복장으로, 승려의
복식 변천에 참고할 만하다.

▶ 불국사 다보탑 칼라 그림엽서.

▶ 칼라로 된 분황사탑 그림엽서. 탑 위의 풀과 주변의 돌들이 무심히 자리잡고 있다. 엽서 상단에는
영문 글씨도 보인다.

摩訶衍庵
新羅時代に創建された金剛山中の一庵、奇巌秀峰を
目近にめぐらして環境すこぶる卓抜である。

▶ 금강산 마하연 그림엽서(칼라). 1930년대. 이곳에서 수많은 운수 납자들이 수행하였다.

FUTOKU KU TSU MONASTORY ·MT INNER DIAMOND·
窟德普 【山剛金 鮮朝】

▶ 금강산 내금강의 보덕암 그림엽서(칼라), 1930년대.

▶ 백용성이 역경, 간행한 「조선어능엄경」(1928.3).

▶ 안진호의 「석문의범」(1935.4). 「석문의범」은 종래
의 여러가지 불교의식집을 통합, 재편한 것으로
1970년대까지만 해도 전국의 사찰에서는 모두가 이
「석문의범」을 사용하였다.

▶ 불교잡지 「금강산」. 표훈사와 금강산 불교회에서
간행한 「금강산」 제4호 1935년 9월 5일에 창간되
어 1936년 6월 5일에 통권 10호로 종간되었다.

▶ 「금강저」 16호. 「금강저」는 1924년 5월에 창간되어
1943년 1월에 26호로 종간되었다. 1~14호까지는
등사판이고 15호 이후부터 활자판인데 현재는
15~26호까지만 전해지고 있다.

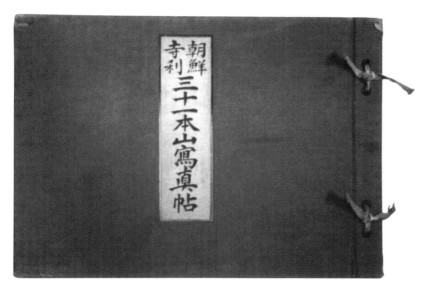

▶ 조선사찰31본산 사진첩(朝鮮寺刹三十一本山寫眞帖). 재단법인 조선불교 중앙교
무원(지금의 총무원과 같음)에서 1929년 8월 29일에 간행하였는데 당시 31
본산의 전경 사진이 수록되어 있다.

▶ 해방공간기의 불교집행부(총무원)가 펴낸
불교잡지 「신생」. 1946년 3월 1일 창간.
같은 해 10월 4호로 종간.

Hakubun-ji Temple, at Shunposan, Keijo

▶ 서울 남산(장충단)에 있었던 박문사(博文寺) 전경(칼라우편엽서). 1931년 6월 5일 기공하여 이토오 히로
부미(伊藤博文)의 24회 기일(忌日)인 1932년 10월 26일 낙성식을 거행한 이 박문사는 사이또(齋藤實) 총
독시절. "이토오 히로부미의 '업적을 영구히 기념' 하고 '명복을 기원' 하며 '불교의 진흥을 도모' 하고 '일
본인과 조선인의 굳은 정신적 결합을 도모' 하기 위하여"라는 명분으로 만들어진 사찰로서. 종지(宗旨)는
평소 이토오 히로부미가 귀의하였던 조동종으로 하였다. 박문사라는 명칭도 이토오 히로부미의 이름을 딴
것인데 현재 신라호텔 영빈관 자리가 바로 박문사 자리이고. 정문이 박문사 정문이라고 한다.

▶ 김일엽의 수필집 「청춘을 불사르고」. 여류문인으로
이름을 떨친 김일엽스님의 인생회고록의 성격을 띤
이 책은 1962년 문선각에서 출판되었다. 김일엽스님
은 수덕사에 수행하며 수많은 사람들의 심금을 울린
주옥 같은 글을 발표하였다.

▶ 운허스님의 「불교사전」. 운허스님이 정열을 기울여
간행한(1961.5) 이 사전은 우리나라 최초의 불교사
전이다.

▶ 강옥주(사진 좌측)와 백운선(우측)의 회심곡 레코드판
(1970년대 중반, 유니버셜 레코드사).

▶ 김성동의 장편소설 「만다라」. 불교를 소재로 한 이 소
설은 당시 최고의 베스트셀러였다. 영화로서도 크게
흥행한 「만다라」는 불교를 비하시켰다고 하여 작가는
조계종으로부터 퇴출되었다. 결국 작가는 환속했다.
이 소설은 상당 부분 작가의 체험과 고뇌를 형상화한
작품이었다.

1900년대 전후

1900년대 전후 ●●●●●●●●●●●●●●●●●●●●

  이 시기의 불교사는 불교의 중흥과 발전을 기하려는 몸부림 그 자체였다. 조선후기 불교의 사회적 위상을 대변하는 승려의 도성출입금지가 해제된 1895년 직후 불교계는 서서히 변화의 물결에 휘말렸다. 그러나 불교의 위상은 쉽게 찾아오지 않았다. 도성출입금지 해제령도 즉각적으로 파급되지 못하였고, 일시적으로 재금지 조처도 있었다. 그러나 개항, 근대화 물결의 구도에서 불교의 속박은 막을 수 없었다.

  이에 불교계는 서서히 서울에서 행사를 치를 수도 있었고, 서구문명과의 접촉도 가시화되었다. 그러나 가장 문제시 된 것은 일본문명, 일본불교와의 접촉이었다. 이는 일본불교를 문명의 중심으로, 그리고 한국불교가 본받아야 할 대상으로 여긴 것에서 나온 것이었다. 이동인이 그 대열의 선두에서 개화와 근대화에 앞장선 것도 그 사정을 반영하는 것이다. 당시 불교계의 인식의 근저에는 이른바 사회진화론의 영향이 있었다. 약육강식, 우승열패라는 시대에서는 선진적인 문명을 따라잡기 위한 불가피한 조처로 수용되었다. 이에 자연적으로 일본불교는 한국불교가 배워야 할 문명의 대상으로 선명히 부각되었다.

  또한 이 시기에는 일본불교의 한국 침투가 더욱 드세어졌다. 청일전쟁, 러일전쟁 이후부터 본격적으로 침투한 일본불교는 각 종파가 경쟁체제하에서 진행되었기에 그 발전의 속도는 놀라운 것이었다. 그렇지만 일본불교는 결과적으로 일제의 한국 침략의 후원자의 성격을 배제할 수는 없는 것이기에, 일본불교의 정체 파악에 미흡했던 한국불교계의 인식은 문제점이 적지 않았다. 일제의 침략에 항거한 의병전쟁이 드세어졌을 때, 한국사찰은 오히려 그 와중의 피해를 줄이려고 일본사찰의 말사에 소속되고자 관리청원을 신청한 일도 있었다.

  이러한 배경하에서 당시 불교계 움직임에서 주목할 것은 불교 교단의 설립 노력이 두드러졌다는 것이다. 불교의 발전을 담보할 수 있는 조직체로서의 교단은 실로 이전 불교의 정황을 고려하면 눈부신 변화였다. 1902년 당시 구한국정부가 전국의 사찰 및 승려를 통할하기 위한 기관인 사사관리서(寺社管理署)를 설치한 것은 변화된 불교계의 효율적인 관리에 임하려는 자세의 발로였다. 그러나 사찰관리서는 1904년경에 이르러서는 유야무야의 지경에 처하였다. 이는 국운이 위태로운 정황하에서 나약한 국권의 말로를 대변해주는 것이다. 이러한 지경에 처하자 당시 한국에 진출한 일본불교는 사사관리서가 있던 원흥사를 독점하려는 작태를 감행하기도 하였다.

  이후 교단 설립 노력은 선각적인 승려들이 주도한 불교연구회로 이관되었다. 그러나 그들의 노력은 근대적인 최초의 학교인 명진학교 설립에 그치고 보다 진전된 교단 설립은 1908년 전국 사찰 대표들이 원흥사에서 모임을 갖고 결의한 원종 창립시까지 기다려야만 했다. 원종을 주도한 승려들은 원종 종무원을 인가받기 위하여 부단히 노력하였다. 심지어는 친일파, 또는 다께다(武田範之) 같은 일본불교 유력자들에게도 협조와 후원을 기대하였으나 끝내 성사시키지 못하였다. 오히려 원종은 그 인가를 위한 활동에 매달린 결과 한국불교의 위상을 떨어뜨렸다는 비판을 감수해야만 했다.

  그러나 이 시기에는 전국 주요 사찰에서 근대 지향의 의식을 일깨우기 위한 자생적인 학교가 다수 등장하였다. 그리고 국권을 회복하기 위한 국채보상운동의 거점이 전국 주요 사찰이 되었다. 경허가 해인사 · 범어사 등지에서 전통선의 부흥을 위한 결사를 하였던 점이나, 의병전쟁에 일부 승려가 참여하였던 것은 민족불교 위상을 지키려한 고난의 행적이었다.

1. 도성출입금지 해제 전후의 남대문. 1895년 '승려의 도성출입금지 해제령'이 나오기 이전, 스님들은 4대문을 통하여 서울 시내로 들어올 수 없었다. 승려들의 도성출입금지 해제는 당시 일본승려 사노(佐野前勵)가 총리대신 김홍집에게 '승려도성출입금지 해제'를 요청하는 건백서 제출의 계기에서 비롯되었다. '승려도성출입금지 해제령'은 근대불교의 기점이 되었다.

2. 1900년대 초, 사월 초파일 경축법회. 도성출입금지 해제 이후 불교의 중흥을 기해 개최된 부처님 오신날 행사장면.

3. 1907년경의 원구단(圜丘壇). 원구단 행사장 인근에 있던 남루한 승려의 행색이 빌미가 되어 1895년에 해제되었던 승려도성출입금지령이 1896년 일시적으로 다시 제한되었으나 그후 곧바로 다시 완화되었다. 원구단은 임금이 하늘에 제사지내던 곳으로, 1897년 10월 12일 고종은 이곳에서 천신에게 고제(告祭)한 후 황제에 즉위하였다. 원구단은 소공동 조선호텔 옆에 있었다.

4. 승려도성출입금지 해제를 김홍집에게 건의한 일본 승려 사노(佐野前勵). 그는 일련종 출신으로 한국 불교를 부흥시키기 위하여 건의하였다고 한다. 그것이 속마음 그대로일까?

5. 일본 정토종파에서 1902년에 간행한 「동양교보」 제4호. 정토종 내의 동양교보사에서 매월 1회씩 펴낸 이 간행물은 교세확장과 일본 불교 전파의 목적이 있었다.

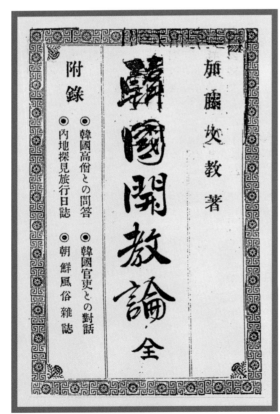

6. 「한국개교론」. 개항기 한국에 건너와 포교활동을 하였던 일본승려 카토오(加藤文教)가 그의 포교활동의 경험 등을 정리한 회고서(1900년 발행). 그는 1898년 서울에 일련종 호국사를 세웠다.

7. 「정토종한국개교지」. 1897년 1월 한국에 건너온 일본불교 정토종은 한국에서의 활동을 '개교(開教)'로 정의하였다. 이 책은 그들의 활동내용을 정리한 개설서(1903년 발행).

8. 친일파 이용구(李容九)와 다께다(武田範之). 의병진압 자위단(自衛團)이 출발하던 날 서울 마포에 있던 친일파 이용구의 집 앞에서 기념촬영 장면(앞줄 좌로부터 두번째가 원종 고문이었던 다께다이고 다섯번째가 이용구이다). 자위단은 의병을 진압하기 위해 1907~1908년 전국에 걸쳐 조직된 단체로 친일정권과 일진회(一進會)가 주도하였다.

9. 다께다(武田範之, 뒷줄 왼쪽)와 우라다(內田良平, 앞줄 중앙). 우라다는 일제의 한국침략에 암약한 흑룡회(黑龍會)를 주도한 인물인데, 다께다는 그와 친밀하게 지내며 한국의 국권 강탈에 앞장섰다(관련사진 45, 46 참조).

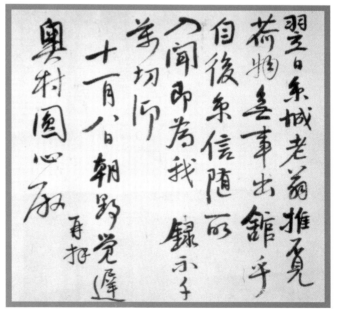

10. 오꾸무라 엔싱(奧村圓心)에게 보낸 이동인의 편지. 일본 진종대곡파 승려인 오꾸무라가 1877년 부산에 별원을 설치하고 부임하자 개화운동을 주도했던 이동인이 그곳을 왕래하며 시국, 문명, 개화, 불교에 대한 토론을 하였다(관련사진 12, 13, 43 참조).

12. 개화승 이동인. 봉원사 승려로 알려진 그는 일찍부터 개화 사상에 눈을 떠, 일본을 왕래하는 등 개화운동과 불교 중흥의 최일선에서 활동하였다(관련사진 10 참조).

법류형제(法類兄弟)의게 현축(顯祝) 흠

蓮邦頭陀 崔就墟

11. 용주사 승려 최취허가 「조선불교월보」 1호(1912.2.25)에 기고한 글. 일본승려 사노의 도움으로 승려도성출입금지가 해제되자 최취허(본명 尙順)는 이 글을 발표하기 이전에 사노에게 감사장을 보냈다. 그 감사장의 일부의 글을 보면, 다음과 같다. "대존사 각하께서 이 만리타국에 오시어 널리 자비의 은혜를 베푸시니, 본국의 승도로 하여금 500년래의 억울함을 쾌히 풀게 하였습니다. 이제부터는 왕경(王京)을 볼 수 있으니 이는 실로 이 나라의 한 승려로서 감사하고 치하하는 바입니다." 이 글에서 당시 일부 승려들의 일본에 대한 왜곡된 인식을 엿볼 수 있다.

13. 신사유람단(紳士遊覽團)의 일로 일본에 건너가 참모 역할을 했다고 전해지고 있는 개화승 이동인(李東仁). 그는 대한제국의 군함 구입을 위해 일본에서 활약하다가 행방불명되었다. 이 사진은 그가 1879년 도일(渡日)하여 1881년 신사유람단의 참모역을 할 때 찍은 사진이라고 한다. 매우 호화스런 분위기이다. 위의 사진(12)도 이동인이 1881년 신사유람단 참모역 당시 찍은 사진이라고 하므로 두 사진을 함께 싣는다.

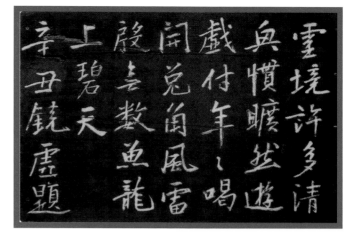

15. 경허 유묵의 서각.

14. 근대의 고승 경허. 해인사, 범어사 등지에서 수선결사를 주도하여 근대불교의 중흥조로 일컬어지고 있는 경허(1846 丙午~1912). 그는 당시 "한국불교의 법이 무너졌다"고 개탄하였다. 반면 이러한 개탄을 토로한 그의 행동은 그야말로 '무애행(無碍行)'이었다. 깨달음의 세계에서 본다면 하등의 문제도 없지만 스님이라고 하는 입장에서 본다면 일단의 폐단을 유발하여 마치 '무애행'이 '선승의 깨달음의 세계' 인양 혼동하게 하였다. 그는 만년에 승복을 벗어버린 채 강계 삼수 갑산 도화동의 자그마한 마을에서 훈장을 하다가 입적한다. 당시 불교를 개탄했던 그의 고뇌는 무엇이었을까? 그리고 하필이면 유배지 삼수 갑산을 택했을까? 경허의 행동에 대하여 「조선불교통사」의 저자 이능화는 대단히 준엄하게 심판하였다.(「조선불교통사」 하권). 최근 김지견 선생은 「한암일발록」에서 경허의 행동을 "이류중행(異類中行:이류속을 걷다)"이라고 표현하였다. 이처럼 적절한 표현은 없을 것 같다.

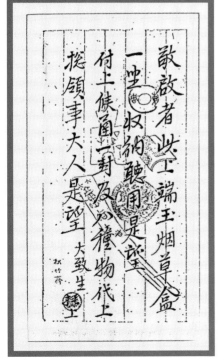

16. 유대치의 친필. 개화운동의 정신적인 구심체 역할을 한 유대치가 일본승려에게 보낸 편지.

17. 경허가 해인사에서 주도한 수선결사의 방함록.

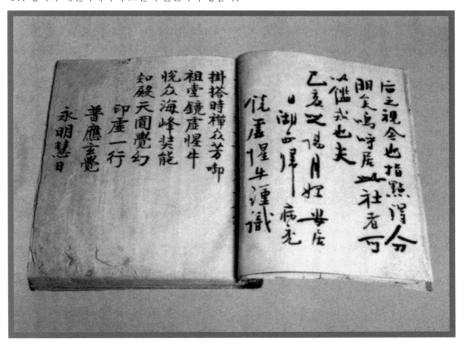

18. 유점사의 스님들(1903). 유점사 능인전 앞
    에서 법요식을 하고 있는 스님들의 옷차림과
    고깔모자가 이채롭다.

19. 개화기의 승려 모습. 이 책에 등장하는 최초의 칼
    라사진(앞의 칼라사진 참조). 흥미로운 복장으로,
    승려의 복식 변천에 참고할 만하다.

20. 부서진 탑 아래에서 노는 아이들. 불교문화재에
    대한 인식 부족이 엿보인다.

21. 동대문 밖에 건립된 원흥사 (현 창신초등학교). 1902년 1월에 건립된 원흥사에는 사실상 총무원격인 사찰관리서가 구한말 정부에 의해 설립되었다. 그리고 1906년 5월 8일에는 불교계의 대표격인 불교연구회에서 설립한 명진학교가 개교되었다. 또 여기서 1908년 11월 13일에는 전국사찰대표자 대회가 개최되어 불교연구회를 해체하고 원종(圓宗)을 설립, 종정에 이회광, 고문에 일본 조동종 승려 다께다(武田範之)를 추대하였다. 왜 다께다를 고문에 추대했는지는 알 수 없다. 어찌되었든 원종은 출발시점부터 약간의 친일경향을 띠고 있었다고 보아야 할 것이다.

22. 명진학교 설립 취지서(「매일신보」, 1907.8.17). 근대불교 최초의 학교로 중앙학림과 중앙불전의 모태가 되었다. 명진학교의 졸업생은 불교계 각 분야에서 큰 활약을 하였다.

23. 명진학교 졸업증서. 1908년 3월 31일 제1회 졸업생이었던 권상로(당시 29세)가 당시 교장이었던 이회광으로부터 받은 졸업증서이다.

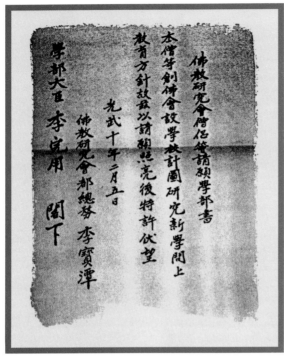

24. 불교연구회의 설립신청서(1906.2.5). 불교연구회는 불교에 근대식 학문을 접목시키기 위하여 설립된 단체로 이보담(李寶潭)과 홍월초(洪月初)가 주도하였는데, 일본불교인 정토종의 영향을 받아 설립되었다.

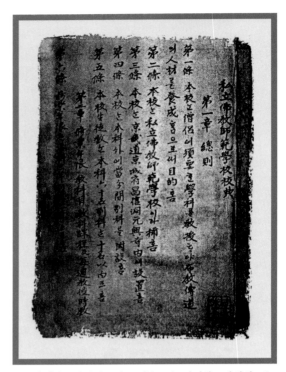

25. 사립불교사범학교의 교전(校典). 사립불교사범학교는 명진학교를 계승한 학교로 1910년 4월에 개교하였는데 3년제의 사범과와 1년제의 수의과(隨意科)로 편제되었다. 교과과목에 일어, 측량, 토목, 산술 등의 신학문이 배정된 것이 특색이 있다.

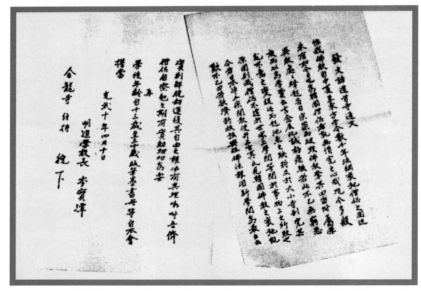

26. 불교연구회에서 설립한 명진학교가 1906년 4월 10일에 전국 수사찰에 보낸 공문으로, 그 제목은 '발문제도수사통문(發文諸道首寺通文 : 각도 수사찰에 보내는 공고)'이다. 이 통고문에는 명진학교 응모 대상의 학생 연령은 13~30세이며, 지필묵(紙筆墨)과 서책(書冊) 등은 불교연구회에서 담당한다는 내용이 보인다.

27. 서울 용산에 있던 일본불교 대곡파 본원사의 건물과 신도들.

28. 서울에 있던 대곡파 본원사의 법당.

29. 서울의 조동종 본산 별원의 불입식(佛入式, 부처님을 모시는 행사) 장면.

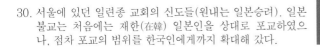

30. 서울에 있던 일련종 교회의 신도들(원내는 일본승려). 일본 불교는 처음에는 재한(在韓) 일본인을 상대로 포교하였으나, 점차 포교의 범위를 한국인에게까지 확대해 갔다.

31. 서울에 있던 대곡파 본원사에 게시된 편액과 종루(鐘樓).
'대한아미타본원사' 라는 편액에서 '대한' 을 포교의 방편
으로 표방하였음을 느낄 수 있다.

32. 서울 남산에 있던(1902)
진종 대곡파 본원사 별원.

33. 서울에 있던 일련종 소
속 호국사에서 주관한
일요학교대회에 참석한
어린이들.

35. 대곡파 본원사 인천별원(위는 본당이고, 아래는 일주문과 종루이다).

34. 일본불교는 포교의 방편으로 사회사업을 적극 추진하였다. 사회복지사업을 한 화광교원(和光教園)은 서울 관수동 청계천 근처에 있었는데, 건축비만 당시 돈 2만원이 투입되었다고 한다. 이로 볼 때 포교에 대한 일본불교의 적극성을 엿볼 수 있다.

36. 대곡파 본원사가 서울에 설립한 한인 포교당과 최초의 전주 포교소(위). 일본불교에 대한 의구심을 해소하기 위해 설립한 한국인 전용 포교당(아래)(「조선개교오십년지」).

37. 일본 정토종 교우회의 조선인 교화 기념촬영. 일장기 앞에 서 있는 수많은 한국 학생들의 민족의식이 궁금하기만 하다.

38. 서울에 있던 정토종 개교원의 한인협회가 경희궁에서 석가탄신 행사를 갖는 장면.

39. 도총섭, 대곡파 본원사에 귀의. 북한산에 거주하고 있던 도총섭이 대곡파 본원사에서 귀의의식을 거행하고 있다. 당시 일본불교측에서는 이를 '귀순' 장면이라고 하였다. 도총섭은 구한말 승려의 최고 책임자를 지칭하였는데, 도총섭이 일본불교에 귀의한 것을 일본불교에서는 '귀순'이라고 선전한 것이다.

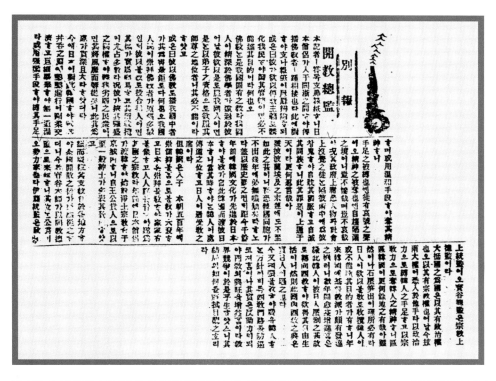

40. 조선개교총감의 실체를 보도한 「대한매일
신보」 보도기사(1906.10.16). 일본불교
각 종파는 한국에서의 불교 침투를 '개교'
라는 명분하에 경쟁적으로 추진하였다. 각
종파의 개교 최고 책임자를 '개교총감' 이
라고 하였는데 이 기사에서는 '개교총감은
한국인의 정신을 강탈하려는 대권을 갖고
있다' 고 비판하고 있다.

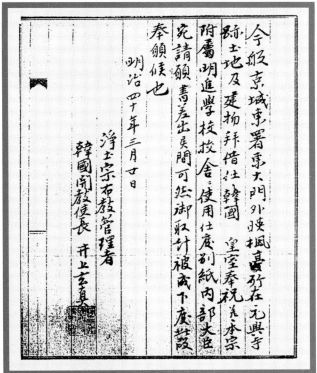

41. 정토종 포교 책임자였던 한국 개교사장(開敎使長) 이노우에(井上
玄眞)가 원흥사의 토지와 건물, 그리고 명진학교의 교사 등을 활
용하기 위해 제출한 청원서(1907년).

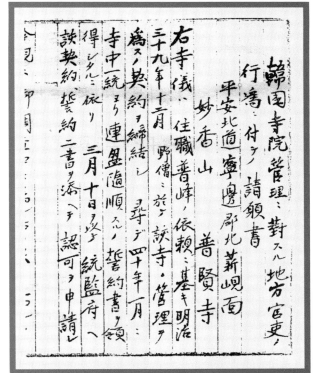

42. 묘향산 보현사, 일본승려를 주지로 추대 요청한 문건. 묘향산
보현사에서 일본승려를 주지로 취임케 할 목적으로 통감부에
인가 신청을 냈음을 보여주는 문서(1907년경). 그러나 보현
사의 이 의도는 통감부에서 승인하지 않아 취소되었는데, 보
현사와 같이 큰 사찰에서 이런 청원서를 낸 것을 볼 때 당시
조선의 많은 사찰이나 스님들은 일본불교에 대하여 꽤 긍정적
인 호감을 갖고 있었던 것 같다.

43. 일본불교 진종(眞宗) 대곡파 본원사 승려 오꾸무라 엔싱(奧村圓心). 그는 대곡파 조선개교의 실질적인 주도자로서 임진왜란이 일어나기 7년전인 1585년 한국에 건너와 부산에 고덕사(高德寺)를 세운 오꾸무라(奧村淨信)의 후손이다. 오꾸무라 엔싱은 일본불교 중에서도 최초로 1877년 부산에 상륙하여 포교를 시작하였는데 일본 법장관에서 발행된 「일본불교사년표」에는 1880년 원산(元山)에서 시작한 것으로 되어 있다(관련사진 10 참조).

44. 일본불교 진종 대곡파 본원사의 조선개교총감 오따니(大谷尊寶). 그는 일러(日露)전쟁 후 총감의 임무를 띠고 우리나라로 건너와 곧바로 용산에 조선개교총감부를 설치하고 일본불교를 전파하였다. 일본불교에서는 오꾸무라와 오따니를 공로자라고 부른다.

45. 일본불교 조동종 승려로서 한국 원종의 이회광과 이른바 조동종맹약을 체결케 한 다께다(武田範之, 1863~1911). 그는 당시 원종의 고문이었다. 얼마전(1986), 일본에서 「武田範之とその時代」라는 책이 출판되었는데 다께다의 한국활동이 자세히 기술되어 있다(관련사진 8, 9 참조).

46. 다께다(武田範之, 앞줄 우측)와 함께한 이용구(李容九, 앞줄 좌측)(1907년 11월). 다께다와 친일파 이용구는 한국의 국권 침탈에도 협력하였지만 한국불교인 원종을 일본의 조동종과 연합 맹약시키는데 결정적인 역할을 하였다.

47. 범어사에 설립된(1906) 사립 명정학교 전경. 전국의 큰 사찰에는 보통학교 수준의 근대학교를 세워 불교근대화 및 교육사업에 공헌하였다.

48. 건봉사에 설립된 보통학교인 봉명학교의 설립 취지서(「황성신문」, 1907.1.26).

49. 화엄사의 스님들과 학생들. 1909년 화엄사, 천은사, 태안사, 관음사가 공동으로 설립한 보통학교인 신명학교 생도들이 화엄사를 방문하고 기념촬영한 모습(1910년). 한복에 모자를 쓴 학생도 있고 갓을 쓴 학생도 있다.

50. 신명학교 생도들과 함께 한 스님들. 모자를 쓴 스님의 복장이 이채롭다(1910년).

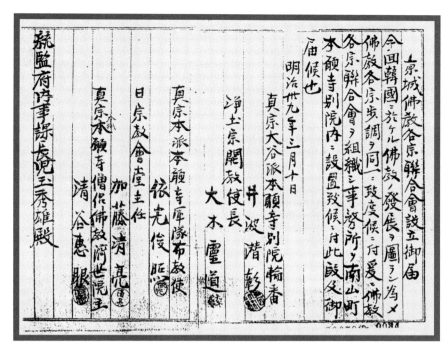

51. 서울에 있었던 일본불교 연합체인 '경성불교각
종연합회'의 설립 신청서(1906년 3월 10일).

52. 해인사의 국채보상의연금 수입 공고문(「매일신보」, 1907.6.18). 경술국치(국망, 1910) 이전 구 한국정부는 일본에게 큰 빚(국채)
을 지었다. 이에 당시 선각적인 애국지사들은 그 빚을 갚아 경제적 자주 독립을 기해야 한다고 여겼다. 일본의 국채를 갚자는 국채
보상운동은 대구에서 시작되어 전국으로 파급되었다. 이에 각 사찰에서도 국채보상의연금을 모금하였다.

53. 범어사의 국채보상의연금 수입 공고문(「매일신보」, 1907.7.3).

54. 1907~9년, 전북 임실지역에서 항일의병 활동을 전개한 이석용 의병부대에 참가한 승려 봉수(鳳洙)의 위패. 임실 소충사 사당에 봉안.

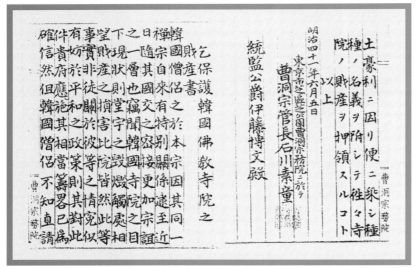

55. 조동종 관장의 한국사찰관리청원서. 조동종 관장 이시카와(石川素童)가 통감부 통감인 이등박문에게 한국 사찰을 관리하겠다고 청원한 문서. 조동종에서 한국 사원을 의병의 침해로부터 보호하기 위한 명분으로 한국 사원을 관리하겠다는 의도를 제시하고 있다(1908년 6월 5일).

56. 최익현이 주도한 의병항쟁 결사체인 창의동맹(1906~8)에 활용된 금당사(진안)의 법고와 금당사 주지인 김대완이 제작 배포한 동맹록(사진 상단 위쪽).

57. 불교종무국 발기 취지서(「매일신보」, 1908.3.17). 이 취지서는 근대불교의 최초 교단인 원종(圓宗) 설립의 취지와 목적을 밝히고 있다. 발기인이었던 13도 사찰의 대표 명단도 실려 있다. 그러나 원종은 순수했던 최초의 설립 취지와는 달리 이회광의 손에 의해 1910년 일본 조동종과 7개항의 굴욕적인 연합맹약을 맺는 오욕의 역사를 남긴 채 1911년 1월 박한영, 진진응, 한용운 등의 격렬한 반대운동에 부딪혀 무산되고 만다. 이것을 계기로 새로운 종단인 임제종이 만들어진다.

59. 해인사 주지를 역임했으며 원종 종무원장이었던 이회광. 이회광은 1908년 11월 31일 한국불교의 새로운 종단인 원종을 설립한 후 자신은 종무원장으로 추대되고 일본 조동종(曹洞宗) 승(僧) 다께다(武田範之)를 고문에 앉혔다. 그리고는 이회광은 국내 72개 사찰의 위임장을 가지고 종무원장 자격으로 일본으로 건너가 1910년 10월 6일 조동종 관장(管長, 종정) 이시카와(石川素童)와 7개조로 구성된 굴욕적인 연합맹약을 맺었다. 이것은 1910년 8월 22일 한일합방의 조인이 있은 지 한달 반 만의 일이었다. 역사는 이것을 매종행위(賣宗行爲)라고 한다(관련사진 93 참조).

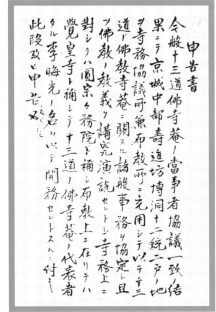

58. 원종(圓宗) 종무원(대표자 이회광)에서 통감부에 제출한 신고서. 원종 종무원에서는 서울 시내(전동, 지금의 수송동, 견지동, 공평동 일대를 말함. 각황사의 정확한 위치는 총무원 건물 맞은편, 옛 중동학교자리라고 한다.)에 각황사를 설립하여 종무원의 사무소 겸 포교소로 운용하겠다는 뜻을 밝히고 있다.

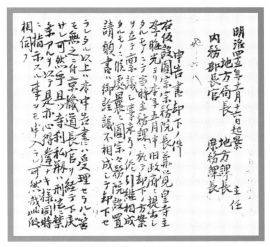

60. 원종 종무원이 제출한 신고서를 각하(却下)한다는 문서(1910.11.16). 당시 일제는 원종의 인가를 끝내 허용하지 않았다. 그 이유는 장차 사찰령을 통해 한국 불교를 직접 관리하고자 하는 의도가 아니었던가 생각된다.

61. 1900년대 초 해인사 대웅전 전경.

62. 황폐한 분황사 전탑.

63. 1897년경의 원각사 탑. 이 사진은 영국인 브라운이 찍은 것으로 파고다공원이
조성되기 직전의 경관을 보여주고 있다.

64. 1904년경의 원각사 탑. 기단부에서 소일하는 행인들의
모습이 이채롭다. 왼쪽의 작은 탑 조각은 일본인들이 반
출해 가기 위해 모아 놓은 것이다.

65. 관리부실로 황폐해져 가는 불국사 전경(1908). 한말(韓末)의 많은 사찰들은 사찰 자체의 관리부실과 일본인들의 공개적인 도굴로 황폐해진 곳이 많았다.

66. 1908년경의 불국사 다보탑.

67. 무너진 돌들이 그대로 방치되어 있는 석굴암(이 사진은 일제가 보수하기 이전의 사진인 것 같다).

1910년대

1910년대 ●

이 시기의 불교사의 성격을 대변해주는 것은 사찰령, 조선승려들의 일본시찰, 승려독립선언서이다. 한국은 1910년 8월, 일제에게 국권을 상실당하였다. 그후 일제는 불교를 민족운동의 근저에서 차단시킴과 동시에 효율적인 식민통치를 기하기 위하여 사찰령과 사법을 제정·시행하였다. 이로써 한국불교계는 본격적으로 일제의 통제를 받기 시작하였다. 심지어는 승려가 시사나 정치문제를 논할 경우 체탈도첩의 대상이 되기도 하였다. 한편 사찰령체제는 각 본산 주지의 권한을 강화시켰다. 그에 따라서 사찰공동체의 이완과 파괴가 급격히 진행되었고 이를 문제시한 청년승려들은 대체로 사찰 밖으로 내몰리게 되었다.

그러나 국권상실 이후에는 일본불교에 대한 우호성이 더욱 깊어졌다. 이에 사찰령과 사법(寺法)도 불교를 중흥·발전시킬 수 있는 대상으로 인식되었다. 또한 불교의 개혁과 유신은 당연한 목표이자 이상이었다. 이 즈음에 접어들면서는 개혁과 유신은 당연하되, 어떠한 방법으로, 무엇을 개혁할 것인가라는 개혁론이 왕성하게 일어났다. 한용운의 『조선불교유신론』이 출간되고, 권상로의 「조선불교개혁론」이 불교잡지에 기고된 것은 바로 이것을 대변해주는 것이다.

이러한 정황하에서 불교계에서는 일본시찰, 일본어 수학, 일본유학, 일본에서의 수계 등이 더욱 진행되었다. 1917년 교단 차원으로 일본시찰에 나선 것이 바로 이것을 단적으로 말해주는 것이다. 당시 총독부도 조선승려들의 일본시찰을 적극 후원하였음에서 그 성격을 확연하게 파악할 수 있다.

한편 일제는 사찰령을 통하여 불교계의 재산권과 인사권을 장악하였지만, 강학과 포교를 위해서는 각 본산의 협조체제를 유지하도록 하였다. 그러한 의도에서 나온 것이 주지회의소(1912)와 30본산연합사무소(1915)였다. 현재의 동국대 전신인 중앙학림의 개교도 여기에서 나온 것이었다.

그리고 불교계 운영의 기조가 전반적으로 신학문, 문명지향, 일본불교 모방 등으로 진행되자 불교의 전통은 퇴색되었다. 중앙학림의 예비학교로 등장한 지방학림은 기존 강원의 철폐 및 개명을 통하여 등장한 것이었다.

한편 이 시기의 동향중에서 유의할 것은 원종과 일본 조동종과의 맹약, 그리고 그에 반발하여 일어난 임제종운동이다. 원종은 교단 지향의 종무원을 설립하였지만 구한국정부와 일제당국에 의해 배척당하였다. 이에 원종 종무원장이었던 이회광은 한일합방 후 일본으로 건너가 일본 조동종과 비밀조약을 맺었다. 이는 한국불교의 자주성과 전통을 망각한 행동이었다. 이에 비밀조약의 내용이 전 불교계에 알려지자 거센 반발운동이 일어났으니 그것이 이른바 임제종운동이었다. 한용운·박한영 등이 주도한 임제종운동은 전라도, 경상도 일대에서 거세게 일어났지만 이 운동도 일제의 탄압으로 중도하차 할 수밖에 없었다.

1919년 3월 1일, 3·1민족운동에 대한 불교계의 동참은 이 시기의 기념비적인 사건이었다. 민족대표 33인에 한용운과 백용성이 동참한 것을 비롯하여 청년승려, 학인 등은 자발적으로 운동에 동참하였다. 그 동참에는 중앙학림, 지방학림, 사찰 경영의 보통학교 재학생이 대거 가담하였다. 무엇보다도 중요하였던 것은 1919년 11월 중국 상해에서 승려독립선언서가 제작 배포되었다는 것이다. 12명의 중견승려의 가명으로 뿌려진 그 선언서의 내용은 민족불교의 위상을 전세계에 떨친 기개였다. 3·1운동 이후 청년승려들은 중국 등지로 망명하여 민족운동의 최일선에 참여하였다. 군자금 모금, 군관학교 입교, 임정의 특파원 파견 등 그 행동은 매우 다양하였다. 그러나 당시 교단의 중심인물 및 주지층은 민족운동에 참여하지 않았다. 오히려 민족운동을 반대하는 경우도 있었다.

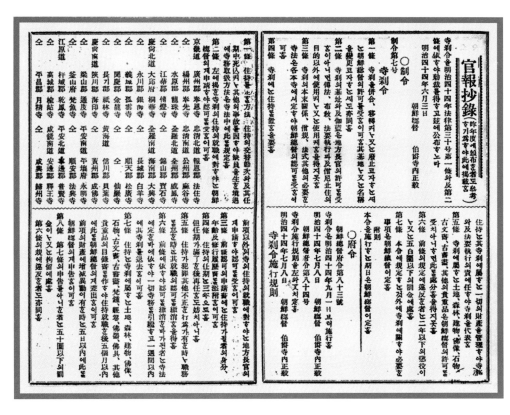

68. 「조선불교월보」1호(1912.2.25)에 게재
된 사찰령과 사찰령시행규칙. 1911년 6
월 3일에 공포되고 동년 9월 1일부터
시행된 사찰령은 한국불교를 통제하기
위해 일제가 제정한 법이었다. 그리고
1911년 7월 8일에 제정된 사찰령시행
규칙은 본말사제도 등 사찰령시행을 위
한 제반 실무적인 내용을 담고 있다.

69. 사찰령 제정시 조선총독부 사사계(社寺係) 주임이
었던 와따나베(渡邊彰).

70. 김룡사 본말사법 인가신청 문건. 사찰령 제3조에서는 사찰의 본말관계, 승규(僧規),
법식(法式) 등을 담은 사법(寺法)은 각 본사에서 정하여 조선총독의 인가를 받도록
하였다. 이에 각 본사에서는 사법을 제정하여 총독부에 인가를 신청하였다. 이 사법
신청 연도인 명치 45년(1912년)은 바로 대정 1년이 된다. 명치가 1912년 7월 30일
에 죽고 그해 8월초 대정이 바로 즉위했기 때문이다.

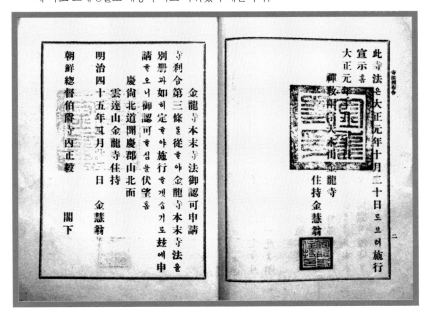

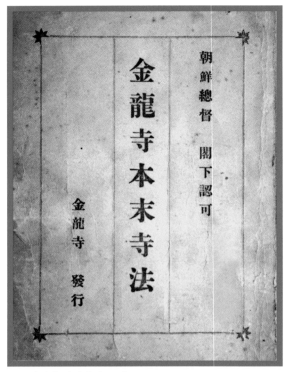

71. 김룡사 본말사법 표지.

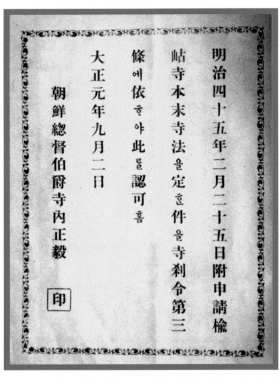

72. 1912년 일제가 인가한 유점사 본말사법의 문건. 당시 조선총독은 데라우찌(寺內正毅)였다.

73. 법주사 본말사법 표지.

74. 유점사 본말사법 표지.

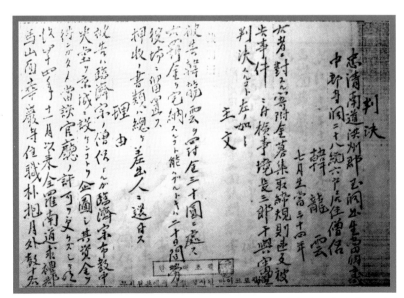

75. 임제종 종무원 발기 취지서. 1910년 10월 6일 원종의 이회광이 일본 조동종과 맺은 굴욕적인 맹약에 반대하는 승려들이 조약 철폐를 요구하면서 임
제종운동을 전개하였을 당시 발표한 취지서. 한용운, 박한영, 진진응 등은 반대를 위한 모임을 광주 증심사에서 개최하였으나 참여자가 적어 대회는
성사되지 못하였다. 그러나 다음해 1911년 2월 11일 송광사에서 300여 명의 승려가 모인 가운데 임제종 발기총회가 개최되었다.

76. 임제종 중앙포교당 개교식 보도기사(「매일신보」, 1912.5.26). 1912년
5월 26일에 개최된 임제종 중앙포교당의 개교식은 그 운동의 전국화와
대중화에 크게 기여하였다. 그러나 일제는 임제종의 명칭을 사용하지
못하게 하였기 때문에 조선선종 중앙포교당으로 명칭을 바꾸었다.

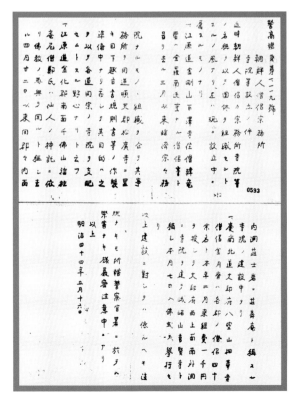

77. 일제가 한용운에게 기부금 모집취체규칙 위반으로 벌금형을 선고한 판결문. 당시
일제는 한용운이 임제종 중앙포교당 건설에 필요한 자금을 일제의 허가없이 모금
하였다고 하여 벌금형을 판결하였다.

78. 일제 고등경찰이 임제종운동을 추진하는 스님들의 동태
를 파악하여 올린 정보 보고 비밀문건(1911.5.16).

著作兼發行者 白龍城

歸源正宗

發行所 中央布教堂

韓龍雲 著
朝鮮佛敎維新論 全
定價金三十五錢
特價金二十五錢

發賣所
京城中部布屏下 廣學書舖
朝鮮禪宗 中央布教堂

79. 백용성의 저술「귀원정종」. 백용성은 조선선종 중앙포교당의 개교사장으로 활동하면서 도회지 선(禪) 포교의 대중화에 전념하였다. 이 「귀원정종」은 그가 지리산 칠불암의 조실(祖室)시절인 1910년 5월에 집필한 것으로 여타 종교에 대한 불교의 우수성을 서술한 저술이다. 그러나 발간은 1913년 6월 8일이었다.

80. 한용운의 저술인 「조선불교유신론」의 선전광고문(「해동불보」6호). 한용운이 「조선불교유신론」의 집필을 완료한 시점은 1910년 12월이었지만, 실제 그 책을 발간한 것은 1913년 5월 25일이었다.

朝鮮佛敎改革論
(朝鮮佛敎進化資料)
第一編 結論

退耕生

81. 권상로의 조선불교개혁론. 퇴경 권상로가 「조선불교월보」에 연재한 조선불교개혁론의 서론. 권상로는 「조선불교월보」 3 ~ 18호 (1912.4~1913.7)에 불교개혁의 대상과 방법에 대한 입장을 기고하였다.

82. 임제종운동 발기시 종무원장으로 피선된 선암사 김경운(金擎雲). 그러나 당시 김경운스님은 연로하다는 이유로 종무원장에 취임하지 않고 한용운이 종무원장대리로 활동하였다.

83. 1910년경 스님들의 동향을 알려주는 「대한매일신보」 보도기사(1910. 4.19).

84. 이능화의 포교규칙에 관한 소감. 일제가 1915년 8월 16일에 제정한 포교규칙에 대하여 불교계가 대처할 입장을 밝힌 이능화의 기고문(「조선불교계」1호, 1916.4).

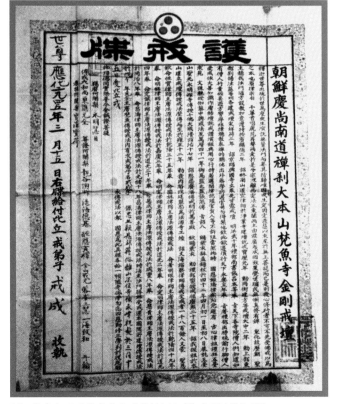

85. 범어사 금강계단의 호계첩(1918.(불기 2945)3.15).

86. 일본불교 대곡파 본원사의 경성별원이 설립한 경성용곡(京城龍谷) 여학교의 전경과 학생들.

87. 일본 조동종 경성별원의 조계사(曹谿寺) 본당.
이 조계사는 일제시대 때 대화정 3정목(大和町
三丁目:지금의 필동3가)에 있었다.

88. 서본원사(西本願寺) 부산별원, 일본불교 진종(眞宗).

89. 본산 주지들의 일본 시찰. 30본산연합사무소 위원장 김구하(金九河)를 비롯한 시찰단 10명은 1917년 8월 31일~9월 23일
　　까지 일본을 시찰하였다. 이 사진은 동년 9월 7일 동경불교호국단과 불교연합회가 증상사(增上寺)에서 주최한 환영회 장면
　　이다.

90. 유점사 금강계단(1913년). 당시 스님들의 옷차림과 사미승들의 표정이 흥미롭다.

91. 불교중앙학림과 당시 30본산연합위원장이었던 홍보룡(洪甫龍)
스님. 불교중앙학림은 숭일동(지금의 명륜동1가)에 있었다.

92. 중앙학림의 졸업증서(1920.3.30). 당시 중앙학림의 교장은
강대련이었다. 이 졸업증서는 김법린의 것이다.

93. 해인사 주지였으며 불교진흥회의 회주(會主)
였던 이회광(李晦光). 그는 한일합방과 때를
맞추어 한국 임제종과 일본 조동종과의 병합
을 획책하였다. 위의 홍보룡의 승복과 이회광
의 승복 차림을 '하오리 하까마'라고 한다. 일
제 때에는 일본승려들의 복장인 '하오리 하까
마'를 입는 것을 자랑스럽게 여겼다(관련사진
59 참조).

94. 불교진흥회의 간사장이었던 김홍조(金弘祚).
마산과 울산지방에서 불교활동에 전념한 김홍
조는 통도사 김경봉스님과 친근한 관계였다.

95. 이능화(李能化). 그는 불교진흥회의 간
사, 「불교진흥회월보」 편집인, 「조선불
교계」 편집·발행인이었으며, 1918년
한국불교사 연구의 최고 자료인 「조선
불교통사」를 저술, 간행하였다(관련사
진 107, 109 참조).

96. 30본산연합사무소(동대문 밖의 창신동)에서 개최된 불교진흥회(1914.11.15 설립) 제1회 정기총회
(1915.6.20)에 모인 불교계 인사들. 「불교진흥회월보」가 바로 불교진흥회에서 발행했던 잡지이다. 각
황사에 30본산연합사무소가 설치된 것은 1915년 2월 25일이다.

97. 불교진흥회 부회주 겸 30본산연합사무소(1915.2.25
설립) 위원장이었던 강대련(姜大蓮). 강대련은 훗날 젊
은 학인들로부터 '명고축출'을 당하는 수모를 겪는다.

98. 당시 봉은사 주지였으며 불교진흥회 이무부장(理務部長) 겸
30본산연합사무소의 상치원(常置員)이었던 나청호(羅清湖)
스님. 나청호스님은 1925년 을축년 대홍수 때 서울근교의
많은 사람들이 산 채로 떠내려가자 뱃사람들에게 한사람 건
지는데 50원의 상금을 걸어서 무려 708명의 목숨을 건졌
다. 당시 708명을 건진 이야기는 세간에 회자되었고 지금
도 봉은사에는 당시 나청호스님의 공덕을 기리기 위하여 세
운 비석이 있다(관련사진 256 참조).

99. 1917년경 금강산 신계사 보덕암의 스님들과 행자승의 모습이 의연하다.

100. 1917년에 찍은 김구하스님 사진.(「Korean Buddhism」에 수록, 1918, 보스톤)

102. 권상로의 저술 「조선불교약사」(1917년).

101. 만년의 김구하. 그는 식민지하 근대한국불교의 주역으로서 통도사 주지 등 많은 요직을 지냈으며, 상해임시정부에 군자금도 보냈다고 한다. 최근 「문집」과 「금강산 관상록」이 출판되었다.

103. 1917년 8월 일본시찰에 나설 당시의 강대련, 김구하, 이회광스님. 이들은 1910년대 불교계를 주도했던 승려들이다.

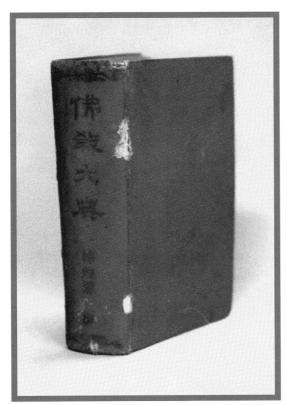

104. 한용운의 「불교대전(佛敎大典)」. 각 경전의 명구와 요점만을 발췌하여 간행된 명저이다. 1914년 범어사 간행(관련사진 106, 108, 297, 298, 299 참조).

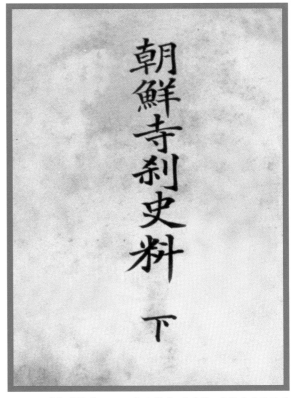

105. 조선총독부가 1911년 3월에 간행한 사찰관계사료집 「조선사찰사료(朝鮮寺刹史料)」 표제지. 여기에는 우리나라 사찰의 역사와 연혁 등이 수록되어 있어 사찰 역사 연구의 귀중한 자료이다.

106. 불교의 개혁과 유신의 대중화를 일으킨 한용운의
「조선불교유신론」의 표지(1913.5.25.간행)(관련사
진 104, 297, 299).

107. 이능화가 불교와 유교, 도교 등을 비교 분석한 저술
「백교회통」. 1912년 조선불교월보사에서 간행되었다.

108. 한용운이 발행한 불교잡지 「유심」. 한용운은 당시
자택이었던 서울 종로구 계동 43번지에 유심사(惟
心社)를 설립하고, 불교청년을 위한 대중 계몽지인
「유심」을 발행하였다. 「유심」은 1918년 9월 1일 창
간되어 같은 해 12월 1일 통권 3호로 종간되었다.

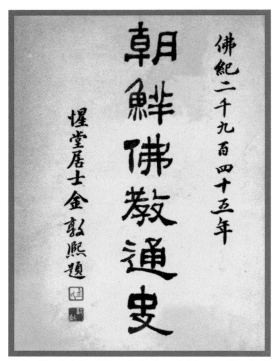

109. 이능화의 「조선불교통사」의 표제지(1918년). 이 책
은 현재까지도 불교사 연구의 중요한 책으로 높은
평가를 받고 있다(관련사진 95 참조).

110. 선교양종 각 본산주지회의원에서 발간
한 불교잡지 「조선불교월보」 제13호.
「조선불교월보」는 「원종」에 이어 두번
째로 창간된 잡지로서 1912년 2월 25
일에 창간되어 1913년 8월, 통권 19호
로 종간되었다.

111. 선교양종 각 본산주지회의원에서 발간한
불교잡지 「해동불보」 제1호의 목차.
1913년 11월 20일 창간, 1914년 6월
20일 통권 8호로 종간.

112. 불교진흥회본부에서 펴낸 불교잡지 「불
교진흥회월보」 제1호. 1915년 3월 15
일 창간, 1915년 12월 15일 통권 9호로
종간.

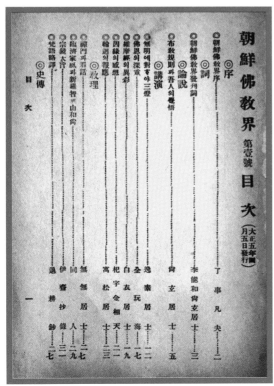

113. 신도중심으로 재편된 불교진흥회에서 펴낸 불교잡지
「조선불교계」 제1호 목차. 1916년 4월 5일 창간,
1916년 6월 5일 통권 3호로 종간.

114. 30본산연합사무소에서 발간한 불교잡지 「조선
불교총보」 제1호. 1917년 3월 20일 창간,
1921년 1월 20일 통권 22호로 종간.

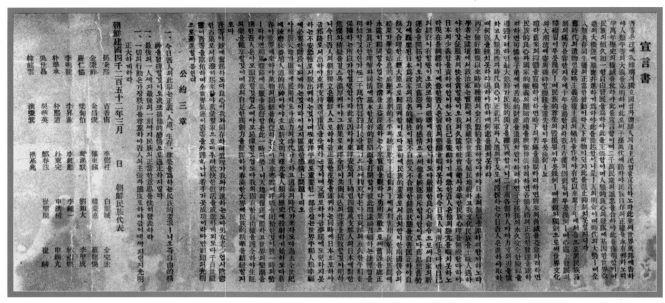

115. 3·1독립선언서. 민족대표 33인 명단에 불교대표 백용성과 한용운스님이 있다. 공약3장의 집필과 관련하여 한용운 설과 최남선 설로 나누어져 있다.

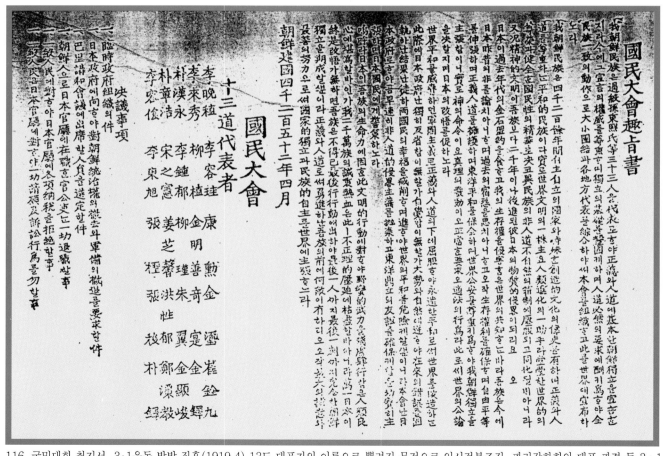

116. 국민대회 취지서. 3·1운동 발발 직후(1919.4) 13도 대표자의 이름으로 뿌려진 문건으로 임시정부조직, 파리강화회의 대표 파견 등 3·1정신을 계승하려는 내용이 담겨 있다. 13도 대표자 명단에는 불교계의 박한영(朴漢永)과 이종욱(李鍾郁)스님의 이름이 들어 있다.

警告法侶

委員長 金龍谷

過般에騷擾事件의勃發홈以來로種種의錯誤가發生호며諸種의風說이喧傳호야全民族의思想界가動搖되는同時에普通社會는勿論호고特히吾敎에쪼지其影響이波及호야宗敎人의本分을自失호는者는多호니甚히遺憾되는바이라諸君은賢明호고聰智와明哲호頭腦로考察홀지어다元來로宗敎와政治는其部分과目的이全然別物이라氷炭이不相容호는바인디此에諸君이世界大勢와時代思潮를不顧호고隨波逐浪호야吾敎人된本旨를忘失호니엇지吾敎의不幸이此에至호리오此는非獨余一人이라호야吾敎를愛호고吾敎를世界諸人民에廣布호야世界的宗敎를삼고자호는各中樞諸德은흐가지로憂慮호야然이나近日은表面上으로見호면各地人民의思想界에尙히疑雲이全消호지못호고其輕擧妄動호는者ㅣ有호니時勢에通曉호吾敎諸君은今回政治問題에干與치도말지며또諸君을徘徊호야治安을妨害호며風紀를紊亂케호는者ㅣ有호나時勢에援助를與호야宗敎人된本分을喪失호지말지어다但世界事情에暗昧호야一部靑年이妄想을作호며謠言을傳播호야無罪良民으로호야금氷炭에陷케호며又는生命을損失케호니此는宗敎的慈悲眼으로觀호면一點悲淚를不禁홀짓도다

吾敎의目的은精神的으로亂麻호思想界를支配호야實際的으로는複雜호社會를正然히호는社會開發의使命을帶호者인즉吾敎를廣布코자홈이로다吾敎를篤信호는吾等佛敎徒는誠心誠意로當局者의政策을體認호야內로는吾敎靑年으로호야금道德智兩育을涵養호야善良호人格을作호며外境에馳走치말지며外로는一般社會의思想界를敎導호야純良호民族을養成호야流言妄說을信치말며煽動과脅迫을能히排斥호고各其業에安住호도록努力호는거시卽佛子된本意며祖의眞正호老婆心切이며又는國利民福의一大良策을思호노니諸君은以上主旨에背負치안코一般信徒를敎導호기를切望호고一言을陳述호노라

117. 30본산연합사무소 위원장이었던 김용곡(金龍谷)이 불교청년들의 3·1운동 가담을 반대한 기고문 '경고법려'. 「조선불교총보」16호에 기고된 이 글에서 김용곡은 일제 식민통치에 순응·협조할 것이며, 3·1운동에 참여한 독립운동가들을 도와주지 말라고 하였다.

118. 친일불교단체인 불교옹호회를 조직한 이완용.

佛教擁護會

李完用이가日犬의最後忠誠을다하기爲하야佛教擁護會를組織하얏다고。佛教擁護는일홈쑨이오其實은八千僧侶를籠絡하야獨立運動을妨害하려함이라함은日人新聞紙의실吐라。하직씨지此華를살려둠이우리의羞恥어니와佛教擁護會로써李賊의故로의思이되제하여야할지니興와閻元楹과히三凶과閻元楹이니라

119. 친일파 이완용이 조직한 불교옹호회 보도기사(「독립신문」, 1919.10.7). 불교옹호회는 8천 승려를 농락하여 독립운동을 방해하는 것이 목적이라는 구절이 의미심장하다.

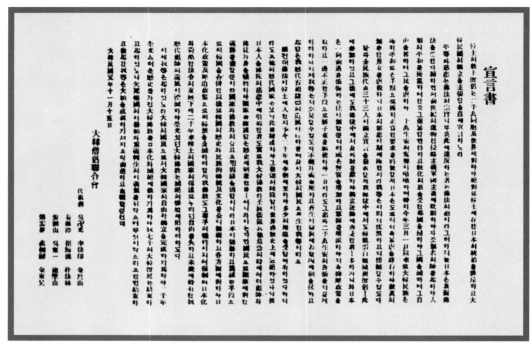

120. 승려독립선언서. 대한승려연합회 중견 승려 12명의 가명으로 상해에 뿌려진 선언서. 이 독립선언서는 불교의
독립운동 당위성을 천명하고 있다. 현재 파악된 스님으로는 김구하(金九河), 김경산(金擎山), 오성월(吳惺月),
김상호(金尙昊) 등인데, 이 선언서는 3·1운동 직후 상해로 망명한 승려들의 주도하에 작성되어 국내뿐만 아니
라 프랑스에도 전달되었다.

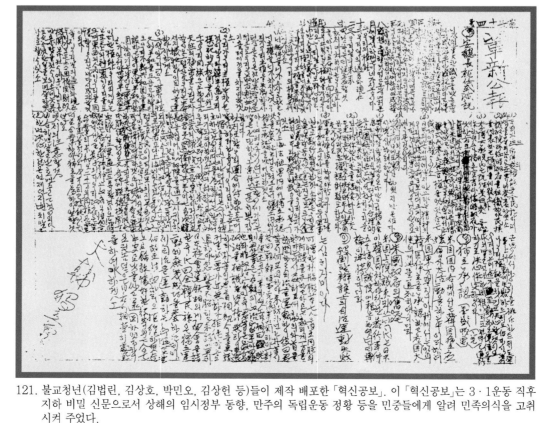

121. 불교청년(김법린, 김상호, 박민오, 김상헌 등)들이 제작 배포한「혁신공보」. 이「혁신공보」는 3·1운동 직후
지하 비밀 신문으로서 상해의 임시정부 동향, 만주의 독립운동 정황 등을 민중들에게 알려 민족의식을 고취
시켜 주었다.

122. 석굴암 보수공사 장면. 당시 일제는 시멘트 돔을 설치하여 오히려 보존에 치명상을 준 것으로 평가되고 있다.

123. 석굴암 보수공사시 본존불의 모습.

124. 1912년에 촬영한 건봉사 전경.

125. 건봉사 대웅전 앞의 스님들(1912년 촬영).

126. 1912년의 금강산 신계사 전경.

127. 1917년경 촬영한 유점사 대웅전 전경.

128. 신계사의 석탑과 스님(1917년경 촬영).

129. 1917년경 촬영한 범어사 전경.

130. 법주사의 괘불을 펼쳐보고 있는 스님과 신도들(1917년경 촬영).

131. 1917년경 촬영한 석왕사 탱화와 불상.

132. 1917년경 촬영한 통도사 괘불.

133. 관촉사의 은진미륵불(1910년대 초).

134. 계룡산 정상에 있는 남매탑(1910년대 초).

135. 1910년대의 미륵사지. 탑이나 부도 사진의 경우 앞이나 옆에
꼭 사람을 세운 것은 실물 크기를 비교하기 위해서였다. 위의
관촉사 은진미륵 사진에 사람이 서 있는 것도 같은 이유이다.

136. 갑사의 철당(1910년대 초).

1920년대

1920년대 ●●●●●●●●●●●●●●●●●●●●●●●●●●●●●●

　　1920년대 불교계는 지난 10년간 사찰령 체제를 극복하기 위한 지난한 노력을 기울였다. 이는 3·1운동의 영향을 받으면서 불교의 모순과 질곡을 벗어나려는 구도를 말한다. 그러나 그 구도하의 제반 움직임은 간단한 것은 아니었다. 왜냐하면 그를 방해한 일제와 일제에 기생하고 있는 친일 주지층이 있었기 때문이었다.

　　그런데 그 움직임은 사찰령을 부정하는 정신에서 나온 것이었기에 그 자체가 민족운동이었다. 그는 주로 청년승려와 불교청년들의 주도에 의해서 진행되었다. 이는 곧 불교청년운동의 발흥을 의미하는 것이었다. 그들은 기존 연합사무소의 사업이 매우 미흡하였음을 비판하고 한국불교계 독자적으로 교단건설을 추진해야 한다는 의식을 갖고 있었다. 그러나 나약한 현실인식에 처하여 있었던 친일적이며, 기득권적인 본산 주지들은 일제의 사찰정책을 수용하면서 점진적으로 불교발전을 기하려는 입장에 있었다. 이러한 이질적인 구도하에서 나온 기관이 이른바 총무원과 교무원이었다. 그러나 1924년경에 이르러서는 총무원이 교무원에 합류되어, 운동의 나약성을 드러내게 되었다.

　　한편 일제 사찰정책을 비판하였던 청년승려들은 그 운동의 추진체인 조선불교청년회, 조선불교여자청년회 등을 조직하여 그 일선에 있었다. 특히 2,284명의 연서로 총독부에 제출한 사찰령 철폐운동은 그 노선의 성격을 단적으로 말해주는 것이었다. 그리고 불교청년들은 교단혁신, 불교개혁을 위한 명분하에서 외국유학을 떠나기도 하였다. 그 대상국은 주로 일본이었지만 중국, 프랑스, 독일로 유학을 간 청년승려들도 있었다. 그들은 유학생활을 하면서 단체를 조직하고 혹은 잡지를 발간하면서 국내 불교계 동향에 촉각을 기울이고 있었다. 그러나 그들 대부분은 귀국 전후 결혼하여 보수적인 주지층으로부터 비판을 받기도 하였다.

　　이 시기에 주목할 것은 이전 개혁과 유신의 추세에 밀렸던 구학 교육의 중요성을 다시 일깨우는 노력이었다. 그리하여 유명 사찰에서 강원이 복구되고, 그 강원의 학인들이 구학중심의 교육제도를 개선하려는 움직임이 노골화되었다. 1928년의 조선불교학인대회는 그 단적인 실례이다. 또한 백용성이 망월사에서 만일참선 결사회를 개최하고, 경전을 번역하여 널리 보급했던 것도 사실은 전통수호의 흐름과 무관한 것은 아니었다.

　　이 같은 움직임은 백용성과 백학명이 선농(禪農)불교의 실천을 위해 그 일선에 나선 것과 관련이 있었다. 전통 수호가 보다 구체적으로 진전된 것은 선학원의 창건으로 나타났다. 1921년에 창건된 선학원은 사찰령 체제의 구속을 피하려는 일단의 승려들이 주도한 것으로 그 설립 자체에 민족정신이 담겨 있었다. 그러나 그 흐름에는 일본불교의 침투 등으로 소외 배척되어 가고 있던 불교전통의 핵심인 선을 부흥시키겠다는 의지가 개재되어 있는 것이다. 이에 선학원에서는 전국 수좌들의 조직체인 선우공제회가 결성되어 구체적인 활동을 전개하였다. 물론 일시적으로는 재정적인 타격으로 문을 닫기도 하였지만 그 의미는 매우 컸다.

　　그리고 1928년부터 재기한 불교청년운동의 기반과 불교계 통일운동을 기하려는 의식으로 인해 1929년 1월 승려대회의 개최를 통한 자주적인 종헌을 제정한 것은 가장 의미있는 사실이었다. 이는 식민지 체제의 불교를 일정부분 극복한 것이었기에 그 대회와 종헌의 등장 자체가 기념비적인 사실이었다. 아울러 이 시기에는 『불교』, 『불일』, 『금강저』, 『조음』, 『취산보림』 등 다양한 불교잡지가 발간되어 불교발전의 구심점이 되었다.

義親王以下
三十三人의 宣言
義親王이 出國할때에 發表된 宣言(言書)

大韓民國元年十一月 日

義親王 李剛 金嘉鎭 全協
楊槇 李政 金商說 田相武
白初月 崔銓九 金世應 金益夏
羅昌憲 鄭南秀 李種春 金炯九
鄭蘆教 金炳起 韓基東 申道安
李來修 朴貞善 金貞愛 鄭信愛
韓逸浩 魯弘濟 申棻徹 李直鉉
申泰鍊 李謙容 李信愛 鄭奎植
金弘鎭 廉光黙 吳世德

137. 의친왕 선언서. 1919년 11월, 의친왕 이강(李剛)을 상해로
망명시켜 독립운동의 구심점으로 삼으려다 체포된 사건이 있
었는데, 당시 뿌려진 선언서에는 항일승려 백초월(白初月)의
이름이 보인다(「독립신문」, 1920.1.1).

138. 단양 표충사 승려가 인근 주민과 함께 만세운동을 전개한
내용을 보도한 「독립신문」(1920.6.5).

佛教青年員被提
獨立團員과 聯絡하여
金錢을 募集하엿고

139. 불교청년인 이범대(李範大)가 대한독립단에 가입한 후 군자금
모금 활동을 전개하다가 체포되었다고 보도한 「독립신문」
(1922.4.30).

獨立團嫌疑로
陽和寺僧侶銃殺

지난 二十一日에 武裝한 우리 獨立團
員이 平北 泰川郡 東面 陽和寺 내와
서 現金 六百圓을 押收하여 갓일이 잇
섯는데 同寺에 잇는 僧侶 申智燮이 手
우어 同郡 敵警은 곳 搜索에 着手하
얏는머 同嫌疑로 그를 逮捕하
야 關係가 잇다 는嫌疑므로 그를 逮捕
러 갓든 際 그는 剛硬히 抵抗한다 하야
필슴 반춘내 그를 銃殺하얏다 더라

140. 양화사(평북) 승려인 신지찬이 군자금 관련으로 일제에 체포
된 후 총살되었음을 전한 「독립신문」 보도기사(1923.7.1).

有志僧遭難詳聞
陽和寺僧 申智贊氏

泰川郡陽和寺僧侶申智贊氏가 我
軍과의 關連이 잇다하야 敵에게 害를
當한 事는 임의 報道되엿거니와 今에
其 詳報를 接하건머 我 光復軍 ○○
參員 朴○○外三人이 지난 五月頃 實
傳及 軍資金募集의 任命을 帶하고 某
地方에 出差하야 오다가 回路에 去月 十
一日 前記陽和寺에 投宿하면서 該寺
僧侶에게 時局에 對한 問題를 說明하
고 軍資金을 請求하매 그는 곳 現金 四
百圓을 出하야 納付으로 傾收하엿
더니 敵은 이 事實을 探問하고 곳 同寺
에 來하야 申智贊氏를 銃殺하엿는머
甲智贊氏의 殉國한데 對하면서 該
僧侶에게 時지안는이가 업스며 無道暴
惡한 倭賊에 對하여는 皇天과 諸佛이
敢히 容恕할수업스리라고 한다 더라

141. 양화사 승려로 일제에 총살당한 신지찬의 군자금 제공 보도기사(「독립신
문」, 1923.7.22).

寺刹로다니며
軍資請求
박달준 김봉률 체포 (西間島)

142. 승려출신 독립군 김장윤, 김봉률, 박달준 등이 군자금 모금 활동을 하다 일제
에 체포되었음을 전한 「독립신문」 보도기사(1921.3.4).

143. 항일승려 김봉률의 출옥기념 사진. 그는 해인사 출신 승려로
3·1운동에 가담한 이후, 신흥무관학교에 입교하고 국내에
군자금 모집 활동을 전개하다가 1922년 체포되었다. 이 사
진은 그의 출옥(1925)기념 사진이다(좌측부터 백성원, 김봉
률, 임치수). 그는 이후 직지사 주지를 지냈으며, 김일엽의
아들인 일당 김태신의 양부이다.

獨立資金을 募集하던

金大治外四氏

鍾路敵署에서 被捕
咸鏡南道安邊郡文山面釋王寺內

僧侶金大治(三〇)京城府仁寺洞一〇五申福玩僧侶金祥憲(三〇)京城府仁寺洞一八八僧侶金祥憲(二八)咸鏡南道安邊郡文山面釋王寺內僧侶李錫允(二二)江原道高城郡楡帖面冷泉里三七僧侶鄭仁牧(三一)五氏는獨立連動資金을募集하다가鍾路敵署에被捕하야敵檢事局에押送되다

申尙玩金祥憲兩氏는屢次上海京城間에往來하야獨立運動에盡瘁하던터인데兩氏는二月二十八日夕에僉大治氏를釋王寺에訪하고金千圓을得하야申氏는該金中에서一百二十餘元으로上海韓相漢氏에게郵送하고若干은買하야고食價餘條로二百元을送하고殘金五百二十元은金祥憲氏의所有로하다

又金大治氏는軍資金으로千元을提供한후兩氏에게서宣傳文書를受領하야同志의利合及軍資金募集에盡瘁하다其他三氏도모다軍資金募集에盡力하던터이라

◇地獄에서極樂을求하라 ──한용운씨옥중감상

144. 김대흡, 신상완, 김상헌, 이석윤, 정인목 등 승려출신 독립군의 체포를 알린 보도기사(「독립신문」 1920.6.10).

145. 3·1운동 당시 민족대표 33인이었던 한용운의 출옥 당시의 모습과 발언을 보도한 「동아일보」 기사. '지옥에서 극락을 구하라'는 옥중감상이 인상 깊다.

鍾路署에 檢擧

僧侶軍資員

종로서의 수배로말미암아
山淸郡에서 被捉

146. 승려출신 독립군 김장윤이 해인사, 범어사, 김룡사 등의 사찰에서 군자금을 모금하였음을 보도한 「동아일보」 기사(1927.10.15).

147. 백용성의 역경사업 조직체인 삼장역회의 출현. 3·1운동 당시 민족대표 33인이었던 백용성이 출옥후 전개한 역경사업의 조직체였던 삼장역회의 출현의 의의를 보도한 「동아일보」 사설(1921.8.28).

148. 백용성이 출옥후 최초로 역경·간행한 「신역대장경」. 1922년 1월 삼장역회가 펴낸 순한글 금강경이다.

149. 불교사회화를 위한 한용운의 포부. 불교사회화 및 팔만대장경을 한글로 번역하기 위해 법보회를 조직하겠다는 한용운의 포부를 전한 「동아일보」 보도기사 (1922.9.25).

150. 한용운과 송세호 체포 보도기사. 6·10만세운동 당시 일제가 선학원을 수색하여 한용운을 검거하였고, 항일승려인 송세호를 서울시내 낙원동 근처에서 체포하였음을 말해주는 1926년 6월 9일자 「동아일보」 기사. 송세호(월정사)는 상해를 거점으로 치열한 독립운동을 전개한 승려이다.

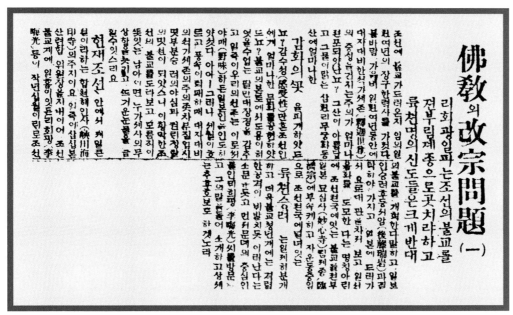

151. 이회광의 일본 임제종과의 연합책략 보도기사. 이회광은 1910년 10월, 일본 조동종과의 맹약이 결국 실패로 돌아가자 2차로 일본 임제종과 연합을 모색하였다. 이회광의 이러한 행위에 대해 당시 6,000여 명의 승려들은 대단히 반대하였음을 알 수 있다(「동아일보」, 1920.6.24).

152. 고립된 이회광. 이회광의 이러한 행동에 대하여 그 동안 그를 지지했던 8본산도 반대하였고, 특히 불교청년회에서도 반대운동을 거세게 전개한 결과 이회광은 드디어 고립되고 말았다. 그는 1933년 옥수동에 있는 견성암이라는 비구니절에서 쓸쓸히 일생을 마감했다(「동아일보」, 1920.6.27).

153. 이회광이 또다시 일본 불교 임제종과 연합하여 불교개혁을 추진하였음을 전한 기사. 이회광은 이미 1910년에도 일본불교 조동종과 한국불교의 매종맹약(買宗盟約)을 맺은 장본인이었다(「동아일보」, 1926.4.18).

154. 간판은 조선불교 총본산, 주지(主旨)는 일선융화(日鮮融和)와 정교일치(政敎一致). 이회광은 1926년 5월경 또다시 '불교개혁'이라는 명분하에 일본불교를 이용한 반민족불교의 행태를 자행하였다(「동아일보」, 1926.5.12).

佛敎의 大改革運動

朝鮮佛敎

朝鮮寺刹令

155. 불교의 대개혁운동. 사찰령에서 정한 30본산 본
말사제도의 개정, 사찰재산 통일 등 당시로서는
혁신적이었으며, 동시에 일제의 사찰정책을 거
슬리는 내용이었다(「동아일보」, 1921.3.9).

佛敎改革의 聯合會

삼십본산주지가회사에서
삼십본산주지가회사에서
김상숙씨의 종무원반대론

순시에의지

삼십본산의

156. 불교개혁의 연합회. 3·1운동 이후 불교계에 불어 닥친 개혁의 분위기를
전하는 보도기사(「동아일보」, 1921.3.17).

朝鮮佛教青年會趣旨書

四相山이놉핫스며三毒海가넑는구나外面만張皇하야共和이니平等이니하는言論이春潮가르며書片이飛雪갓지만은口頭禪문인즉寶로面上은夾竹桃花ㅣ오肚裡는桑天刹棘일다是時를當하야大雄大慈하신我佛의眞正한慈門과慧光이아니면世界民衆의四相山과三毒海를무엇으로써蕩平하며澄淸케하리오是는佛華ㅣ써發한方者ㅣ이오우리靑丘로入하야麗羅濟時代로부터千有餘年間은佛華ㅣ盛開赫然함으로東西列强까지百道光明이普及하게되더니近代에沿至하야는무슨因緣法으로佛華ㅣ漸漸萎廢하며그릇를鹽하야民俗이弛廢不振하엿다知識의位置도남에게比하면씩落伍할받아니라相愛同胞의情이冷漠하기寒灰와가트며零落하기散沙와가래區한全疆嗜利의習慣만年堅不破하게되여河山이陸沉고昆弟가過害할境

遇라도痛痒이相涉키不能하야隔岸火와等視한지라利鎬을拓하야樂圖으로寒林을飜하야慈海로向코저하나니是는本會ㅣ써發한方者ㅣ오이오朝鮮佛敎는卽千年老屋과相似하야棟樑이傾頹하고猗廉가紛墮한餘에急雨가發하야無時로한데貴求衣食하는假沙門茁居하야掛論키不足하거니와頭童齒豁한先生은太古時流만坐談하는지라現代에靈教森學이異體를堅持하야深山靈廟의우리집은將次採薇歌만싯고나니우리靑年은勇健한心力을奮勵하야大家의制度를煥新코저하노니는는本會ㅣ써發한方者ㅣ三이라

海에沉船한爺孃과火宅에焚驅한兄弟는一時가閭憐하니어서바삐解脫門과歡喜園으로救度淸進케하되우리靑丘는는다구나父母의先邦인즉우리가率先莊嚴할지어다佛敎靑年諸君이어四海에放散하얏던精神을慳慞着하야一處로卒合할지어다苦

發起人
(가나다順)

姜性璨　康遠晧　鞠永暉
金性海　具覓沐　金尙昊
金晶海　金基成　金瑛周
金東洙　金奎河　金璨泰
金榮烈　金妙完　金泰淵
金是庵　寄尙燮　金信和
南奉愉　金洛淳　金惠曄
李混崔　都鎭鎬　金仁善
朴永珠　李景悅　金敬弘
李昌奎　李炯千　金勳永
裵智印　林鍾宇　金壯浩
安海印　李春城　金學壽
徐定祐　朴東一　李應涉
趙鳳翊　孫宗秀　李鍾天
趙東植　錢藏憲　李智光
車普定　宋福晩　李一鮮
河圓現　申鍾驥　朴炯善
韓熙修　申在性　朴祥銓
許應宣　鄭藥英　朴道曄
黃一奎　鄭仁牧　朴勝周
　　　　鄭法蓮　朴膺煒
　　　　曹常一　朴興權
　　　　辛靈耕　朴混貞

佛紀二九四七年六月二十日
大正九年

朝鮮佛教青年會

157. 조선불교청년회의 취지서와 발기인. 1920년 6월에 출범한 조선불교청년회는 불교청년운동의 중심체로서 이후 불교 개혁의 선봉장이 되었다. 발기인 명단에는 김상호, 김태흡, 이춘성, 박영희, 도진호 등의 이름이 보인다.

158. 통도사 불교청년회가 간행한 불교잡지 「취산보림」. 1920년 1월 25일 창간, 같은해 10월 15일 통권 6호로 종간.

159. 조선불교청년회의 축구부. 청년회에서는 체육활동의 일환으로 축구부를 육성하였는데, 이 사진은 1922년 제3회 전조선축구대회의 우승 기념이다(배재학당 운동장).

千餘의 佛敎靑年이

「유신회」를조직코자운동중

명춘주지총회에개혁안제출

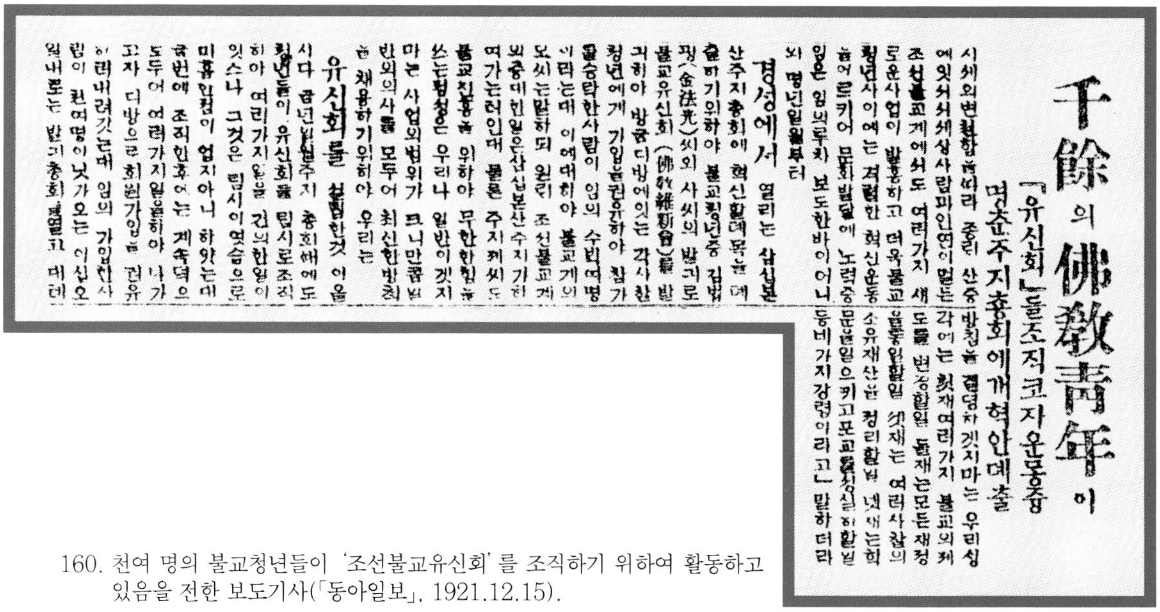

160. 천여 명의 불교청년들이 '조선불교유신회'를 조직하기 위하여 활동하고 있음을 전한 보도기사(「동아일보」, 1921.12.15).

寺刹令撤廢에對하야

다시총독부에교섭하기로

데이회불교유신청년총회

任員全部改選

만장일치로 선뎡

이전간부

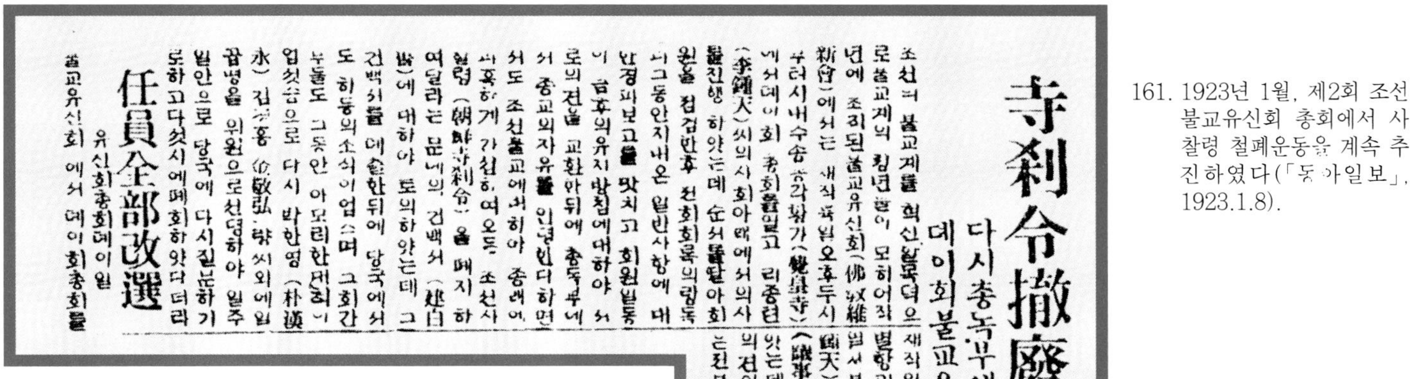

161. 1923년 1월, 제2회 조선불교유신회 총회에서 사찰령 철폐운동을 계속 추진하였다(「동아일보」, 1923.1.8).

寺刹令의 弊端을발하고

불교계의자유를부르지저

이천이백명의유신회원이

當局에建白書를提出

조선불교

당국에서

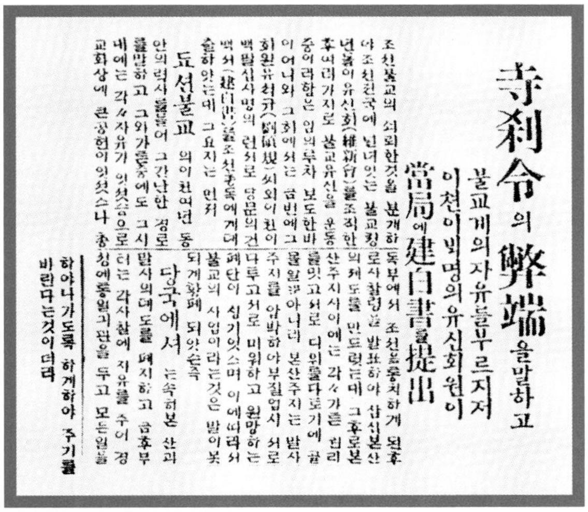

162. 조선불교유신회, 사찰령 폐지운동전개. 1922년 4월 19일부로 조선불교유신회에서는 일제가 제정한 사찰령을 부정하고 그 철폐운동을 전개하였다. 당시 불교청년들은 2,284명의 연서에 의한 건백서를 총독부에 제출하였다(「동아일보」, 1922.4.21).

163. 용주사 주지 강대련 노상에서 명고축출(鳴鼓逐出). 1922년 3월 26일, 불교유신
회 회원 여러명은 불교개혁에 반대하는 용주사 주지 강대련의 등에 북을 지게한
후, '불교계 대악마 강대련 명고축출'이란 깃발을 들고 종로거리를 왕복하였다.
이것을 '명고축출사건'이라고 한다. 그 사건후 강대련은 뚝심 좋게도 '명고산인
(鳴鼓散人)'이라는 필명을 사용하기도 했다(「동아일보」, 1922.3.27).

164. 조선불교계 총무원과 교무원으로 양분. 1923년 1~2월,
이미 조선불교 총무원과 조선불교 교무원으로 양분된 조
선불교계는 당시 사무실로 쓰고 있던 각황사에서 양측이
서로 간판을 철거하는 등 총무원과 교무원의 분쟁이 계
속 되었다. 이 분쟁은 1924년에 가서야 양측이 화해하
였다(「동아일보」, 1923.2.26).

165. 교무원과 총무원, 사무실 쟁탈로 격투. 각황사 사무실을 서로 전용하기
위하여 일어난 양측의 격투 사건. 당시 불교계는 개혁적인 총무원과 일
제의 정책을 수용하는 교무원이 서로 대립하다가 사무실 전용 문제가
폭력 사건으로 비화되었다(「동아일보」, 1923.2.15).

166. 총무원과 교무원의 간판부착문제,
법정으로 비화. 개혁적인 총무원
과 일제의 정책을 수용하는 교무
원간의 간판부착과 사무실 전용문
제는 마침내 법정으로 이어졌다
(「동아일보」, 1923.5.29).

167. 각황사 내에서 불교개혁을 주제로 회의를 하는 30본산 주지들(1922.5.1).

168. 일제의 은근한 후원과 협조로 출범한 재단법인
     조선불교중앙교무원의 기부행위 정관(1922.12).

169. 재단법인 조선불교중앙교무원의 전경(1924.8.).

170. 교무원의 이사들, 매일신보사 방문. 총무원과 교무원
     의 갈등·대립은 1924년 4월 양측의 화해와 양보로
     교무원으로 통합되었다. 이 사진은 통합후 매일신보사
     를 방문한 교무원 이사(理事) 김구하, 곽법경, 오이산,
     나청호, 류호암, 김일운, 김일제 등이다.

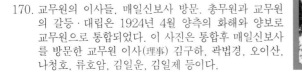

171. 교무원에서 각도 학무과장과 총독부 종교과 주임을 초대
하여 만찬회을 갖고 기념촬영을 한 장면(교무원 법당,
1924.6.20).

172. 「불교」지 창간호(1924.7.15)에 게재된 조선총독의
휘호. 일제의 불교정책과 교무원의 노선을 짐작케
해준다.

173. 교무원에서 총독부 학무국장(이진호, 1)과 종
교과장(유만겸, 2)을 초대하여 만찬을 갖는
모습(1925.1).

174. 교무원에서 발행한 불교 종합잡지 「불교」 창간호. 이 잡지는 당시 불교계의 기관지로서 1924년 7월에 창간되어 1933년 7월(통권 108호)에 재정난을 이유로 중단되었으나 그 후 1937년 3월에 다시 「신불교」로 속간, 발행되었다.

175. 교무원의 제2회 평의원 총회록(1924년 3월). 30본산 주지들로 구성된 평의원들은 매년 3월 각황사내의 사무실에서 1년간의 사업 등을 토의 결정하였다.

176. 1925년 교무원에서 발간한 「사찰예규」의 표제지.

177. 「불교」지 13호(1925.6)에 실린 「사찰예규」의 안내 광고문.

178. 선우공제회 취지서. 선우공제회는 선학원을 중심으로 한국불교의 전통을 고수하려는 수좌들의 조직체로 1922년 3월 30일 ~4월 1일의 총회에서 출범하였다. 당시 수좌들은 수행풍토의 개선을 자립 자애로써 해결하겠다는 의지를 구현하였는데, 그 발기인에는 백학명, 한용운, 신환옹, 송만공, 오성월, 김남전, 기석호, 이춘성, 박고봉 등 우리들의 기억에 생생한 고승들의 이름을 찾아볼 수 있다.

179. 선우공제회의 자원금록 표지(1922. 3. 24).

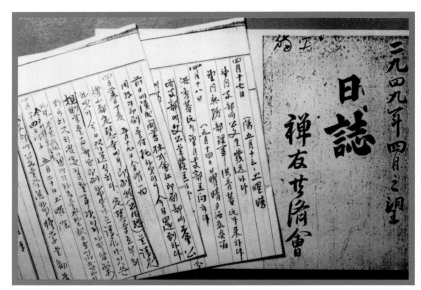

180. 1922년 4월의 선우공제회 일지. 이 일지에는 선학원에 있던 선우공제회 사무소와 지방선원 간의 유기적인 연락 및 당시 사업의 내용이 적혀 있다.

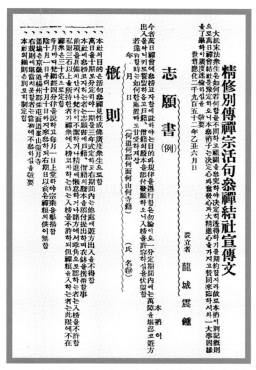

181. 백용성이 1924년 10월부터 망월사에서 전개한
　　'만일참선결사의 선전문' 및 지원서, 개칙. 백
　　용성은 선율(禪律)의 균형적인 자립을 표방하였
　　는데, 얼마후 망월사의 보안림 문제로 결사지
　　를 통도사 내원암으로 이전하였다.

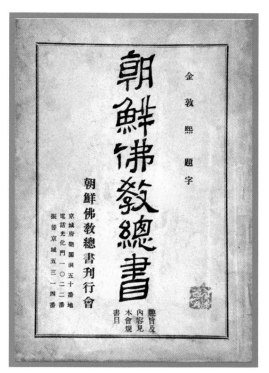

182. 「조선불교총서」목록(1925.7.15). '조선불교총서
　　간행회'가 구성되어 당시 우리나라에 현존하고
　　있는 목판본을 영인 발간하기 위하여 만들었던 총
　　목록이다. 이 목록에는 희귀본도 여러권 들어 있
　　는데 당시 불교계가 합심하여 출발했던 불서 복간
　　사업으로 원고 수집 단계에서 중단되고 말았다.

183. 3 · 1운동 후 백용성의 최초의 저술인 「심조만유론」
　　(삼장역회, 1921.9).

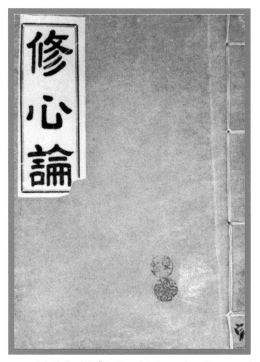

184. 백용성의 저술 「수심론」(대각교중앙본부, 1936.4).

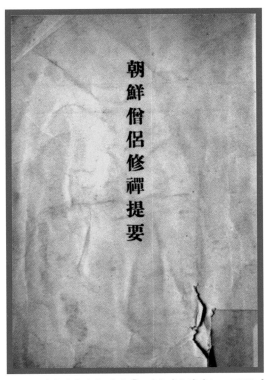

185. 조선총독부에서 펴낸 「조선승려수선제요」. 1928년 9월에 간행된 이 책에는 당시 선원의 조직과 내용 현황 등이 자세히 전하고 있다.

內藏禪院規則

一、禪院의目標と牛禪牛農으로變更합
一、禪會의主義と自禪自修하며自力自食하기도합
一、會員은新發意나新出家를募集합
但久參衲子도勤性이有하니ㄴ選入합
一、一略一
一、叢林의正規를依하야衣食을圓融으로도합
一、日用은午前學問 午後勞働 夜間坐禪 三段요
로完定합
一、冬安居ㄴ坐禪爲主 夏安居ㄴ學問과勞働爲主로
합
但安居證은三年後授與함
一、梵音은時勢에適合한淸雅한梵唄를學習하며唄讚
佛、自讚、回心、還鄕曲等을新作하야唱하기도합
一、破戒、邪行、懶習、其他廢習은一切嚴禁함

186. 백학명이 실천에 옮긴 내장선원의 규칙(「불교」 46·7합호, 1928.7).

白鶴鳴禪師로부터各禪院에
問한五題

一、雪滿窮巷 爲甚麽 孤松特立。
二、佛身充滿於法界 向何處見自己。
三、蚯蟷欲滿蟬未蟬時 且道 喚作甚麽。
四、水入大海 畢竟向何處 求淡味。
五、相識滿天下 誰是最親者。

金霽山禪師의答案

一、孤松 咦。
二、自己且置 還見佛身麽。
三、千古萬古只這是。
四、這裏一滴也無 有甚淡味。
五、更着一問。

187. 백학명이 각 선원의 수좌에게 질문한 5개항과 김제산의 그 답안(「불교」 60호, 1929.6).

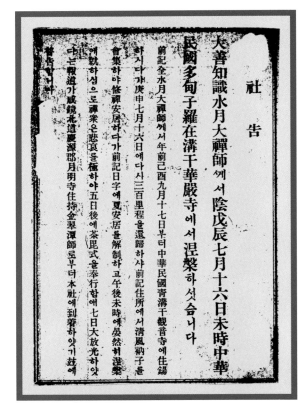

188. 수월(水月)스님의 열반을 알리는 사고(社告). 수월은 경허의 제자로 널리 알려진 근대고승이다(「불교」 55호, 1929.1).

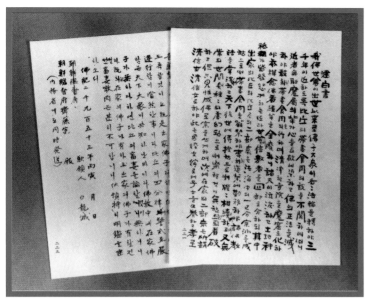

189. 백용성이 승려의 대처식육 금지를 일제 당국에게 요청하였던 건백서 (1926). 백용성은 그와 뜻을 함께하는 승려 126명의 동의를 얻어 승려의 대처가 불교 모순의 근원임을 지적하고 불교 발전을 위한 대안을 촉구하였다.

190. 백용성이 일제 당국에 보낸 건백서에 대한 관련 보도기사(「동아일보」, 1926.5.19).

191. 백용성이 김경봉에게 보낸 편지. 이 편지에서 백용성은 그가 추진하고 있는 대각교운동을 혁명적인 민중교로 자평하였다.

192. '승려육식처대' 가부 관련 투고 공고문. 「조선불교」 26호(1926.6)에 게재된 이 공고문을 보면 당시 불교계에서는 승려의 대처식육에 대한 논란이 거세게 일어났음을 알 수 있다.

193. 조선불교여자청년회에서 운영했던 능인
　　여자학원의 직원과 학생. 이 학원은
　　여성불자들의 교양교육을 시행하였다
　　(「조선불교」 12호, 1925.11).

二 能仁女子學院

右學院は同佛敎女子靑年會敎
育部の經營するもので現下敎育
機關の不足さ無知に泣く家庭婦

集めて幹部の五六人が名
つて熱心に敎へて來たが
るに從つて段々と經濟の
も立ち又學年も增へて來

人の爲めに多少でも便宜を與へ
やうさして會館の一部を敎室に
し始めは二三十名の家庭婦人を
敎室を擴大し諸般の設

は四年級までの生徒數が
近くもある。今春新學期

佛敎女子靑年會

194. 불교여자청년회의 조직과 활동 내용을 전하는
　　「신가정(新家庭)」지의 내용 문건.

195. 새북(塞北) 종성불교부인회의 창립 기념.

197. 금강산 어느 암자의 비구니스님(1925. 6). 비구니스님의 의상이 특이하다.

196. 김일엽의 연애관. 김일엽이 출가하기 이전, 속명 김원주라는 이름으로 「동아일보」(1921.2.24)에 기고한 글. 신여성으로서 그의 자유스러운 의식을 보여준다.

198. 입산 이전의 김일엽. 「불교」지 문예부 기자와 불교여자청년회의 서무부 간사로 활동할 당시의(1920년대) 김일엽. 그는 그후 수덕사 견성암으로 입산 출가한다. 1962년 그는 베스트셀러 「청춘을 불사르고」를 간행하였다.

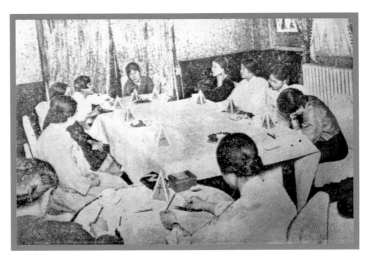

199. 김일엽과 여자기자 간담회. 신여성을 주제로 개최된 여자기자 간담회. 이 모임에 김일엽도 참가하였다.

要求는 時期問題

중앙학림의 승격운동의 찬부
각본산주지도회지는 찬성

昇格은 既定事實
학생의 요구

實力不及은 虛言
전국의 추수만

학생편의 주장

200. 중앙학림 승격운동. 3·1운동 직후, 중앙학림 학생들은 중앙학림을 불교전문학교로 승격시켜 줄 것을 요구하였다(「동아일보」, 1921.10.21). 중앙학림의 이러한 요구와 재정적인 문제, 그리고 3·1 만세운동에 참여한 중앙학림학생들의 성향을 파악한 일제는 중앙학림으로 하여금 휴교토록 하였다. 그 명분은 보다 건실한 전문학교를 세운다는 것이었다.

201. 경성에서 졸업한 불교유학생(1926.1). 지방 사찰에서 서울의 고등보통학교에 공부하러 온 불교청년들의 졸업 기념촬영(두번째 줄이 졸업생임). 당시에는 서울에서 공부하는 것도 '유학'이라고 하였다.

「荒野」出刊 됨

202. 북경 유학 불교청년들이 간행한 잡지 「황야」 출간 보도(「독립신문」, 1924.3.21).

203. 중앙불교학우 졸업생 기념(1927.1). 앞줄 우측부터 정기환(법주사), 주태순(법주사), 김철(명봉사), 이각일(구암사), 민동선(남장사), 박봉석(표충사), 최문석(김룡사), 이수봉(표충사), 박윤진(개운사)이다.

204. 총무원이 천도교로부터
　　　인수한 보성고보 전경
　　　(우측의 나무가 현재 조
　　　계사 경내의 나무이다).

205. 총무원과 교무원이 연합
　　　하여 보성고보를 정상적
　　　으로 운영하겠다는 의지
　　　를 전하는「동아일보」보
　　　도기사(1924.4.3).

206. 불교계 자금으로 혜화동에
　　　새롭게 건축한(1927.5)
　　　보성고보 교사 전경.

207. 1928년 5월 1일 개교한 불교전수학교의 교사. 이 학교는 지금의 명륜동1가(일제때는 숭일동이라고 하였음)에 있었다. 그러나 학생들은 전문학교 승격운동을 치열하게 전개한 결과 1930년 4월 드디어 중앙불교전문학교란 명칭으로 승격 인가되었다.

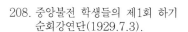

208. 중앙불전 학생들의 제1회 하기 순회강연단(1929.7.3).

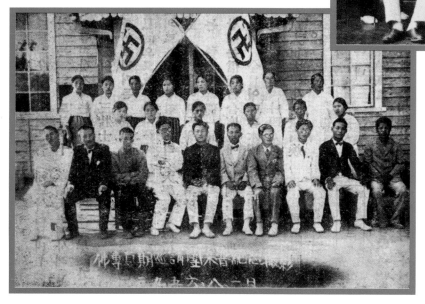

209. 중앙불전 하기 순회강연에 나선 대원들. 진주불교청년회에서 기념촬영(1929.8.1).

210. 재일(在日)불교유학생들이 하기 방학을 이용, 전국 순회강연을 하였는데 일제는 그들이 사회주의를 선전한다는 것을 이유로 경찰로 하여금 구인토록 하였다(「동아일보」, 1921.7.5).

211. 재일(在日)불교청년들의 단체인 재일조선불교청년회의 기관지 「금강저」 제9호의 내용 광고문(「불교」 21호, 1926.3).

212. 「금강저」 16호. 「금강저」는 1924년 5월에 창간되어 1943년 1월에 26호로 종간되었다. 1~14호까지는 등사판이고 15호 이후부터 활자판인데 현재는 15~26호까지만 전해지고 있다. 그런데 창간호에서 20호까지의 목차가 21호에 실려있다. 참고가 될 것이다.

213. 「금강저」 23호의 권두언. 금강저의 뜻과 그에 대한 만해 한용운의 단상이 전한다.

214. 동경(東京)조선불교유학생 근황(1926.3). 맨 뒷줄 우측부터 강정룡, 장담현, 최영환, 강재원, 서원출, 조은택, 변설유. 가운데줄 우측부터 김상철, 김명교, 이영재, 이덕진, 김태흡이며, 앞줄은 이지영, 유성완, 강재호, 박창두이다. 불교사상 및 신문명을 배우러 일본에 유학한 불교청년들은 친목도모를 위해 단체를 결성하였다. 이들은 소속사찰의 공비유학생의 자격으로 혹은 고학하며 공부를 하였다. 유학생들은 조선불교유학생학우회(1920년 4월 창립), 재일본조선불교청년회(1921년 4월 창립)를 조직하며 국내불교 발전을 위한 고민도 하였다. 1920년 중반에는 일본유학생이 50여 명에 달하였다.

215. 동경조선불교유학생 졸업생 송별 기념 (1927.3). 앞줄 우측부터 이지영, 김신교, 조은택, 김창운, 서원출, 박창두이며 뒷줄 우측부터 김태흡, 김동진, 강정룡, 장담현, 변설유, 김잉석이다.

216. 동경유학생 졸업기념(1928.3).

217. 일본불교시찰단. 주지 및 직원들로 구성된 일본불교시찰단이 동경 대정대학(大正大學)에서 유학생들
과 기념촬영(1928.4.3).

218. 일본 동경의 증상사(增上寺)에서 개최된(1925.11.1)
제2회 동아불교대회의 발회식 장면. 당시 한국불교 교
무원에서는 나청호, 권상로, 이혼성이 참석하였고 친
일성격의 재한(在韓)불교단체였던 조선불교단에서도
대표가 참석하였다.

219. 동아불교대회에 참석한
이혼성(李混惺). 당시
그는 중앙교무원의 이
사였으며 유점사 주지
를 지냈다.

220. 동아불교대회 환영식.

221. 1926년 11월 6일, 조선불교소년회에서 주최한 전(全)조선소년웅변대회(원내의 인물은 간사 한영석).

222. 조선불교소년회 주최 가극대회(1927.2.11). 천여 명의 관객이 참가한 이 대회에서는 신춘 음악 동요를 주로 불렀다.

223. 조선불교소년회가 부처님오신날에 빈민을 구제하기 위해 행한 팥죽 제공 모습(1927.2).

224. 1923년 3월 24일부터 1주일간 천도교회관에서 열린 전조선청년당대회. 전국 90 여 청년단체가 참가한 이 대회는 급진적인 청년단체들의 민족운동 단결을 모색한 모임이었다. 이 대회에는 조선불교청년회와 조선불교여자청년회가 참여하였으며, 한용운도 이 대회에서 축사를 하였다.

225. 일본경찰은 전조선청년당대회를 '불온' 하다는 이유로 금지시켰다. 이 대회에서 종로경찰서에 끌려간 인물은 통도사 출신 승려 이종천이었다.

計告

印度留學生梵鸞
李英宰君은 十月
十一日下后二時
錫蘭島古倫母에
서涅槃하얏더라

佛紀二千九百五十四年十月十五日
古倫母發特電

226. 이영재. 인도구법순례중 요절. 재일불교청년이었던 이영재가 인도 구법순례를 위해 스리랑카에서 수행중 1927년 10월 11일 요절하 였음을 알린「불교」지 41호의 부고(訃告).

227. 일본 유학생시절의 이영재(李英宰). 출가 는 법주사에서 하였 지만 천은사 공비생 으로 일본유학을 떠 난 그는「금강저」편 집을 담당하는 등 재 일조선불교청년회의 간부였다. 그리고 그 는 1922년 11~12월 「조선일보」에 '조선 불교혁신론' 을 기고 하기도 하였다.

228. 이영재의 부도를 세우자는 발기문(「불교」43호에 실림).

229. 김법린이 프랑스 유학생활을 하면서 조직한 재불한인회 회원들. 김
법린(앞줄 오른쪽 두번째)은 중앙학림 학생으로 3·1운동에 참여한
후 중국을 거쳐 프랑스로 유학을 떠났다. 또한 김법린은 항일운동도
하였으며 광복 후에는 조계종 총무원장(1946년)과 문교부장관
(1952년), 동국대학교 총장(1963년)을 역임하였다.

230. 김법린, 벨기에 브뤼셀에서 개최된 피압박민족반제국
주의대회(1927.2)에 참석(「동아일보」, 1927.3.23).

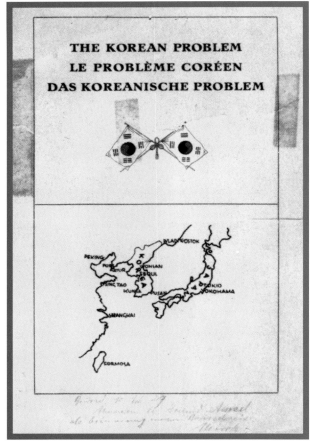

231. 김법린 등 한국대표가 당시 대회에 제출한 보고서. 영어, 불어,
독일어 등 3개어로 작성된 이 문건 제목은 「한국의 문제」로
1910~1926년까지의 일제의 식민지 침탈상을 요약하고 있다.

232. 벨기에 브뤼셀에서 개최된 피압박민족반제국주의대회에 참석한 한
국대표들. 오른쪽부터 이극로, 허헌, 김법린, 이의경(이미륵:「압록
강은 흐른다」의 작가)이다.

233. 1930년 7월, 하와이에서 개최된 범태평양불교청년대회에 참석한 불교청년 도진호(都鎭鎬)의 대회 참관기(「불교」지 7호). 당시 도진호는 일본의 회유를 뿌리치고 '조선대표권'을 확보하였으며, 이 대회의 참가는 불교청년운동의 재조직 운동의 촉진제가 되었다. 조선불교청년회는 1928년부터 이 대회의 참가 준비를 시작하였다.

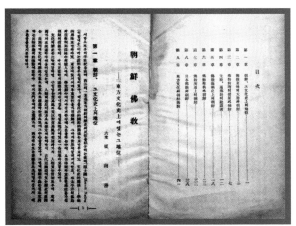

234. 최남선의 「조선불교」. 최남선이 저술한 팸플릿 크기의 「조선불교」는 불교청년이었던 최봉수에 의해 영어로 옮겨져 1930년 7월 범태평양불교청년대회에 제출되었다. 영문제목은 「Korean Buddhism and her position in the cultural history of the Orient」로써 영문으로 소개된 우리나라 최초의 한국불교 소개서이다(관련사진 331).

235. 경성사범학교의 불교연구회 좌담회 기념촬영 (1928.3.10).

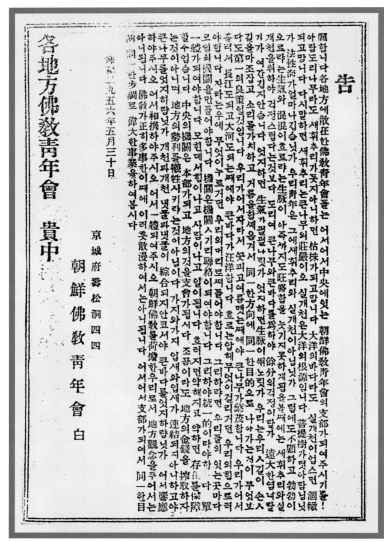

236. 조선불교청년회에서 각 지방 불교청년회에 보낸 공고문(1929.5.31). 불교청
년운동의 단일화를 촉구하며 불교청년운동의 재조직을 추진하는 계획과 의도
를 밝힌 글(「불교」, 60호).

237. 일본 대학에서 석사학위를 받고 귀국했을
당시의 김태흡. 김태흡(金泰洽:金大隱)은
당시 조선불교청년회의 문교부 전무를 역
임하였으며, 후에 「불교시보」를 발행하였
다. 한편 그는 불교와 관련된 많은 글과 저
서를 발표하였는데 그 속에는 친일적인 글
도 여러편이 들어 있다. 만년에는 경기도
화운사 강사를 지냈다.

238. 3·1운동 직후 독일로 유학하여 철학박사
학위를 받고(1924.10) 귀국한 백성욱. 그는
중앙학림 출신으로 조선불교청년회의 서무
부 전무를 역임하였는데 조선불교청년회를
총동맹으로 전환시키고 승려대회를 주도하
는 등 불교운동의 최일선에 서 있었다. 불교
계의 외국 유학 박사 제1호이기도 한 그는
광복 후에는 내무부장관(1950)과 동국대학
교 총장(1953~61)을 역임하였다.

239. 동국대학교 총장 시절
(1960년대)의 백성욱.

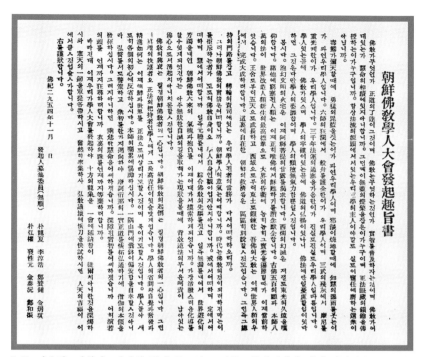

240. 이운허, 이청담, 정지월 등이 주도한 조선불교학인대회의 발기 취지서(1927.11). 발기위원 첫 이름인 박용하는 이운허스님이다. 가명을 쓴 이유는 이때 이미 독립운동으로 쫓겨 다니는 몸이었기 때문이다(「불교」 42호, 1927.2.1).

241. 조선불교학인대회의 참가자. 1928년 3월 16일, 각황사(조선불교 중앙교무원)에서 개최된 조선불교학인대회에서는 강원 부흥과 교육 개선을 통한 불교발전을 토의하였다.

佛教研究生募集廣告

過般第一回宗會의決議에依하야 內典을專門으로硏究하는機關으로 本院이設立된바 來五月下旬(陰四月中旬)頃부터 開學하옵기 左記에依하야 硏究學人을募集함

記

一、學科

1、正科

楞嚴、起信、般若、圓覺、華嚴玄談 三賢、十地中一部를專門으로硏究함

2補助科

唯識論、俱舍論、相宗八要、法華經 涅槃經、佛敎史等을隨宜旁通함

一、修業期間 三個年以上

一、入學資格 四敎、大敎를修了한者로品行이端正한者

一、入學願을前期提出하고又來五月十八日(陰四月十日)까지本院에來到할것

但學費는每朔約拾五圓

佛紀二九五六年四月十日

京城府東大門外開運寺大圓庵

佛教研究院

242. 개운사에 설립된 불교연구원생 모집 광고(1929.4.14). 학인들의 강원 개선안에서 제기한 내용이 당시 종회에서 반영되어 새롭게 등장한 3년 과정의 대학원 수준인 불교연구원. 당시 강사 및 책임자는 박한영스님이었다(「불교」 59호).

243. 조선불교학인연맹의 기관지 「회광」 창간호(1929.3). 학인대회 종료 후 학인들은 전국 강원의 학인조직체를 회원으로 하는 학인연맹을 결성하였다. 1929년 3월 6일 창간, 1932년 3월 16일 통권 2호로 종간.

244. 개운사의 대원암. 1929년 초에 신축한 이 대원암에서 불교연구원이 개원되었으며, 석전 박한영스님이 이곳에 주석하면서 많은 학인들을 지도하였다.

245. 1928년(戊辰)은 용(龍)의 해였다. 「불교」지 43호에서는 용자호(龍字號)를 가진
선사 3인을 꼽았는데 좌측부터 한용운, 백용성, 하용화(河龍華)이다.

246. 수국사 개산비 앞의 홍월초. 홍월초스님은 봉은사를 중
흥시켰으며, 봉선사 강원 설립에도 큰 공헌을 하였다.

247. 1926년 11월 15~17일, 전남도청에서 개최된 전라남도 승려 강습회의 참가자들.

248. 김남전(金南泉)스님. 석왕사와 범어사의 경성
포교당 포교사, 선학원 발기인, 선우공제회
전무위원 등을 역임한 수좌(首座)였다.

249. 제산(霽山, 1862~1930)스님. 근대 직지사 중흥조로
일컬어지고 있는 선승.

250. 서진하(徐震河). 1909년 명진학교를 졸업하였
으며, 법주사 주지를 역임한 그는 1926년 8월
6일(음력) 제주도포교당에서 열반하였다.

251. 신혜월(慧月)스님. 경허스님의 제자로 선
승들로부터 많은 존경을 받았다. 1861년
에 태어나 1937년에 부산 안양암에서 입
적했다.

252. 1924년 6월, 한라산 백록담에서 거행된 관불회
　　(灌佛會). 이회광, 대흥사 주지를 비롯하여 제주도
　　승려 30여 명과 수백 명의 신도가 참가하였다.

253. 제주불교포교당에서 올린 불교식
　　결혼식. 사찰에서 결혼식을 올린
　　예는 많을 것이다. 이 사진은 현재
　　우리가 볼 수 있는 최초의 불교식
　　결혼 기념사진이다(1927년 음력
　　3월 8일).

254. 제주불교부인회 및 불교소년회의 사월
　　초파일 행사기념(1926).

255. 순종의 서거를 애도하는 봉도식(奉悼式) 장면(조선불교단회관, 1926.5.15).

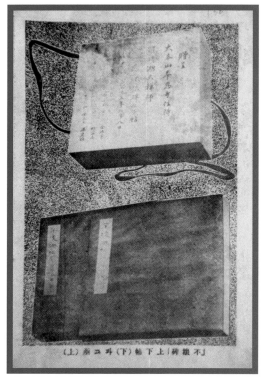

256. 봉은사 주지 나청호스님이 1925년 7월 을축년 대홍수 때, 708명의 인명을 구한 것을 기념한 불괴비첩(不壞碑帖)과 함(函).

257. 용주사 주지 강대련이 나청호스님의 공덕을 기리는 게편식(揭扁式)을 주관하는 장면과 행사후 명사(名士)들의 기념 휘호장면(1929.6.2).

258. 상해에 있는 한국인 불자들이
중국 태허(太虛)법사를 초청
환영하는 장면(1926.11.24).
태허법사는 근대 중국의 고승
이었다.

259. 1929년 9월 2일, 조선을 방문하기 위해
서울역에 도착하여 환영받고 있는 일본불
교 대곡파 본원사 법주인 오타니(大谷光
暢)와 그의 부인. 이들의 조선 방문은 본
원사의 '조선개교오십년'을 기념하기 위
하여 이루어졌는데 당시 관민(官民)의 유
력 인사들이 대거 참석하였다.

260. 일본불교 임제종의 묘심사 승려 요시카와
(吉川太航, 앞줄 우측 두번째)와 재한 일본불
교계 인사들. 뒷줄 우측 첫번째가 당시 「불
교」지에 근무하던 김법룡이다.

261. 조선불교대회 후원 기념촬영(1924.9.18). 조선불교대회는 조선불교단의 전신(前身)으로 재한일본불교도들의 불교 포교단체였는데, 1920년에 출범하였다. 이날 후원회에 참석한 사람은 노나카(野中) 조선은행 총재(왼쪽 끝), 미야오(宮尾) 동양척식 총재, 제일은행 총재(앞줄 오른쪽 두번째) 등 재계인사들이 대거 참석하였다.

262. 1924년 8월 15일(음력), 조선불교대회가 주최한 야외 전도회(광희문 밖 공동묘지).

263. 조선불교단의 재단법인 설립 축하 피로회(披露會)(1925년 6월 8일 경성호텔에서). 조선불교단은 1925년 기존의 조선불교대회가 전환된 단체로 한국에서 활동하고 있는 일본불교 종파들의 후원을 받으면서 일본불교 종파의 간부, 총독부 등 관청의 인사 및 친일 인사들이 주축을 이루었다. 식민지정책과 조선불교의 일본화에 앞장섰던 이 단체는 총독부의 적극적인 지원을 받았다. 1927년경에는 전국적인 지부 조직을 가질 정도로 기구가 확장되었으며, 일제 식민지 불교정책을 옹호·수행하는 대표적인 단체였다.

264. 1927년 4월 7일, 경성호텔에서 개최된 조선불교단 평의원회.

266. 조선불교단의 기관지였던 「조선불교」를 펴 낸 조선불교사와 사장인 나카무라(中村健太 郎, 중앙).

265. 1924년 5월에 창간된 조선불교 단의 기관지 「조선불교」. 조선불 교단의 기관지였던 「조선불교」는 간혹 한글을 사용하기도 했지만 거의가 일어로 간행된 잡지였다. 발행인을 비롯한 간부, 필자들도 대부분 일인(日人)이었던 이 잡지 는 총독부의 식민지 정책을 선전, 대변한 잡지로서 일본불교가 우 리나라에서 발행한 잡지로서는 「동양교보(東洋敎報)」에 이어 두 번째이다. 「조선불교」가 정확히 몇호까지 발행되었는지는 알 수 없으나, 적어도 130호 이상은 발 행되었다(관련사진 294 참조).

267. 조선불교단 제1회 졸업 포교생 일동(1928.3). 조선 불교단은 우리나라 학생들을 선발하여 일본의 대학으로 유학을 보냈다. 명분은 불교중흥이었지만 실제로는 조선불교단의 홍보와 조직 강화에 의도가 있었다. 앞줄 우측으로부터 이관승, 사또오(佐藤稠松, 유학생 감독), 김봉성, 뒷줄 우측으로부터 유용손, 이동희, 권영갑, 김응진, 우측 원내 김효경, 좌측 원내 장경모.

268. 조선불교단 제2회 갑종 포교 유학생들(1926년). 일본에서 유학했던 그들은 친목 단체를 결성하였다. 앞줄 우측으로부터 고순문, 권영갑, 최거덕, 유현준, 뒷줄 우측으로부터 이구성, 문창안, 김효경, 김태한.

269. 조선불교단 및 조선불교사 사무소 앞에서 기념 촬영을 하고 있는 제3회(1927년) 갑종 포교 유학생. 우측부터 최경상, 손환균, 이동희, 박승훈, 원대겸, 원내는 유용손.

270. 서울의 조선불교단 본부 앞에서 일본으로 출발하기 직전에 기념촬영한
조선불교단 제1회 포교 유학생회(「조선불교」 14호, 1925.6).

271. 제4회 조선불교단 일본 파견 포교 학생. 앞줄 우측부터
안종호, 이용운, 심두섭, 뒷줄 우측부터 임철재, 박승록.

272. 조선불교단 춘천지부 발회식(1927년).

273. 각황사에서 개최된 조선불교선교양종 승려대회 종헌 선서식. 1929년 1월 4일 승려대회에서 제정 반포한 종헌을 맹세코 지키겠다는 선서식이 있었다. 이 승려대회는 불교계 통일운동의 일환으로 개최되었는데, 불교의 종헌과 종법을 제정하는 등 일제하에서 최초로 성공한, 그리고 자주불교를 지향하는 민족적인 의미를 갖고 있었다.

274. 1929년 1월 3~5일 각황사에서 개최된 조선불교선교양종 승려대회에 참가한 불교계 대표들의 기념촬영. 오른쪽 나무가 현재 조계사 앞마당에 있는 느티나무이다.

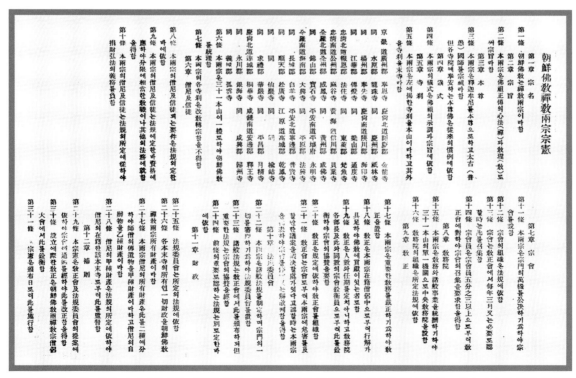

275. 조선불교선교양종 승려대회에 참석한 불교계 대표들이 서명 날인한 선서문(1929.1.4). 승려대회의 의의와 대회에서 제정한 종헌을 지키겠다는 의지가 깃들어 있다.

276. 조선불교선교양종 승려대회에서 제정된 종헌. 12장 31조로 구성된 이 종헌은 일제하 불교계가 스스로 정한 최초의 종헌으로서 불교의 자주, 자립을 통한 민족불교를 지향하였다는 데에 역사적 의의가 있다. 한용운은 이 종헌을 '불교의 헌법'이라고 규정하였다. 그러나 이 종헌은 사찰령과 사법(寺法) 등 일제가 규정한 법과 대응관계를 갖고 있었기에 실행에 많은 난관이 뒤따랐다.

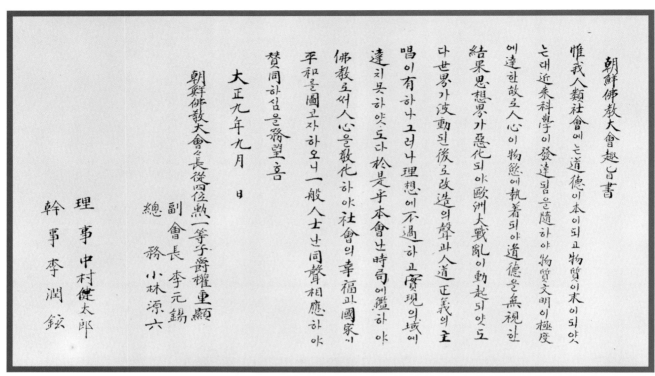

277. 조선불교대회 취지서(1920.9). 조선불교대회는 조선불교단의 전신으로 1920년 9월에 창립된 친일적인 불교계 외곽 단체이다. 3·1운동 직후 일제는 불교계가 민족운동에 참여치 못하게 하기 위하여 친일 불교단체를 조직, 통제하는 불교정책을 추진하였는데, 이 단체는 그중 규모가 가장 큰 대표적인 단체로서 총독부 및 일본불교계의 적극적인 지원을 받았다. 조선불교대회의 회장은 자작 권중현(權重顯), 부회장은 이원석(李元錫)이었으며, 총무는 일본인 고바야시(小林源之)가 담당하였다.

278. 조선불교대회 창립 당시(1920.9)에 참가한 인물들의 방명록. 이 단체에는 친일 한국인들도 참여하였지만 일본 정계와 군부, 그리고 일본불교 각종파에서 주축이 되어 적극 동참, 후원하였다.

279. 조선총독부(옛 중앙청 건물) 실내 홀에서 개최된 조선불교대회 발회식 장면. 1929년 10월 11~13일에 개최된 이 대회는 일제 총독부와 일본불교의 실질적인 지원을 받고 있던 조선불교단의 조직 활성화 및 식민지 불교정책 강화를 목적으로 개최되었다. 이 자리에는 조선총독을 비롯하여 당시 군부 및 정치, 사회, 재계 불교계의 유명인들이 대거 참석하였다. 전면 중앙의 의자에 앉아 있는 사람이 조선총독 사이토(齊藤實)이다. 이 사진은 1929년 10월 11일에 촬영한 것이다.

280. 총독부의 어용단체인 조선불교단 주최 조선불교대회에 앞서 근정전의 불상 앞에서 예배하는 장면. 정면 한 가운데 어좌(御座)에 불상이 보인다.

281. 대회의 준비, 진행, 참가자, 성과 등 제반 내용을 총정리한 대회 결과 보고서인 「조선불교대회기요」(1929년 11월 간).

282. 조선불교단에서 주최한 조선불교대회 2일째(1929.10.12) '난리에서 죽고 횡사하고 일가친척 없는 무주고혼을 위한 법요식'(殉難橫死無緣者追弔法要)에서 일본불교 각 종파의 관장급 승려들이 독경을 하는 장면. 장소는 훈련원으로서 지금의 동대문 운동장 자리이다.

283. 조선불교단에서 주최한 조선불교대회 2일째(1929.10.12) '난리에서 죽고 횡사하고 일가친척 없는 무주고혼들을 위한 추도법요식'에 참가한 31본산주지들의 독경 장면. 이 법요식을 주도한 조선불교단에서는 조선측의 주요 승려와 본산주지들에게 초청장을 보냈는데, 본산주지와 친일적인 승려들은 대부분 참가하였지만 항일적이고 민족불교를 지향하고 있던 승려나 불교청년들은 참가하지 않았다.

309. 1928년 2월 30일에 준공된 각황교당(覺皇教堂)의
종각과 범종(2,600근).

310. 조선불교 교무원 광장에 건립된 7층탑. 스리랑카 승려 담
마바라가 가져온 석존의 진신사리를 봉안한 이 탑의 화주
는 이경호(李瓊湖, 允根)(각황교당원주)이고, 「석가세존진
신사리탑비명」은 권상로가 지었으며, 글씨는 김돈희(金敦
熙)가 썼다. 이 7층탑은 1929년부터 공사를 시작한 것으
로 추정되며 준공식은 1930년 9월 14일에 거행되었다.

311. 1920년대 감은사지의 동서양탑.

312. 부여 고란사 그림엽서. 우편엽서에 우리나라 사찰의 사진이 실리기는 처음이었다. 이 엽서들은 종이와 인쇄 등 기술적인 면에서 볼 때 당시 일본에서 직접 만들어진 듯하다. 엽서 상단에 일문(日文)이 보인다.

313. 부안 월명암 그림엽서(1920년대 말).

314. 부여 무량사 그림엽서.

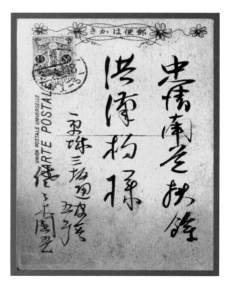

315. 사찰 그림엽서의 전면. 이 뒷면에는 사찰 전경, 불교문화재 등이 인쇄되어 있다.

316. 불국사 다보탑 칼라 그림엽서. 보수를 하려고 쌓아 놓은
자재가 관리부실의 단면을 말해준다.

317. 칼라로 된 분황사탑 그림엽서. 탑 위의 풀과 주변의 돌들이 무심히 자리잡고 있다. 엽서 상단에는 영문 글씨
도 보인다.

318. 금강산 표훈사 전경. 촬영 연도 미상.

319. 수좌들의 수행처로 명성이 자자하였던 금강산
　　마하연(摩訶衍). 촬영 연도 미상.

320. 금강산 장안사 전경. 촬영 연도 미상.

1930년대

1930년대 ●●●●●●●●●●●●●●●●●●●●●●●●●●●●●

1930년대 불교사는 자주적인 종헌 체제를 실행하는 구도가 가장 두드러진다. 그러나 그 실행은 일제의 탄압과 친일주지들의 비협조 등으로 인해 1934년경에 가서는 소멸되고 말았다. 그러나 1930년대 초반에는 일시적으로 불교중흥과 교단혁신의 기운이 드세게 나타난 것은 사실이었다. 이는 31본산으로 분열된 불교계를 통일할 수 있는 성격을 담보하였으며, 나아가서는 교단운영을 자주적으로 실행할 수 있는 종헌과 종법을 갖춘 내부적인 규율을 갖추었던 바에서 나온 이해였다.

이에 한용운도 그 종헌을 불교의 헌법으로 명명하였다. 한편 일제는 그 종헌 체제에 대하여 반대도 아니고 찬성도 아닌 입장을 개진하였는바, 이는 기존 사찰령 체제의 도전은 좌시치 않겠다는 것이었다. 일제 당국의 입장이 이와 같았기에 친일적인 주지들의 행보는 명약관화(明若觀火)한 것이다. 그들은 종헌에서 정한 제반 의무와 당연히 수행할 질서에 협조치 않았다. 마침내 불교계는 종헌실행 세력과 반종헌 세력으로 나뉘었다. 그를 극복하기 위해 종헌인가설, 사법개정운동 등이 등장하였지만 마침내 종헌체제는 좌절되었다.

이후 불교계는 일시적으로 좌절의 시기를 보내다가 1935년부터 또 다른 교단 건설을 주도하였으니 이것이 바로 총본산건설운동이었다. 이 운동은 당시 심전개발운동을 추진했던 일제 당국의 의도와 우연히 일치하여 점차 가속화되었다. 그 결과 1937년부터 본격적으로 운동은 활성화되어 처음에는 각황사를 총본산으로 하고, 그 이전 신축공사를 시작하였다. 그런데 각황사 이전 신축의 구체적인 대상은 곧 현 조계사 대웅전 공사였다. 그리고 현 조계사 대웅전 공사에 활용된 재목은 전북 정읍에 있던 보천교의 십일전 건물의 목재를 기차로 운송하여 재활용하였다.

한편 이 시기에는 교육의 문제가 중요한 현안으로 떠올랐다. 우선 중앙불전과 보성고보의 폐교, 휴교, 양도의 논란이 그것이다. 이를 야기한 것은 재정의 빈약함이었지만 근본적인 문제는 당시 불교계의 교육 문제에 대한 열악한 인식이었다. 그 논란은 중앙불전 지속 경영, 보성고보 양도로 귀결되었다. 그 문제에 나타난 각 본산간의 이질적인 인식은 교단의 분권화를 의미한다. 그리고 불교청년들이 지속적으로 주장한 강원교육제도 개선안의 일부 내용이 수용되어 개운사에 고등불교연구원이 개설되기도 하였다. 또한 강원규칙이 제정된 것도 뜻있는 사실이다.

그리고 선학원이 재기하여 선의 대중화를 강조하면서 그 기반 구축에 유의하였다. 선학원의 노력은 1934년 12월 재단법인 조선불교선리참구원이라는 조직체 변경으로 구현되었다. 그리고 선학원 계열의 수좌들은 선불교의 전통을 수호키 위한 결단으로 조선불교선종 종헌을 제정·공포하였다. 그들은 그 종헌에 의거하여 종무원을 만드는 등 독자적인 행보를 걸었던 것이다.

이 시기에 있었던 사실 중 유의할 것은 일제의 군국주의 체제에 함몰되는 양상이 나타나기 시작하였다는 것이다. 심전개발운동에 적극 동참한 불교계는 1937년 일제가 중일전쟁을 일으키자 그에 협조하였다. 시국 강연회 개최, 출전부대 송영, 전쟁 사상자 위로, 창씨개명 참여, 국방헌금 제공 등 당시 불교계의 좌절과 희생은 다양하게 나타났다. 이 같은 강압적인 식민통치 구도는 불교계 전반적인 활동에 제약을 가하는 것이었다. 불교청년운동을 주도하였던 청년총동맹과 학인연맹이 1935년경에 가서는 내부적인 한계로 부진을 겪다가 1937년 이후에는 거의 유야무야의 지경에 처하였다. 더욱 문제가 된 것은 총동맹도 일제 식민지체제에 협조한 양상을 분명하게 가졌다는 것이다.

321. 1930년대의 재단법인 조선불교 중앙교무원 전경. 1930년대 초반의 교무원은 출범시 재단 기금 60만원에서 40만
원을 추가 증자하여 100만원의 재단이 되었다. 그러나 각 본산에서 그 증자를 위한 분담금을 납부하지 못하여 불교
계의 갈등 요인으로 작용하였다. 사진 오른쪽 느티나무가 현재 조계사 앞마당의 나무이다.

附法規委員會會錄

朝鮮佛教禪教兩宗第二回宗會會錄

322. 조선불교선교양종 종회 회의록. 종회는 승려대회
에서 제정한 종헌에 의해 설립된 불교계 입법 대표
기관이다(1930.3).

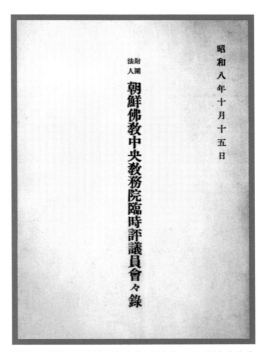

昭和八年十月十五日

財團
法人
朝鮮佛教中央教務院臨時評議員會々錄

323. 1933년 10월 15일에 개최된 교무원임시평의
원회 회의록.

324. 사법개정에 대한 송종헌(만암)과 박한영의 의견.
「불교」지 91호(1932.1)에서는 주요 불교계 인사
에 대하여 당시 논란이 되었던 사법개정에 대한
의견을 기고받았다.

325. 「불교」지 92호(1932.2)가 불교중앙행정에 대한
불만과 희망을 기고해 주기를 요청하는 특고문.

326. 종헌발포 4주년 기념식(1933.1.4). 1929년 승려대회에서 제정한 종헌을 이행하는 것은 불교계의 과제
이자 임무였다. 그러나 불교계에서는 종헌이행을 둘러싸고 치열한 갈등과 대립이 전개되자 교단에서는
종헌정신을 기리기 위해서 종헌반포 기념식을 각황사(조선불교 중앙교무원)에서 개최하였다. 이 기념식
에서 김포광은 기념강연을 하였다.

327. 「불교」지 88호(1931.11)에 기고된 한용운의 조선불교개혁안. 한용운 불교개혁의 전형을 보여준 「조선불교유신론」의 정신을 계승하면서도, 개혁을 지속할 수밖에 없는 고뇌가 담겨 있다.

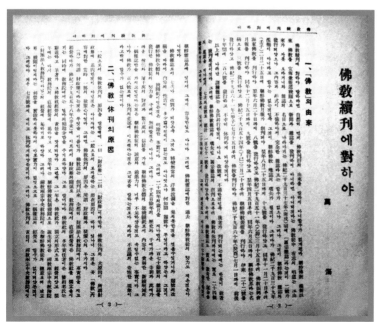

328. 만해 한용운이 「불교」지 속간에 대한 경과와 의의를 밝힌 글. 「불교」지는 본산간의 갈등과 재정 부족 등으로 인해 1933년 7월에 108호를 간행하고 휴간하였으나, 1937년 3월 경남3본산회의(해인사, 통도사, 범어사)에서 「불교」지 발간의 재정을 부담하면서 속간되었다. 이 불교지를 「불교(신)」이라고 하였다.

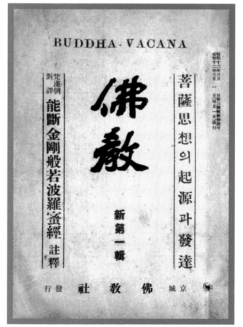

329. 속간된 「불교」 신제1집(1937.3).

330. 불교청년운동의 핵심주역들. 이들은 불교청년운동을 통하여 불교 발전, 나아가서는 민족운동을 추구하였는데 항일비밀결사 만당(卍黨, 1930.5)을 조직하고 그 여세로 조선불교청년총동맹을 결성하였다. 뒷줄 우측 두번째부터 최범술, 김법린, 허영호, 앞줄 우측 첫번째가 김상호, 네번째가 강유문이다.

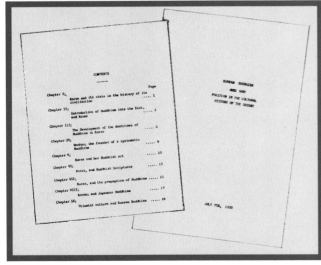

331. 조선불교청년회의 대표로 범태평양불교청년대회에 참가한 도진호(都鎭鎬)가 대회에 제출한 팸플릿(최남선 지음. 최봉수 영역)의 표지와 목차(1930.7). (관련사진 234)

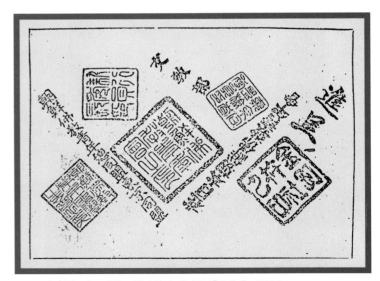

332. 재일(在日)조선불교청년회의 인장들(「금강저」 25호).

333. 조선불교청년총동맹 창립대회 기념촬영(1931.3.22). 조선불교 중앙교무원에서 개최된 '조선불교청년총동맹'은 1920년에 조직된 '조선불교청년회'가 1931년 개칭하여 재출발한 불교청년단체이다. 원래 목적은 '사찰령 폐지운동'을 포함한 한국불교의 혁신운동을 목적으로 조직된 단체였다.

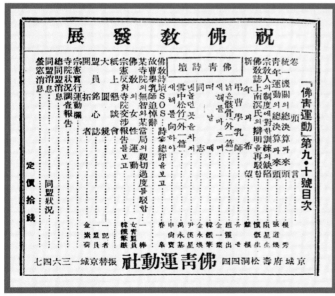

334. 조선불교청년총동맹의 기관지「불청운동」제9·10호 내용을 전하는 목차 (「불교」105호, 1933.3).

335. 조선불교청년총동맹에서 '총동맹기(總同盟旗)', '동맹기', '맹원휘장'을 현상모집하는 공고문(「불교」100호, 1932.10).

336. 중앙불전 제1회 졸업생. 이들은 1931년 2월 졸업식 직전 회의를 갖고 조선불교의 전위가 될 것을 다짐하고 이구오팔회 (二九五八會)를 결성하였다. 이구오팔이라 함은 결성 당시 연도가 불기로 2958년(1931)이었기 때문이다. 앞줄 우측부터 정재기, 김용학, 최문석, 홍효성, 이치우, 진상일, 박근섭, 박윤진, 둘째줄 우측부터 강유문, 김말봉, 이병목, 이재원, 정두석, 김종출, 박영희, 박성희, 뒷줄 우측부터 한성훈, 이각일, 문기석, 김해윤, 한영석, 조명기, 박봉석, 황성민.

337. 이구오팔회 취지서(「금강저」 19호, 1931.11).

338. 이구오팔회의 제6회 회장 전수식 자축 기념 서명(「경북불교」 10호, 1937.2.23).

339. 1933년 사월초파일, 건봉사에서 개최된 관동축구대회에
     참가한 불교청년들.

340. 건봉사 봉서소년회 창립 기념사진. 1935년에 결성된 이 회의 회원은
     모두가 젊은 스님들이었다.

341. 남해불교소년축구단. 재동경(在東京) 남
     해유학생회에서 주최한 남해축구대회
     (1939.8)에서 우승한 남해불교소년축구
     단은 우승 상금의 일부를 국방헌금으로
     남해경찰서에 기부하였다.

342. 건봉사의 사월초파일 가장행렬에 참가한 인사들
　　(1936.4.8).

343. 1934년 건봉사의 석가탄신일 가장행렬 기념.

344. 건봉사 불교청년들. 이들은 지역주민을 위한
　　연극에 출연한 배우들이다(1936.4.8, 건봉
　　사에서).

345. 다솔사의 광명학원 제1회 졸업 기념(1931.3.28). 앞줄 좌측부터 네번째가 최범술이고 그 왼쪽은 김동리이다 (좌측의 여성은 김동리의 부인).

346. 범어사에서 학생들을 가르치고 있는 김법린.

347. 다솔사의 불교계 인사. 뒷줄 맨 좌측이 최범술이고 앞줄 우측이 김동리의 형으로 동양철학을 공부하였던 김범부.

348. 중앙불전 전경. 1930년대 초반 중앙불전은 당시 불교계의 열악한 재정으로 인해 일시적
으로 폐교의 논란에 휘말렸다.

349. 중앙불전 제3학년 수업시간표.

350. 1932년 9월 24일 밤 공회당에서 개최된 중앙불전 중추 음악대연주회의 기념촬영.

351. 중앙불전 학생들의 농촌근로보국대(1939년).
일제는 학생들도 농촌봉사라는 명분으로 군국주
의 체제로 내몰았다.

352. 중앙불전 학생회 간부들의 회의 장면(1936년).

353. 중앙불전 학생들이 전국 순회강연을 떠나기 직전 기념촬영(1935.7.5).

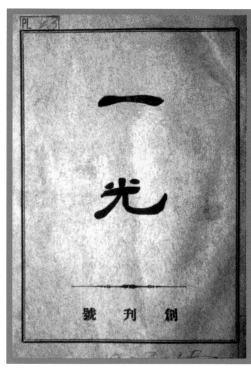

354. 중앙불전교우회에서 펴낸 기관지 「일광」.
중앙불전교우회는 중앙불전의 재학생, 졸
업생, 교직원들을 회원으로 하는 친목 단체
였다. 그런데, 1931년 2월 교우회 내의 중
앙불전 학생회를 분리시켰기 때문에 4호
(1933.12)부터는 발행처의 주체가 바뀌었
다. 「일광」은 1928년 12월에 창간호를 낸
이래 1940년 1월의 통권 10호까지 간행되
었다.

153

355. 조선불교선종 제1회 수좌대회. 선풍(禪風) 진작과 납자들의 결속을 위하여 선학원(중앙선원)에서 열린 수좌대회
(1931.3.14). 전통 한국선의 부흥을 위해 건립된 선학원은 재정의 어려움 등으로 인해 1926년에는 범어사 포교당
으로 전환되었다가, 1931년 1월 김적음(金寂音)스님에 의하여 인수·재건되었다. 이 수좌대회는 재건된 선학원에서
개최된 최초의 수좌 모임이다.

356. 조선총독을 꾸짖은 송만공의 발언 내용. 1937년 2월, 총독부 회의실에서 개최된 31본산주지회의에서 송만공은 마곡사 주지
자격으로 참석하여 식민지 불교의 타락상을 지적하고 한국불교의 자립을 강조하였다(「불교」신3집, 1937.5).

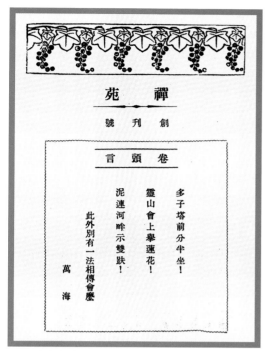

禪苑

創刊號

卷頭言

多子塔前分半坐!

靈山會上擧蓮花!

泥連河畔示雙趺!

此外別有一法相傳會麼

萬海

357. 재건된 선학원에서 펴낸 「선원」 창간호, 한용운의 권두언이 보인다. 「선원」은 1931년 10월에 창간되어 1935년 10월 15일 통권 4호로 종간되었다.

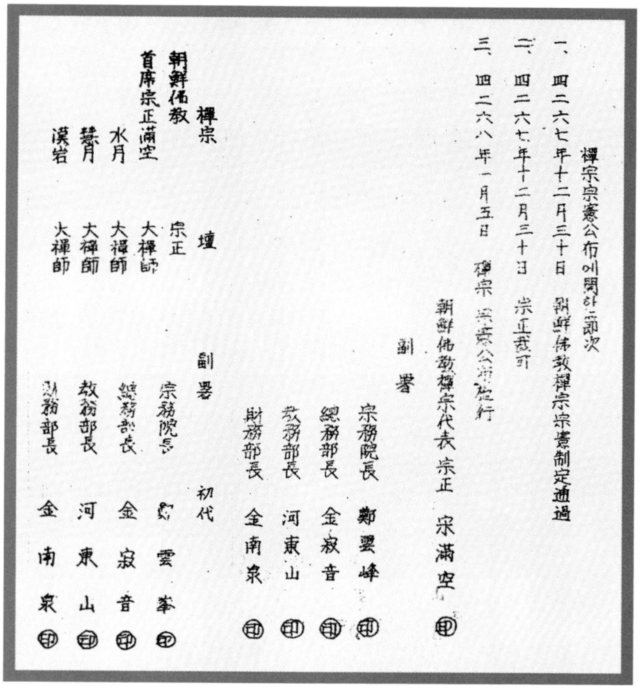

禪宗宗憲公布에 關한 節次

一、四二六七年十二月三十日 朝鮮佛教禪宗宗憲制定通過
二、四二六七年十二月三十日 宗正裁可
三、四二六八年一月五日 禪宗 宗務公所 施行

朝鮮佛教禪宗代表 宗正 宋滿空

禪宗 宗正 宋滿空

壇

首席宗正滿空

朝鮮佛教

水月 大禪師
慧月 大禪師
漢岩 大禪師

副署

宗正 初代

宗務院長 鄭雲峰
總務部長 金寂音
教務部長 河東山
財務部長 金南泉

金南泉
河東山
金寂音

358. 조선불교선종 종헌의 공포에 관한 절차 문건. 1934년 12월 선학원은 재단법인 선리참구원(禪理參究院)으로 변경하였는데, 조직체의 전환 직후인 1934년 12월 30일 선학원 계열의 납자들은 조선불교선종의 종헌을 제정, 통과시켰다.

宣誓文

(본문 생략 - 한문 선서문)

檀紀四二六七年十二月三十日
佛紀二九六八年一月五日

全國首座大會
朝鮮正統修道僧 一同

359. 1934년 12월 30일에 제정되고, 1935년 1월 5일에 반포된 조선불교선종 종헌의 선서문. 전국수좌대회 조선정통수도승 일동의 이름으로 천명한 이 선언문은 한국불교의 선 전통을 일본불교의 침탈로부터 수호하기 위한 것임을 밝히고 있다.

360. 봉선사 홍법강원(弘法講院, 1936~1943)의 학인들. 울력한 직후의 모습으로 보인다. 왼쪽에 서 있는 스님이 강주인 운허스님이다.

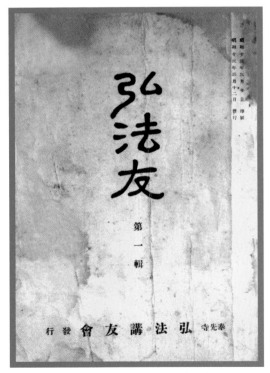

361. 홍법강원 학인들의 모임인 홍법강우회(弘法講友會)의 기관지 「홍법우」창간호(1938.3). 이 홍법우는 창간된 이후 몇호까지 발행되었는지는 현재로서는 알 수 없다.

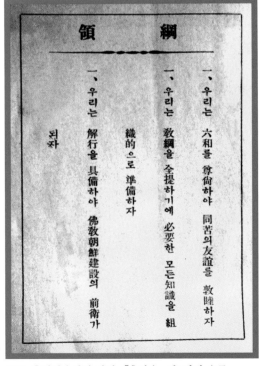

362. 홍법강우회의 강령, 「홍법우」제1집에 수록.

363. 「불교시보」창간호. 1935년 8월에 창간된 이래 105호
(1944.4)까지 간행된 「불교시보」는 일제하 불교계의 월
간신문의 역할을 충실히 하였다. 발행인은 김태흡(金泰洽)
이었다.

364. 신문 및 잡지의 제호 모음. 「금강저」, 「일광」, 「불교시보」,
「경북불교」, 「룸비니」(「불교」 신20호, 1940).

365. 경북5본산(동화사, 은해사, 기림사, 고운사, 김룡사)의 협의체인 경북불교협회에서 간행한 「경북불교」 10호
(1937.4.1). 「경북불교」는 1936년 7월에 창간되었으며 1941년 7월의 48호까지 전하고 있다.

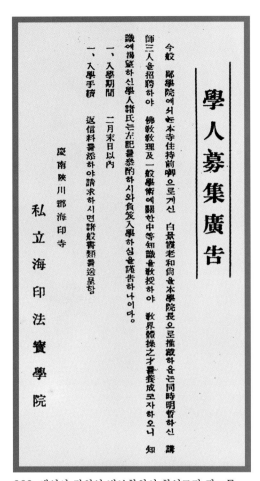

366. 해인사 강원인 법보학원의 학인모집 광고문.

367. 통도사 불교전문강원의 부활 공고문.

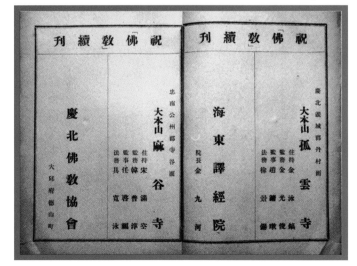

368. 「불교」지 속간을 축하하는 광고. 1933년 7월에 108호로 종간된
「불교」지를 이어 1937년 3월에 속간되었다.

369. 「불교」지(103호, 1933)에 실린 신년 축하광고.

370. 「불교」 신20집(1940.1)에 게재된 '내선일체와 불교도'. 친일성향의 이 글을 시작으로 「신불교」와 「불교시보」 등에는 기명(記名), 무기명의 많은 친일 글이 실렸다. 식민지시대 친일하지 않은 사람이 몇이나 될까? 하지만 본인의 이름으로 실린 친일적인 글에 대해선 책임을 져야 할 것이다. 그것이 역사의 교훈이다.

371. 「불교시보」 66호(1941.1)에 게재된 황국신민의 서사.

372. 「불교시보」의 친일사설. 일제 식민지 정책에 협조하는 친일적인 내용이 나오고 있다(「불교시보」, 52호, 1939.11).

373. 대각교의 교리체계와 깨달음을 밝힌 저술 「吾道의 眞理」(삼장역회, 1937.6).

374. 백용성이 승려들의 계율파괴를 염려하며 저술한 「각설범망경」 표제지. 대각교중앙 본부가 1933년 1월에 발행하였다.

375. 대각교중앙본부의 현판. 백용성은 기존 불교와의 차별을 갖고 불교의 혁신을 기하기 위해 대각교를 선언하였는데, 이 현판은 현재의 대각사에 보관되어 있다.

376. 백용성이 석가의 일대기를 이야기 식으로 서술한 「석가사」(대각교중 앙본부, 1936.7).

377. 백용성이 1930년 3월 15일 발행한 저술인 「각해일륜」. 내용은 부처와 중생, 유심의 도리, 수심정로, 육조 단경 요약으로 구성되어 있다.

378. 1936년 9월, 백용성이 저술하고 삼장 역회에서 펴낸 「임종결」.

379. 유점사 경성포교당.

382. 비구니 학인으로 명망을 날린 정수옥(鄭守玉, 뒷줄 좌측 첫번째)스님이 일본의 임제종 비구니학림(尼衆學林)의 수학시 기념 촬영(1939.5).

380. 건봉사 명덕(明德)청년회가 주최한 경로잔치(1935). 뒤에 걸린 만국기는 학생들의 운동회 등, 경축하는 장소에 장식용으로 걸렸다.

381. 송광사 승려 김대우(金大愚) 표창식기념(1938.3). 김대우는 15년간 송광사에 주석하면서 가람수호, 승풍발전에 이바지한 공로가 지대하였기 때문에 송광사에서 표창을 하였다고 한다.

383. 북한산 문수암 부인회원. 부인회원은 문수암 개축, 낙성기념으로 500일 동참기도를 갖고 소요산 자재암을 참배하고 기념촬영을 하였다(1939.10).

384. 경북도청 학무과 직원 서윤석 송별회. 경북도청 학무과에 근무하던 서윤석이 전근을 가자, 경북지역 불교계 인사들이 송별회를 갖고 기념 촬영을 하였다(1936.11). 서윤석은 사찰관리를 담당하면서 경북불교 발전에 많은 후원과 협조를 하였다고 한다(「경북불교」6호).

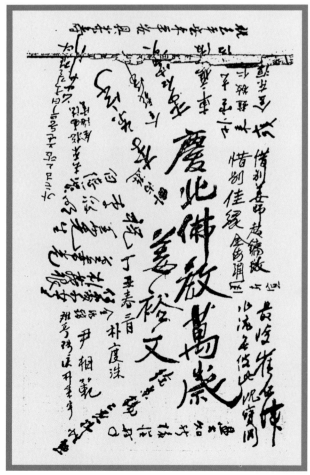

386. 강유문의 송별회 사인. 「경북불교」 편집인과 경북불교협회 서무부 위원으로 근무하던 강유문(姜裕文)이 중앙불전강사로 가게 되자, 경북불교협회 인사들이 송별회에서 작성한 기념 사인(1937.4).

385. 경북5본산에서 건립한 오산불교학교의 강령(「경북불교」 37호, 1940.8.1).

387. 경북5본산 사찰림 보호 지도위원회(1937.5).

388. 경북5본산고금기요. 경북5본산 즉 동화사, 은
    해사, 기림사, 고운사, 김룡사의 역사와 현황을
    정리한 책(1937.3).

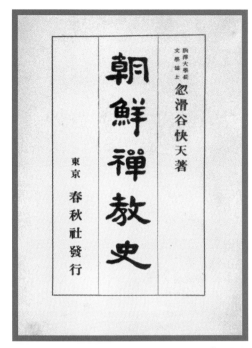

389. 누카리아 가이텐(忽滑谷快天)이 지은 「조선선
    교사(朝鮮禪敎史)」 1930년에 간행된 이 책은
    한국불교사 연구에 매우 중요한 책이다.

390. 안진호의 저술 「영험실록」(1937). 안진호는
    이 책을 포교자료로 활용키 위해 저술하였다.

391. 안진호의 「석문의범」(1935.4). 「석문의범」은 종래의 여러
    가지 불교의식집을 통합, 재편한 것으로 1970년대까지만 해
    도 전국의 사찰에서는 모두가 이 「석문의범」을 사용하였다.

392. 정통선 정립에 진력한
선승 방한암.

394. 방한암과 그의 필적(1934.8.1. 「조선불교」
101호에 게재되었다).

393. '조선불교 대표 인물'의
투표 광경. 이 투표에서
한용운이 422표로 최다
득표를 하였고, 그 다음
방한암 18표, 박한영 13
표, 김태흡 8표, 이혼성
6표, 백용성 4표, 송만암
3표, 백성욱 3표를 얻었
다. 그런데 이 투표를 언
제, 누가, 어떤 방법으로
하였는지에 대해서는 알
수 없다「불교」지 93호
(1932.3).

395. 일제시대 대표적인 강백이었
으며 박학했던 박한영.

396. 불교 교육사업에 정열적이었던 송만암.

397. 백용성의 노년의 모습.

398. 봉선사 강주시절(1930년대 중반)의 이운허. 박용하로도
     알려졌다. 일제하에서는 독립운동을 전개하였으며, 광복
     후에는 불교경전의 한글화에 일생을 바쳤다. 박용하라는
     이름은 주로 독립운동을 할 때 썼던 이름이다.

399. 하동산의 운수납자 시절. 그는 백용성에게 계율을 전수
     받았으며, 정화 당시 일선에서 활약했다(39세때 유점사
     에서).

400. 근대의 선승 송만
     공. 선학원계열 비
     구들이 주도한 조
     선불교선종의 대표
     인 종정으로 피선
     된 송만공. 그는 경
     허의 제자로서 당
     시 방한암과 함께
     한국선원의 대표격
     인 선승이었다.

401. 다양한 저술 작업과
     출판에 매진했던 안
     진호(安震湖). 그는
     특히 「만상회」를 만
     들어 강원교재인
     「치문」, 「서장」, 「도
     서」, 「절요」, 「선요」
     등을 현토, 간행하
     였으며, 기타 많은
     경전들을 새로운 활
     자로 간행, 배포하
     였다. 아직도 전국
     강원에선 만상회본
     교재를 쓰고 있는
     곳이 많다. 사진은
     만년의 모습이다.

402. 시조시인으로 유명한
     조종현의 젊은 시절.
     선암사 출신인 그는
     「불교」지에 기신론강의
     를 연재하였다.

165

403. 1938년 2월에 졸업한 중앙불전 학생들.

404. 송광사 삼일암의 스님들.

405. 1939년 2월에 졸업한 중앙불전 학생들. 뒷줄 좌측부터 첫번째가 김
달진, 두번째가 백석기, 가운데줄 좌측부터 세번째가 김어수이다.

406. 1938년 2월에 졸업한 동경조선불교유학생. 위 좌측부터 김재웅, 김삼
도, 최성관이고 아래는 김영성, 윤이조, 이강섭이다.

407. 범어사 불교전문강원 사교과 졸업기념
(1930.1.3). 둘째줄 맨원쪽이 선학원
에 주석하며 근, 현대불교사의 주역이
었던 강석주(姜昔珠)스님이고 그 옆은
시인으로 명망을 떨친 김어수(金魚水).

408. 성월당(性月堂) 영결식 장면. 성월당은 신촌 안양암
의 창건주인데 범어사의 오성월(吳性月)스님과는
동명이인인 듯하나, 누구인지는 정확히 알 수 없다.

409. 스님의 영결식 장면(1933.7).

410. 조선불교청년총동맹의 기관지 「불청운동」 11호 (1933.8 간행). 현재 이 불청운동은 1931년 8월에 창간되었다고 하지만 몇 호까지 나왔는지는 알 수 없다.

411. 선학원에서 펴낸 「선원」 2호. 「선원」은 1931년 10월 6일에 창간되어 1935년 10월 15일 통권 4호로 종간되었다(관련사진 357).

412. 「불교」 신제1집의 권두언. 1937년 3월 1일에 창간되어 1944년 12월 1일 통권 67집으로 종간되었다. 「불교(신)」지가 1944년 12월에 종간된 후 1946년 3월 1일 「신생」이 창간될 때까지 1년 이상 불교계는 신문도 잡지도 없는 '암흑의 시대' 였다. 이 사이 불교계의 소식은 거의 전하지 않는다. 한편 「불교(신)」은 친일을 강요하던 시기(1937~1944)에 태어나 '부득이 친일의 길' 을 걸어야 했던 '비운의 불교지' 이다.

413. 불교잡지「금강산」. 표훈사와 금강산 불교회에
서 금강산을 널리 소개하고 불교를 선전할 목적
으로 간행한「금강산」제4호(1935.12.1 발
행). 편집 겸 발행자는 권상로였다.「금강산」은
1935년 9월 5일 창간, 1936년 6월 5일 통권
10호로 종간.

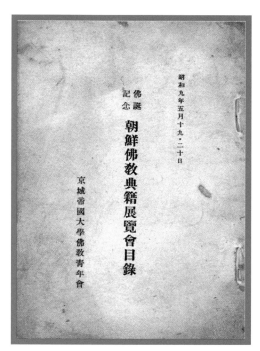

414. 경성제대 불교청년회 주최 불탄일기념 도서전시
회 목록(조선불교전적전람회목록). 1934년 5월
19일~20일까지 양일간에 걸쳐 경성제대(현 서
울大) 불교청년회 주최로 불탄일기념 불교도서
전이 열렸다. 도서전의 출품도서 목록이다.

415. 중앙불전 학생회에서 펴낸 학생회지「럼비니」.
이 잡지는 1937년 5월 7일에 창간되어 1940년
3월의 통권 4집까지 나왔다. 제2집부터 제호 표
기를「룸비니」로 바꾸었다.

416. 고운사 출신인 강유문(姜裕文)과 그의 부인 김
만선(金晩仙)이 결혼 10주년을 기념하기 위해
펴낸 시조집(1939년 발간).

417. 서울 남산(장충단)에 있었던 박문사(博文寺) 전경(칼라우편엽서). 1931년 6월 5일 기공하여 이토오 히로부미(伊藤博文)의 24회 기일(忌日)인 1932년 10월 26일 낙성식을 거행한 이 박문사는 사이또(齋藤實) 총독시절, "이토오 히로부미의 '업적을 영구히 기념'하고 '명복을 기원'하며 '불교의 진흥을 도모'하고 '일본인과 조선인의 군은 정신적 결합을 도모'하기 위하여"라는 명분으로 만들어진 사찰로서, 종지(宗旨)는 평소 이토오 히로부미가 귀의하였던 조동종으로 하였다. 박문사라는 명칭도 이토오 히로부미의 이름을 딴 것인데 현재 신라호텔 영빈관 자리가 바로 박문사 자리이고, 정문이 박문사 정문이라고 한다.

418. 박문사의 입불식(入佛式, 상)과 축하 군중
(1932.10.26).

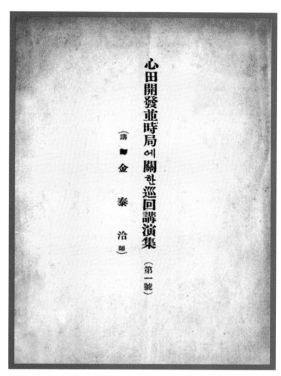

419. 김태흡(김대은)의 심전개발운동강연집(1938.3.20, 간행). 심전개발운동은 일제가 중일전쟁을 감행하기 위해서 식민지의 안정을 강요하기 위한 운동이었다. 김태흡은 전국을 다니면서 심전개발 강연을 하였다.

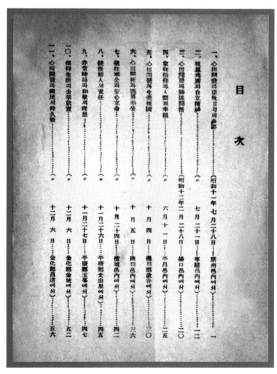

420. 심전개발강연집의 목차. 강연제목과 일정이 나온다.

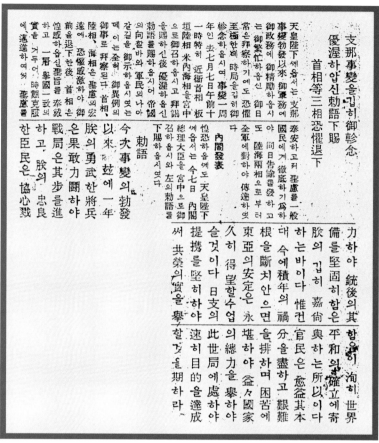

421. 「불교시보」 37호(1938.8)에 게재된 일본 내각의 발표문과 칙어. 일제의 대동아공영권 건설과 총력동원의 의지가 확실히 드러나 있다.

422. 일제가 심전개발운동을 추진하면서 사찰의 정화를 위해 금지한 내용의 게시. ① 사찰경내에서는 새, 짐승, 물고기를 잡지 말 것. ② 경내에서는 나무를 채취하지 말 것. ③ 경내에서는 술을 팔지 말 것 등 8개 항목으로 대부분 사찰 경내에서는 살생, 노래, 음주 등을 금하는 내용이다(「불교시보」 1호, 1935년 8월호).

423. 조선불교단에서 주최한 불교강습회원의 환영 다화회(茶話會). 앞줄 맨우측이 「조선불교」주간 겸 사장인 나카무라(中村健太郎), 앞줄 네번째부터 조선불교단 단장 남작 이윤용(李允用), 강사, 부단장, 일련종 조선포교사이다. 셋째줄 우측부터 강습원인 정혜공, 신태호, 백석기, 차상명, 이능화, 김보련, 정찬종, 오금해, 김수정, 이한규, 김승법이다.

424. 조선학생불교청년회연맹 결성식(1938년 12월 8일). 경성제대(京城帝大), 경성제대 예과, 경성의학전문학교의 불교학생회가 가입하고 재단법인 조선불교협회가 후원한 이 연맹은 일제 정책에 적극 협조하기 위한 단체였다. 앞줄 좌측 첫번째가 총독부 종무과장 김대우(金大羽)이고 그 다음은 모두 일본의 중요인사들이다. 셋째, 넷째줄이 학생들이다.

426. 일본 조동종 경주(慶州)포교소.

425. 개원사(함북 온성군) '국위선양 무운장구(國威宣揚 武運長久)' 백일기도
회향식에 참석한 신도들(1938.2.26). 이 기도는 곧 일본의 국위 선양
과 일본군대의 승리를 위한 것이다. '무운장구' 라는 말은 식민지하에서
일본을 기원하기 위하여 비롯되었는데 지금도 간혹 사찰의 축원문에서
는 쓰는 곳이 있다. 한번 생각해 보아야 할 것이다.

427. 일본 본원사 경주포교소.

428. 장충단에서 거행된 불탄기념 봉찬식(奉讚式).
1934년 사월초파일(5.20)에 비가 내려 경성
공회당에서 관민합동 축하회만 갖고 행사를 갖
지 못하자, 5월 21일 장충단에서 거대한 행사
를 가졌다. 당시 이 행사에는 우가끼(宇垣)총독
과 정무총감, 군참모장, 헌병사령관, 일본 및
조선불교 각 종파 대표 등 주요 공직자, 관리
등이 대거 참석하였다.

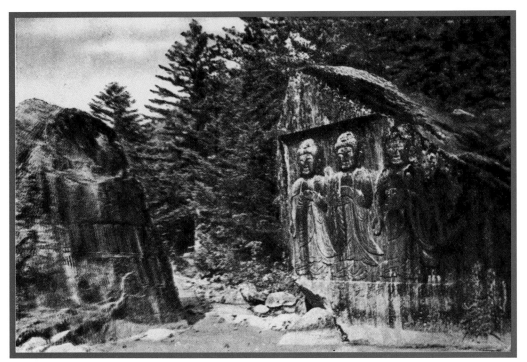

429. 금강산 내금강의 삼불암 그림엽서(칼라), 1930년대.

430. 금강산 내금강의 보덕암 그림엽서(칼라), 1930년대.

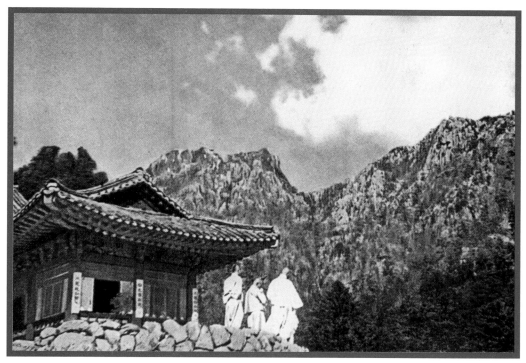

431. 금강산 마하연 그림엽서(칼라), 1930년대. 이곳에서 수많은 운수 납자들이 수행하였다.

432. 부여 무량사 괘불 그림엽서(흑백), 괘불을 인부들이 펼쳐들고 있다(1930년대).

433. 1934년경의 실상사 전경.

434. 1930년대 무량사 전경 그림엽서(흑백).

435. 1930년대 통도사 일주문 그림엽서(흑백).

436. 기림사의 승려와 신도들(1930년대).

437. 속리산 복천암 그림엽서(1930년대, 흑백).

438. 대흥사 침계루 그림엽서. 위에 「賀正一月一日」
로 보아 '우편 연하장'인 듯하다(1930년대).

439. 금강산 보덕굴 그림엽서(칼라).

440. 개성 관음사 대웅전 그림엽서(흑백).

441. 불국사 전경 그림엽서(흑백).

442. 1932년에 건립된 박문사 전경
　　그림엽서(칼라). 박문사는 지금
　　의 신라호텔 자리에 있었다.

443. 석굴암 그림엽서. 1930년대 석굴암
　　을 둘러보고 있는 관광객. 석굴암은
　　본격적으로 1911년에 발견, 일반에
　　알려졌다.

444. 1930년대의 금산사 미륵전.

445. 부여 정림사지 5층석탑 그림엽서.

446. 부여 대조사 석불 그림엽서. 옆에 스님이 보인다. 이 역시
석불의 크기를 보여주기 위하여 스님을 옆에 세운 것이다.

447. 경주 정혜사 13층석탑 그림엽서.

448. 금강산 정양사 약사전과 3층석탑. 주변에는 승려, 일본인, 인부 등이 보인다(촬영 연도 미상).

449. 봉은사 일주문. 봉은사 내의 진여문과 천왕문
중간지점에 있었다.

450. 6.25로 전소되기 이전의 오대산 월정사의 칠불보전(七佛寶殿)과 13층보
탑. 이 탑은 지금은 팔각9층석탑이라고 부른다.

451. 총본산 태고사 건립공사 광경(현 조계사 대웅
전). 조계사 대웅전은 1937년 5월에 착수하여
다음해 1938년 10월에 준공(낙성)하였다. 공
사비는 10만원이 들었으며 총본산 태고사를
건립하여 조선불교의 상징으로 삼고자 하였
다. 공사감독은 이종욱, 임석진, 김구하, 김경
산스님이었다. 이 대웅전은 이후 총본산 사명
(寺名) 취득 움직임과 태고보우국사 계승의식
에 의거 북한산의 태고사를 이전하는 형식을
취해 태고사로 명명되었다.

452. 현 조계사 대웅전 이축공사 현장. 대웅전의
목재 등의 자재는 정읍 보천교 십일전 건물
의 자재를 구입하여 사용하였는데, 구입비
는 당시 100원으로 헐값에 구입하여 이전
하였다.

453. 준공된 총본산 태고사(현 조계사) 대웅전(1939).

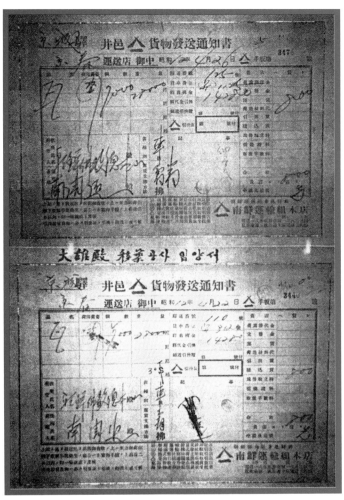

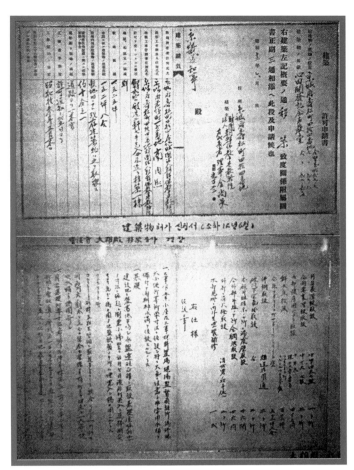

455. 조계사 대웅전 건축허가 신청서(1937.6).

454. 조계사 대웅전 이축공사 관련서류로 정읍에서 서울로 옮겨 온 자재
를 화물로 발송하였음을 알 수 있는 통지서(1937년 4월 22일과 26
일 발송).

456. 조계사 대웅전 공사현장 책임자.

457. 범어사 불교전문강원 사교과 졸업기념(1938년, 앞줄 좌측에서 두번
째가 김법린).

1940년 ~ 해방 이전

1940년~해방 이전 •••••••••••••••••••••

　1940년대의 불교는 오욕과 환희가 교차한 즉 명암이 극명하게 대비된 시기였다. 요컨대 일제의 강압적인 군국주의 체제에 좌절하였으며, 8·15해방으로 인하여 자주적인 교단을 설립하는 기쁨을 맛보았던 것이다.

　1930년대 중반부터 본격화된 총본산건설운동은 1941년 4월의 사찰령 시행규칙 개정으로 등장한 총본산 태고사법으로 완결되었다. 이로써 조계종과 태고사가 등장하였다. 불교계는 이전 종명이었던 조선불교선교 양종이 한국불교의 전통에서 어긋난다는 여론에 힘입어 그를 역사성이 담겨진 조계종으로 전환케 되었다. 그리고 총본산의 사격을 위하여 역시 태고 보우국사 계승의식에 의거 북한산 태고사를 이전하는 형식을 취하여 태고사가 총본산 사찰로 등장하였다.

　그러나 조계종과 태고사는 일면 교묘한 일제의 사찰정책에서 대두되었기에 실제적인 운영에서는 식민통치 구도에 함몰되었다. 이에 조계종은 출범 직후부터 일제의 군국주의 전쟁에 일정부분을 협조할 수밖에 없는 현실에 처하였다. 따라서 조계종의 헌금 납부, 전쟁물자 제공, 비행기 헌납 등 좌절과 굴욕의 행적을 남기게 되었다.

　한편 그 시기의 선학원도 완전 자유로울 수는 없었다. 즉 선학원도 식민통치에 협조하였던 것이다. 그러나 선학원 계열의 수좌들은 전통선을 수호키 위한 노력을 멈추지 않았다. 그 단적인 실례가 1941년 2월에 개최된 유교법회의 개최였다. 당시 기라성 같은 수좌들이 선학원에서 모여 범망경과 조계종지 등을 설법하고 비구승만의 범행단을 조직하였다. 더욱이 근대 선불교의 중흥조인 경허의 문집 『경허집』을 발간한 것도 전통 수호정신의 발로에서 나온 것이다.

458. 1941년 2월 26일부터 10일 간, 선학원에서 개최된 고승유교법회의 참석자. 한국의 정통선을 널리 알리기 위해 개최된 이 법회에는 송만공, 박한영, 하동산, 장석상, 채서응 등 당시 기라성 같은 청정비구가 참석하였다. 법회종료 후에는 비구승으로 결성된 범행단(梵行團)을 조직하고 선학과 계율의 종지를 선양하기 위한 노력도 기울였다(사진은1941년 3월 13일 촬영).

高僧大德을 招待
佛教最高修養法會
中央禪學院서精進

半島佛教와 新体制로서는 特三大禪師를 招待하야 證明未久에 絶本寺의 實現을 앞으로 모시고 會主에는 朴映考잇는 此際오롯동안 보지못 淵師, 金霜月師, 姜永明師하든 佛教의 眞正한 修養法을 蔡瑞應師로하야 會第一日 如가 去般中央教界에서 募集 인四日부터 全六日까지는 錫되엿다는데 綱經의 設致, 十二日까지 慈悲懺의 即이 修養法要란것은 我 教經, 十二日까지 慈悲懺의 半島의 全教界를 通하야 高僧 公開를 한후 十三日요 特히 大德을 總動員한 所謂 一高僧 大德을 公開를 한후 十三日요 特히 修養法會란 名目으로 去二 職發將士의 慰靈大法要가 月四日부터 京城附安國町四 이俗大德의 十番地의 中央禪學院에서 開 法會는 四溫廻向的 열스럽고 嚴肅하 가운데서 開 執行으로 如法且嚴重히 進 열엿는데 當心修養院에서 行 一般은 때時局下民衆의 幕되엿는데 慕心修養은 忠 身心修養上에 장其意義잇는 南道禮山定慧寺方漢巖師, 江 法悅을 感하 原道五臺山月精寺宋滿議師 께되엿든가바라다한다 忠南俗離山法住寺張石霜師 以 上

459. 고승유교법회를 보도한「경북불교」46호(1941.5).

1) 이운허스님
2) 강영명스님
3) 장석상스님
4) 박한영스님
5) 송만공스님
6) 채서응스님
7) 김상월스님
8) 김적음스님
9) 김경권스님
10) 김석하스님
11) 원보산스님
12) 하동산스님
13) 곽 ?스님
14) 국묵담스님
15) 하정광스님
16) ?
17) 이청담스님
18) 강석주스님
19) 박석두스님
20) 남무불스님
21) 박종헌스님
22) 변월주스님
23) 조성담
24) 도명스님
25) 이화응스님
26) 화응스님시자
27) 정금오스님
28) 김지복
29) 박봉화스님
30) 윤고암스님
31) 귀암스님
32) 김자운스님
33) ?수좌
34) 민청호수좌
35) 청안스님
36) 박재운스님
37) 박영돈시자
38) 직지사수좌
39) 박본공스님
40) ?(적음스님시자)

460. 만공과 함께 한 비구니스님들(1943년). 가운데가 만공스님이고 좌측이 법희(法喜)스님이다.

461. 「불교」지의 편집인이었던 김삼도(金三道).

462. 조선어학회사건으로 일경에 끌려가 고초를 당하였던 김법린(뒷줄 우측에서 세번째). 뒷줄 왼쪽 첫번째는 최현배, 세번째는 정인승, 앞줄 왼쪽 첫번째는 김윤경, 세번째는 정지영이다.

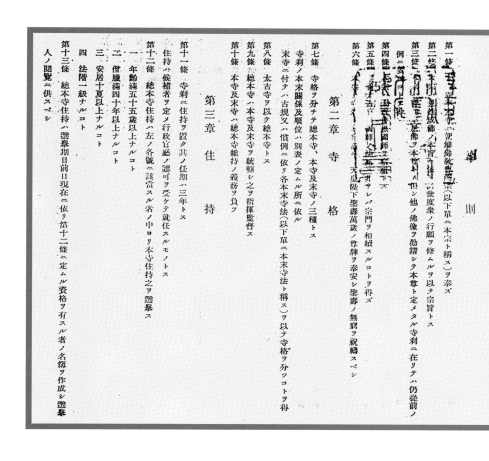

朝鮮佛教曹溪宗總本寺太古寺法

則

第一條　本宗ハ朝鮮佛教曹溪宗（以下單ニ本宗ト稱ス）ヲ奉ズ

第二條　本宗ハ釋迦牟尼佛ヲ本尊トス

第三條　本宗ハ釋迦牟尼佛ヲ本尊トスルモ他ノ佛像ヲ勸請シテ本尊ト定メタル寺刹ニ在リテハ仍從前ノ
例ニ依ルコトヲ得

第四條　本宗ハ世度衆ノ行願ヲ修ムルヲ以テ宗旨トス

第五條　本宗ハ師資相承ノ傳燈ヲ紹隆スルコトヲ旨トス

第六條　本宗ハ天皇陛下聖壽萬歲ノ寶牌ヲ奉安シ聖壽ノ無窮ヲ祝禱スベシ

第二章　寺格

第七條　寺格ヲ分チテ總本寺、本寺及末寺ノ三種トス
寺刹ノ本末關係及順位ハ別表ノ定ムル所ニ依ル
末寺ニ付テハ古規又ハ慣例ニ依リ各本末寺法（以下單ニ本末寺法ト稱ス）ヲ以テ寺格ヲ分ツコトヲ得

第八條　太古寺ヲ以テ總本寺トス

第九條　總本寺ハ本寺及末寺ヲ統轄シ之ヲ指揮監督ス

第十條　本寺及末寺ハ總本寺維持ノ義務ヲ負フ

第三章　住持

第十一條　寺刹ニ住持ヲ置ク其ノ任期ハ三年トス
住持ハ候補者ヲ定メ行政官廳ノ認可ヲ受ケテ就任スルモノトス

第十二條　總本寺住持ハ左ノ各號ニ該當スル者ノ中ヨリ本寺住持之ヲ選擧ス
一　年齡滿五十五歲以上ナルコト
二　僧臘滿四十年以上ナルコト
三　安居十夏以上ナルコト
四　法階一級ナルコト

第十三條　總本寺住持ハ選擧期日前日現在ニ依リ第十二條ニ定ムル資格ヲ有スル者ノ名簿ヲ作成シ選擧
人ノ閱覽ニ供スベシ

463. 조계종 태고사 사법. 1941년 4월 23일 총독부령 125호로 사찰령 시행규칙을 개정하여 제정되었다. 태고사(현 조계사)가 한국불교 총본산의 사격과 권한을 갖게 됨을 규정하였다.

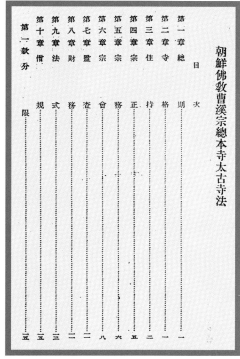

朝鮮佛教曹溪宗總本寺太古寺法

目次

464. 태고사 사법의 목차.

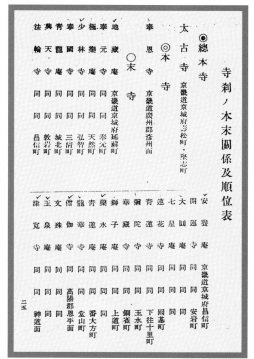

寺刹ノ本末關係及順位表

◎總本寺
太古寺　京畿道京城府嵩松町・堅志町

◎本寺
奉恩寺　京畿道廣州郡彦州面

○末寺

地藏庵	京畿道京城府延禧町	同
奉元寺	同	秦元町
極樂庵	同	天然町
奉國寺	同	弘智町
少林庵	同	三湖町
青龍庵	同	城北町
興天寺	同	敦岩町
法輪寺	同	昌信町

安養庵	京畿道京城府昌信町
發願庵	同
開運寺	同 同基町
大圓庵	同 下往十里町
花溪庵	同 玉水町
蓮花寺	同 上道町
彌陀寺	同 銅雀町
華藏寺	同 番大方町
青蓮寺	同 堂山里町
獅子庵	高陽郡恩平面
藥水庵	同
龍華寺	同
僧伽寺	同
文殊庵	同 神道面
津寬寺	同

二五

465. 태고사 사법의 부록인 사찰본말관계 순위표.

◆1941년 조선불교 조계종 출범 당시의 중요 인물들.

466. 초대 교무부장
임석진(林錫珍).

467. 조선불교 조계종
초대 종무총장
이종욱(李鍾郁).

468. 조선불교 조계종 초대 종정 방한암(方漢岩).

469. 초대 서무부장
김법룡(金法龍).

470. 종정 사서 허영호
(許永鎬).

471. 초대 재무부장
박원찬(朴圓讚).

472. 중앙불전의 학감과 혜화전문의 교장을 역임한 김경주(金敬注).

473. 김범부(金凡父). 1934년경 최범술의 주선으로 다솔사에서 동양철학을 가르쳤다.

474. 김적음(金寂音). 적음스님은 선학원의 재정과 운영을 맡았던 스님이었다. 해방 후(1947년), 종단의 공식적인 역경원인 해동역경원의 원장을 맡기도 하였다.

475. 해방직후 복교된 혜화전문의 학장으로 추대된 허영호(許永鎬). 허윤(許允)이라고도 불리운 그는 제헌국회의 국회의원이었는데 6·25당시 납북되었다. 1941년 조계종 출범 당시에는 종정사서였다.

476. 퇴경(退耕) 권상로(權相老). 동국대 대학원장 및 초대총장을 지냈으며, 많은 논문과 저술을 남겼다. 근현대 한국불교학의 태두라고도 할 수 있는 그는 「불교」지와 「조선불교총보」 등 불교잡지에 많은 글을 발표하였다. 1990년 「퇴경전집(退耕全集)」이 간행되었다.

477. 김동화(金東華). 경북 오산학교 출신으로 일제 말기와 해방공간기 혜화전문의 교수를 지낸 그는 이후 동국대 대학원장, 불교문화연구소장 등을 역임하였으며, 한국불교학 발전에 많은 업적을 남겼다.

478. 재일불교유학생들의 불교계인사 초청간담회. 재일불교유학
생들이 교계 명사를 초대하여 교육문제에 대하여 토론하였
다(1941.9.12. 서울 아서원). 참가자는 좌로부터 박윤진,
권상로, 박대륜, 허영호, 서원출, 김태흡, 우로부터 장상봉,
곽서순 등이었다.

479. 조선불교동경유학생회관 설치 기념촬영(1941.12).

480. 조선불교동경유학생회 졸업생
송별기념(1941.12).

481. 1943년 9월, 일본에서 유학하고 있던 불교청년들의 졸업 기념촬영. 앞줄 좌측부터 방영
식, 박춘해, 홍영진, 정두석, 문동한, 장상봉, 김상영, 곽서순, 신지정, 김동철이다.

482. 봉은사 전경. 봉은사는 1939년에 큰 화재가 났는데,
이 사진은 화재 이후 복원한 모습이다.

483. 봉은사 대웅전 상량식. 봉은사는 1939년 화재 이후 각고의 노력으로 복구
공사에 착수하였는데, 이 사진은 대웅전 상량식을 거행하고 난 후의 기념
촬영이다(1940.12).

484. 부서진 해인사 사명대사비. 이 비는 일제 말기 일
본경찰과 친일승려인 변설호가 합작하여 깨트린
것을 해방 이후 원상복구시킨 것이다(1942.12).

486. '신년(新年)을 맞이하는 전시(戰時)의 각오(覺悟)'. 시 사면에 이런 글을 쓰고 싶은 사람은 없었을 것이다. 하 지만 일단 활자로 변하여 역사에 남아 있는 한 글쓴이 는 책임을 모면할 길이 없을 것이다. (「불교」 신32집, 1942.1).

485. 「불교」 신30집(1941.9)에 게재된 총본사(태고사) 및 31본산 소재지와 주지 일람표. 모두가 창씨개명한 이름이다.

487. 「조선불교조계종보」 제1호. 1944년 1월부터 당시 조계종의 기관지인 「불교」(신56집)의 부록으로 발행 되기 시작한 「조계종보」는 당시 종단의 제반 업무사 항 및 불교계의 각종 공식 공문과 행사를 고지(告知) 했던 관보였다.

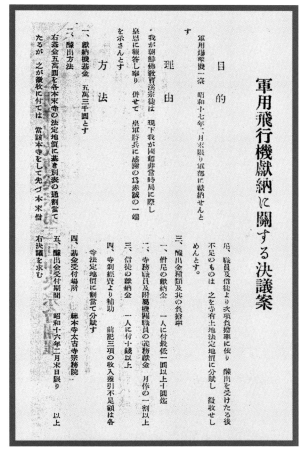

489. 군용기헌납 결의안(「불교」신35집, 1942.1). 당시 불교계는 일제의 침략전쟁에 여러 대의 군용기를 헌납하였다.

490. 「불교」신58집(1944.3)에 게재된 '대동아성전 완수와 조선불교의 진로' 현상논문 공고문. 1등은 300원이고, 2등은 100원, 3등은 50원이었다. 얼마나 많은 사람이 응모했고 누가 당선되었는지는 알 수 없다.

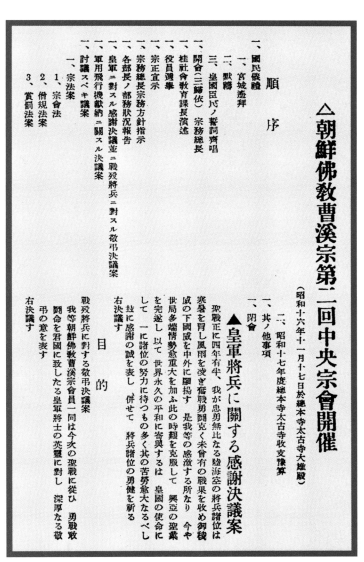

488. 조계종 제2회 종회(1941.11.17)회순 및 안건을 전하는 문건. '황군장병에 관한 감사결의안'이 상정되었고 식순의 '궁성요배', '황국신민의 서사', '군용기헌납 결의안' 등에서 일제의 식민지 정책에 굴절되었음을 보여주고 있다(「불교」신32집).

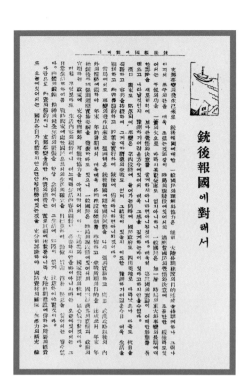

491. 「총후보국에 대해서」. 「불교」 신 20집(1940.1)에 실린 친일 글.

社說

大東亞戰爭과
佛敎徒의 使命

492. 「불교시보」 79호(1942.2)에 실린 친일 사설.

社說

半島僧侶學
兵의 決戰訓

493. 「불교시보」 101호(1943.12)에 실린 친일 사설.

494. 조선불교 조계종 종무원에서 전국 사찰의 분담금과 헌금 5만3천원을 모아 일제에 헌납(1942.1.31)한 전투기, 애국 제974호인 '조선불교호' 모습. 이렇게 헌금을 모아 일본육군과 해군에 헌납한 전투기는 모두 5대였다(「불교」지 신45집, 1943년 2월호).

495. 조선불교계가 일본에 헌납한 전투기, 조선불교호의 위용.

496. 권상로 친일저술 「임전의 조선불교」(1943.1, 만상회발행). 권상로는 이책에서 불교계는 일제의 군국주의 침략전쟁에 협조해야 함을 역설하였다. 권상로는 이 책 외에도 「佛像의 壯行」 등 여러 편의 친일 글을 발표하였다.

해방 이후 ~ 1949년

해방 이후~1949년 ●●●●●●●●●●●●●●●●●●●●●●

　8·15 해방 이후에는 기존 교단집행부가 퇴진한 가운데 새로운 교단 건설을 위해 매진하였다. 일제말기 교단 소임을 맡았던 승려들이 해방을 맞이하여 그 소임을 기꺼이 양보한 것은 특기할 사실이었다. 이에 불교계는 승려대회 개최를 통한 신교단 건설에 힘을 합쳐 식민지 불교의 극복과 불교혁신을 위한 노력을 기울였다. 그러나 그 혁신에 대한 대상 및 방법 등을 둘러싸고 교단과 혁신단체 사이에는 일정한 갈등이 연출되었다.

　그 혁신단체는 불교혁명당, 조선불교혁신회 등 여러 단체가 있었다. 그런데 혁신단체는 교단 집행부가 추구하는 혁신에 대하여 이견이 적지 않았다. 주요 내용은 대처승의 처리와 사찰토지 개혁이었다. 특히 대처승 문제에 대하여는 교단 집행부와 이견이 상당하였다. 혁신계열에서는 대처승을 식민지 잔재로 보았지만 교단 집행부는 대처승을 인정한 구도에서 제반 문제를 생각하였던 것이다. 여기에서 양측의 확연한 입장이 구분되었다. 당시 비구승 계열인 선학원은 자연 혁신단체에 가입하게 되었다.

　이 같은 교단과 혁신단체의 대립은 결국 교단 분열로 전개되었다. 불교혁신총연맹, 전국불교도연맹, 불교총본원 등은 그 구도에서 나온 혁신계열의 단체였다. 또한 당시 혁신계열의 승려들이 김구의 북행에 동참하였다. 이는 그들의 투철한 현실인식을 말해주었지만 북행이 빌미가 되어 결국 그들의 사상과 배후를 의심케 하는 결정적인 단서로 작용하였다.

　그 시기, 일단의 비구들(청담. 성철)의 근본불교를 지향한 봉암사 결사는 교단 내부의 개혁이 좌절되었을 당시에 시도되었다는 점에서 특기할 사실이었다. 더욱이 봉암사 결사의 참여자들이 이후 조계종단의 종정과 총무원장을 역임하였다는 측면에서도 그 결사의 지향은 비구종단의 이념과 전개에 비추어 보아도 유의할 사실이었다.

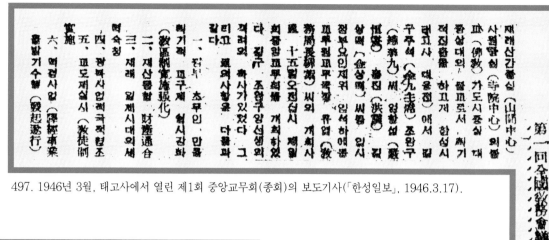

497. 1946년 3월, 태고사에서 열린 제1회 중앙교무회(종회)의 보도기사(「한성일보」, 1946.3.17).

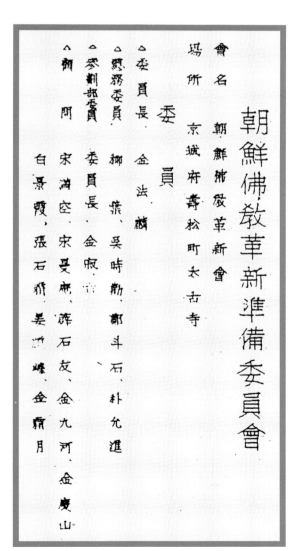

498. 조선불교혁신준비위원회 개요 문건. 일제의 패망으로 맞은 8·15해방직후 일제의 식민지 불교를 극복하고 자주적인 교단을 건설하기 위해 결성된 조선불교혁신 준비위원회 조직의 개요를 보여준 문건.

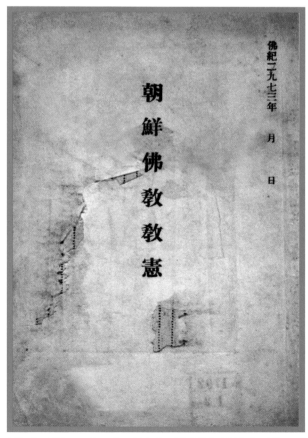

499. 「조선불교교헌」. 이 교헌은 8·15해방후 1946년, 자주 교단 건설 차원에서 제정되었다.

해방 이후~1949년

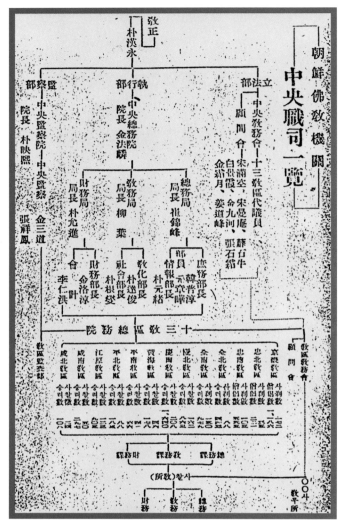

500. 해방직후의 불교 교단의 기구 및 간부 명단. 교정 박한영, 총무원장 김법린, 감찰원장 박영희(「신생」, 1946년 4월호).

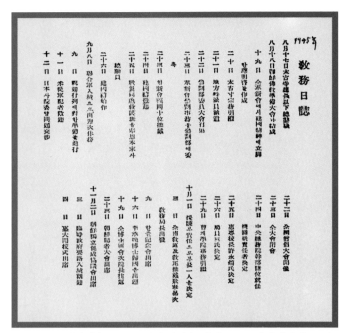

501. 8·15해방직후, 불교교단의 정황을 전하는 교무일지(「신생」, 2집).

502. 해인사에 설립된 해인총림 방함록 서(1946.10.15).

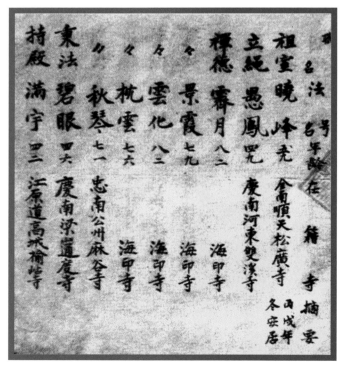

503. 가야총림의 용상방.

202

504. 해방공간기의 불교집행부(총무원)가 펴낸 불교잡지 「신생」. 1946년 3월 1일 창간, 같은 해 10월 4호로 종간.

505. 「신생」의 목차와 창간사. 「신생」은 당시 조계종의 기관지로서 1944년 12월에 종간된 「불교(신)」지의 후신으로 창간되었다. 「불교(신)」이후 「신생」이 창간되는 1년 가량은 불교계에는 신문도, 잡지도 없었다. 해방 이후 8월 17일부터 불교계 일지가 「신생」 창간호 9쪽에 겨우 전한다.

506. 「불교」지 1947년 신년호. 이 「불교」지는 「신생」의 후신으로서 총무원의 기관지였다.

507. 1946년 5월 28일에 결성된 조선불교학생동맹의 기관지인 「녹원」 제1집 (1947.9.15).

寺刹令議에 撤撤案提

508. 총무원이 사찰령철폐를 위해 진력하였음을 보도한 「한성일보」 기사(1947.3.5).

寺刹土地는 國家에
革新佛敎同盟의 當面主張

509. 혁신불교동맹의 혁신적인 당면 주장과 중앙위원명단을 소개한 「조선인민보」 기사(1946.5.7). 중앙위원으로 박봉석, 조명기, 김달진, 장상봉, 정두석 등의 이름이 보인다.

聲明書

510. 불교혁신단체 성명서. 총무원의 불교혁신이 미온적이라는 입장을 갖고 있던 선리참구원, 불교청년당, 혁명불교도동맹 등, 불교혁신단체의 성명서(1946.12.2). 이 6개 단체는 '불교혁신총연맹'이라는 단체를 결성하고 기존 교단과 대응관계를 유지하였다(「대중불교」 제1호, 1947.1.1).

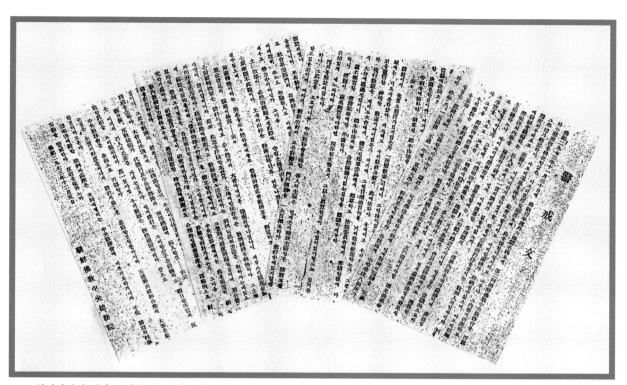

511. 혁신단체에 대한 조선불교총무원의 성명서. 불교혁신총연맹이 본질적이고 급격한 불교개혁을 주장하고 있는 것에 대하여 당시 교단 집행부인 조선불교 중앙총무원의 입장을 밝힌 경계문(1946.12.5). 교단은 혁신연맹의 사상을 사회주의에 경도된 것으로 보고 그 경계를 촉구하였다.

512. 불교혁신총연맹규약. 이 규약은 불교혁신총연맹의 개요와 성격을 전하고 있다(1946.12.3).

513. 혁신단체의 연합체인 불교혁신총연맹의 선전부에서 발행한
     신문 「대중불교」 제2호(1947.6.1).

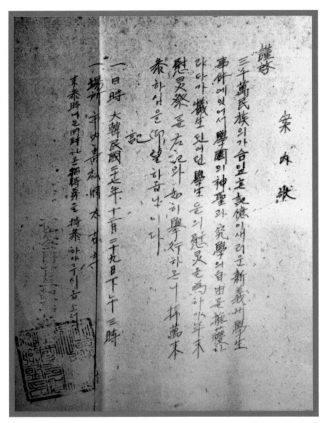

514. 태고사에서 개최된 신의주학생의거에 희생된 학생 추도식 안내장.

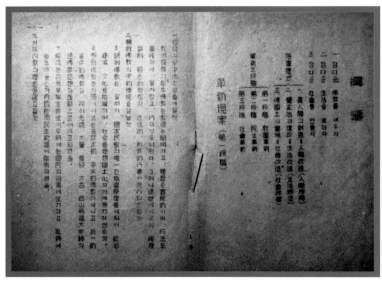

515. 조선불교혁신회의 강령과 혁신절차인 혁신현안(1946.7).

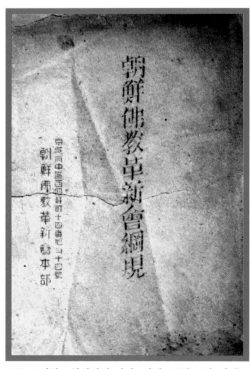

516. 조선불교혁신회의 취지, 강령, 규칙 등을 알리는
     「조선불교혁신회 강규」(1946.7).

517. 전국불교도대회(1947.5.13)의 성명서. 총무원에 불만을 갖고 있던 불교혁신총연맹이 주도한 전국불교도대회에서 교단을 부정하고 독자적으로 불교 혁신을 추진하겠다는 의지를 공표한 선언서.

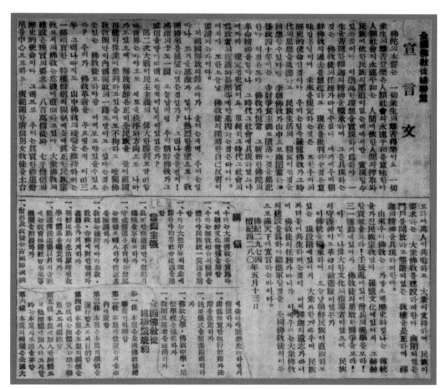

518. 전국불교도대회에서 출범한 전국불교도총연맹의 선언문과 강령(「대중불교」 2호, 1947.6.1).

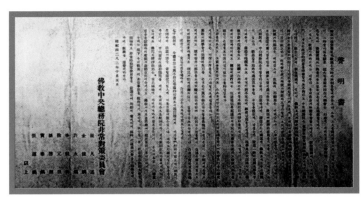

519. 불교중앙총무원비상대책위원회의 성명서(1949.10.5). 해방직후 교단 집행부의 일원이었던 대책위원회가 교단에서 일단 퇴진한 후 교단의 문제점을 지적한 문건. 위원으로는 최범술, 김법린, 허영호, 이용조, 서원출, 장도환 등이다.

520. 교단에서 교도회의 조직의 원칙을 밝힌 문건이다. 여기에서 교도제는 신도의 조직화를 의미하지만, 해방공간의 혁신단체에서는 대처승려의 신분과 위상에 대한 제도를 지칭하였다. 즉, 대처승려를 승려로 둘 것인가, 아니면 재가자의 신분으로 변동시킬 것인가의 문제였다. 이 문제는 당시 대다수를 차지하였던 대처승 중심의 교단과 비구승 중심의 교단을 만들려는 혁신단체간의 핵심적인 논란의 요소였다(「불교」 1946.4).

521. 농지개혁 이후 불교계의 재산이 축소되었음을 전하는 보도기사(「대한불교」, 1965년 12월 24일자). 해방공간 불교계에서도 초미의 관심사였던 토지개혁은 1949년 6월 21일 "농지개혁법"으로 공포되었다. 이 법이 공포·시행됨으로써 불교는 자경할 수 있는 토지 이외는 일체 소유할 수 없게 되었다. 그런데 그 지가보상으로 받은 지가증권과 문교증권은 효율적인 관리 부재로 대부분 유실되었다.

宣言

佛陀의 慈悲는 拔苦與樂하시는 實際的 救濟에잇고 菩薩의 行願은 沒我利他하시는 犧牲的 捐進에잇는것이어늘 우리는 그동안 너무 獨善的이며 小乘的 이 아니엇든가

하물며 우리祖國은 解放이 宣言된지도 周年이 넘엇건만 自主獨立의 實現은 아직도 漠然하고 塗炭에빠진 民衆의 生活은 앉어보기 어려운이때에 잇어서나 衆生濟度의 責任을가진 우리敎國은 一大革新의 必要를 痛感할뿐아니라 時代의要請이 또한우리 女性 이엇으며 여기에 李朝迫害와 倭政의蹂躪으로 餘地없이 蹂殘되 엇으니 여긔에 一大革新의 必要를 痛感할뿐아니라 時代의要請이 또한우리 女性 으로하여금 閨中念佛만을 히락지안은다 이에우리는 새正法을 護持하자 하여 佛敎女性總同盟을 結成하노라

우리의 身, 命, 財를바치어서 宿世善根의 本誓願을 녀욱 舊發 일어서라, 나아가자佛陀軍隊의 行伍에 드러서라 忍辱의 甲옷과 慈悲의 칼로 군게武裝하고 魔軍불을 粉碎하자 慈悲의투구와 智

佛敎女性總同盟綱領

一, 우리는 佛陀의 弘願에依하야 大衆佛敎를 建設함
一, 우리는 佛陀의 慈悲에依하야 社會邪惡을 振興함
一, 우리는 佛陀의 和合主義에 依하야 民族團結을 促進함
一, 우리는 佛陀의 平等主義에 依하야 男女同權을 確立함

522. 불교여성총동맹의 선언과 강령. 불교여성총동맹은 해방공간의 불교여성단체의 연합체였는데, 불교혁신단체에 가입하였다.

朝鮮 佛敎 靑年黨 綱領

一, 祖國完全自主獨立
一, 敎壇反逆者民族反逆者肅淸
一, 寺刹土地所有反對
一, 信仰自由의 確保
一, 時代에適應한 敎學樹立
一, 敎壇改迷信的要素排除
一, 朝鮮佛敎의 革命

委員

金海鎮 金萬基 鄭泰一 全正遠
金景九 金昌浩 裵恩先 林正達
方貞祖 李外潤 任戴榮

523. 불교청년당의 강령과 위원. 해방 이후 불교청년당을 주도했던 김해진의 이름이 보인다. 김해진은 월북하여 활동을 하다가 6·25가 발발, 서울이 함락되자 총무원을 접수하였던 인물이었다. 그후 50년대 후반, 김해진은 인도로 유학하여 학위를 받았는데, 어쩌면 인도에서 받은 우리나라 사람의 학위 취득은 처음인 것 같다.

524. 해방 후 불교청년당의 일원이었던 불교청년들(1948.12.31, 통도사 무풍교 앞). 오른쪽에서 두번째가 화산(華山)스님이다.

525. 불교청년당의 진로와 노선에 대한 입장을
밝힌 성명서(1948.2).

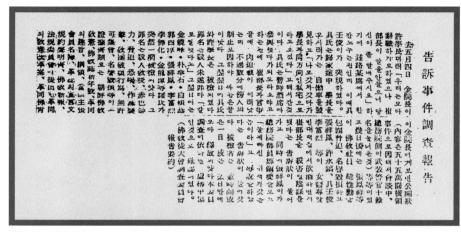

526. 1947년 5월 6일, 선학원에서 불교혁신을 추진키 위해 회의를 가졌던 혁신인사 김경봉, 곽서
순, 장상봉, 김용담 등 10여명을 경찰에서 구인한 사건 보고문건.(「대중불교」 2호, 1947.6).
이 사건은 교단 간부가 혁신인사를 교단파괴, 적색폭력 등으로 고소하여 경찰에 피검되었으
나 곧 석방되었다.

527. 방한암 교정의 특명서. 1949년 10월 10일에 방한암 교정이 총무원의 폭
력사태 해결을 위해 곽기종 당시 중앙교무회의장에게 내린 특명서 (「불
교공보」 창간호, 1949.10). 특명서를 내린 이유는 해방직후 교단의 간부
였던 유엽, 한보순, 장도환, 이덕진 등이 청년학생 40여명을 이끌고 교단
사무실을 습격하였다. 이들은 교단간부 중 불순분자(사회주의자)가 있기
때문에 정화하려고 습격한 것이라고 하였지만 사실은 교단운영에 대한
불만때문이었다.

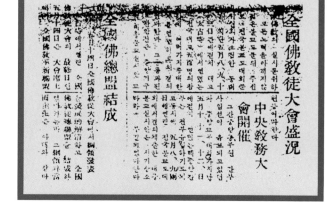

528. 1947년 5월 8~14일, 태고사에서 개최된 전국불교도대회 보도기사(「불교신
보」 13·14합호). 전국불교도대회는 기존 교단 집행부의 온건한 개혁을 비판
하면서 새로운 교단인 조선불교총본원과 그 외호단체인 전국불교도총연맹을
탄생시켰다.

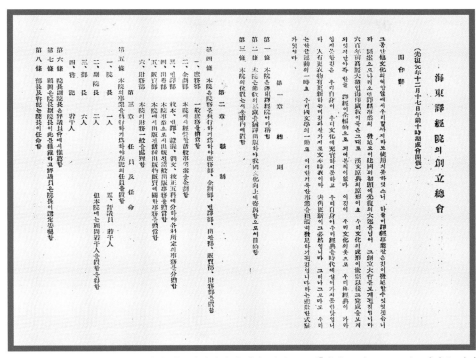

529. 1945년 12월 17일에 창립된 해동역경원의 출범을 전하는 글(「신생」 2집, 1946.4). 원장은 김적음(金寂音)이었다.

530. 불교영화인 '원효성사(元曉聖師)'가 제작중임을 전하는 글(「불교」 1947년 신년호). 이 영화는 중앙교무회의 결의에 의하여 제작, 진행하였으나, 사업이 여의치 않아 중도에는 교단 직속의 사회사업단체인 화광교원(和光敎園)이 계승하였다.

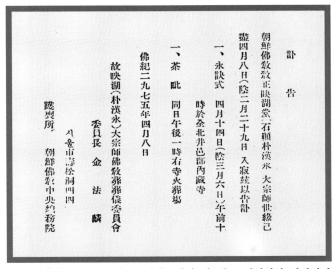

531. 박한영스님 열반 부고. 해방공간기 제1대 교정이었던 박한영이 1948년 8일 내장사에서 입적하자, 당시 장의위원회 위원장이었던 김법린(총무원장)명의의 부고문(「불교」지 4월호).

532. 조선불교중앙총무원의 전재(戰災)동포 구호의 의지를 보여준 광고(「신생」 1집).
8·15해방직후 중국, 일본, 러시아 등지에서 대거 귀국한 동포들을 돕기 위한
불교계의 사회사업의 내용을 보여주고 있다.

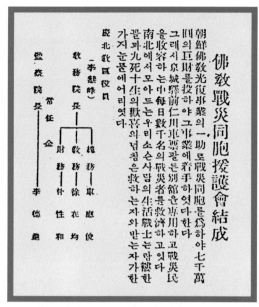

533. 불교 전재(戰災)동포원호회 결성 보도 내용(「신
생」 2집).

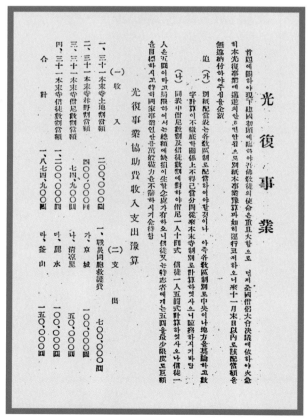

534. 해방공간기 교단의 광복사업의 개요를 보여주는 문건(「신
생」 2집).

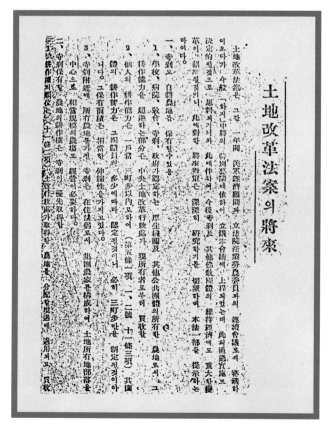

535. 토지개혁법안에 대한 교단의 입장을 정리한 기고문(「불교」
1948년 신년호). 토지개혁은 당시 불교계의 초미의 관심사였
는데, 기고문의 내용은 미군정 과도 입법의원에 상정된 것 중
불교와 관련된 것을 요약한 것이다.

536. 해방공간기의 경기교무원장이었던 이운허(李耘虛)가 「불교신보」 2호 (1946.6)에 기고한 사설. 이운허는 중도적인 입장에서 다양한 활동을 하였고, 그 이후에는 교육, 역경사업에 전념하였다.

538. 고유섭의 「조선탑파의 연구」. 이 책은 우리 나라 학자로서는 최초로 전국을 다니면서 우리나라 탑을 조사 연구하여 1947년 을 유문화사에서 간행되었다. 사진은 6·25 이후 재판할 때 조선을 한국으로 바꾸었다.

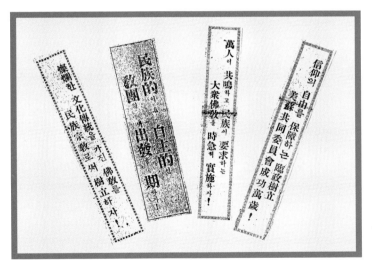

537. 해방공간기의 불교혁신의 내용을 보여주는 표어들 (「불교신보」 게재).

539. 「조선탑파의 연구」 저자 고유섭.

540. 「불교신보」 13·14합호(1947.5.27)에 게재된 불탄일 (부처님오신날) 홍보 문건.

541. 해방공간기의 언론지 「불교신보」 제2호(1946.6.1).

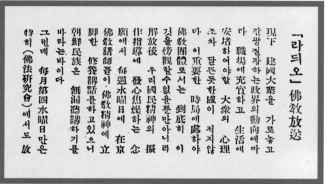

543. 라디오 불교방송. 불교학자들이 매주 수요일 라디오 방송에 출연하여 교리강좌를 하였다 (「신생」 2집, 1946.4).

544. 해방공간기 불교 기관지 「불교공보」 창간호(1949.4).

542. 시사정보지 「교계통신」. 해방공간기 중앙총무원에서는 시사정보지인 「교계통신」을 발행하였다(「신생」 2집, 1946.4).

涅槃界

卍海龍雲大宗師는 去六月二十九日 於城北町尋牛莊自宅에서 入寂하시었다

545. 한용운의 입적(1944.6.29)을 알린 「불교」 신64집(1944.9)의 열반계.

546. 한용운 입적 5주기를 보도한 「불교공보」 제2호(1949.5).

547. 1947년 10월 15일에 한용운 묘소를 참배한 교단 간부들의 기념 사인. 김법린, 오택언의 이름이 보인다(「불교」, 1948년 신년호).

548. 한용운을 따르던 인물들이 해방후 첫 회합을 갖고 한용운의 묘소를 참배하고 기념 사인. 허영호, 박윤진, 최범술, 박영희, 유성갑, 오택언, 장도환 등과 한용운의 딸인 한영숙도 있다(「신생」, 1946년 7월호).

549. 대각사를 방문한 김구 일행(이시영, 황학수 등). 김구 일행은 백용성이 함양의 화과원(과수원 경영 등 공동체)에서 나온 잉여자금을 상해 임시정부에 보냈기 때문에 이에 대한 감사의 뜻으로 대각사를 방문하였다고 한다(1945.12.12).

550. 해방후 고국에 돌아와서 마곡사를 방문한 김구 일행. 김구는 젊은 시절 한때(약 6개월 가량) 마곡사로 출가하여 불교와 인연을 맺었다.

551. 신륵사를 방문한 김구(1947.9.23).

552. 남북회담 참가지지와 불교도총연맹. 국토와 민족의 영구분
    단을 막기 위해 북행에 나선 김구의 남북회담에 동참한 정
    당, 단체, 개인 명단. 이 명단에는 '불교도총연맹' 의 이름도
    들어 있는데, 당시 동참한 불교도는 김용담, 장상봉, 김해진
    등 10여명에 달하는 것으로 알려지고 있다.

553. 김구의 서거를 보도한 「불교공보」 제2호 특집기사
    (1949.7.15).

554. 김구의 49재, 마곡사에서 거행(1949. 8.13).

555. 안진호의 「신편팔상록」. 1941년 만(卍)상회에서
출판된 팔상록은 부처님 일대기로서 많은 불자들
이 애독하였다. 「팔상록」은 1913년 이교담의 팔
상록과 1922년 백용성이 번역출판한 팔상록이 있
다. 이사진은 안진호의 「신편팔상록」이다.

556. 해방직후의 동국대 교문인 황건문(皇建門).

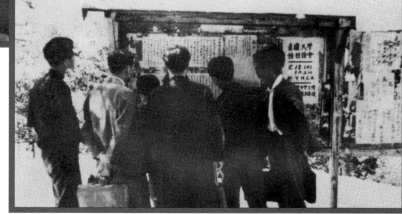

557. 혜화전문학교가 4년제 대학으로 정식 인가되어(1946.9.20) 동국대학으로 승격
하자 벽보를 보기 위해 몰려든 학생들.

558. 백양사 한글강습회. 백양사에서 한글강습회가 끝난 후
(1945.12.10) 백양사 스님들과, 교사, 학생들이 기념
촬영을 하였다. 앞줄 왼쪽 다섯번째가 강사 김민수이고,
그 다음이 만암스님이다.

559. 해방 이후 초대 교정이었던 박한영이 이효봉을 가야총림
조실로 임명한 위촉장(1946.11.6).

560. 무량사 광제고아원(1949.9). 무량사 주지 박영식의 발기에 의해 부여
인근 주민들이 후원하였다.

561. 봉암사 결사(1947~49)를 주도한
이청담과 이성철. 봉암사 결사는 근
본불교와 선농불교 지향 등 불교 재
건정신의 기초를 제공하였다(사진은
1968년 청평사에서 찍은 사진).

562. 방한암과 황수영. 해방 이후에도 박한영의 후임으로 교정에 오른 방한암스님의 모습(1949년). 이 사진은 황수영(사진 좌측)이 강원도 선림원지에서 출토된 동종을 월정사에 제공하고 기념촬영을 한 장면이다. 사진 우측은 당시 월정사 총무이던 박영암(기종)스님이다.

563. 불교계의 대표적인 항일승려 김성숙 (金星淑). 봉선사에서 3·1운동을 주도한 그는 조선불교청년회, 조선무산자동맹회 등에 가입하였다. 이후에는 중국 민국대학으로 유학, 조선의열단, 조선민족해방동맹, 조선의용대 등에서 독립운동에 전념하였다. 그는 님웨일즈 저술, 「아리랑」에 나오는 '금강산의 붉은 승려 김충창(金忠昌)'으로 묘사된 인물이었다.

564. 근대불교학을 개척한 김포광(金包光). 본명이 김영수(金映遂)인 그는 실상사 주지, 중앙학림 강사, 중앙불전 교수, 학감, 교장, 금산사 강원 조실 등을 역임하였는데 불교사에 기념비적인 논문들을 남겼다.

565. 빨치산 토벌작전으로 지리산 일대의 14개 사찰이 소개당하였다
　　 (「불교신보」 36호, 1949.9).

十四個寺를 疎開
叛亂地區의 應急措置

智異山一帶

雙磎寺에 再襲
大源寺燒失
廣興寺住持는 被殺

叛亂地區寺刹荒廢
國寶도 不得已버리고僧侶는 含淚四散
總務院 三當局에 保護要請

一, 主文
陳情書
二, 報告
作戰地區寺刹林伐採
緊急時에는 事後報告로
叛地寺刹住持 身分證明發給

適切善處措置 三當局言明

安文敎長官
崔國防次官
金內務長官

566. 빨치산 활동으로 지리산 일대의 사찰이 황폐화 되었음을 전한 문건. 지리산 일대에서 활동한 빨치산에 의해 사찰이 황폐해지자
　　 당시 총무원에서는 당국에 보호를 요청하였다(「불교공보」 2호, 1949.7.30).

1950년대

환자 가득 선두로 철법에 대치승엄다.

1950년대 ●

이 시기의 불교사는 6·25 전쟁의 피해와 함께 6·25 직후 가시화된 불교정화로 요약된다. 6·25 발발로 인해 전국의 사찰은 엄청난 피해를 입었다. 특히 38선 근처 사찰의 피해는 말할 것도 없었고, 주요 사찰의 문화재도 상당수 훼손되었다. 그리고 남한의 불교계 주요인사가 납북되기도 하였다. 또한 서울에 있던 교단은 부산 등지로 피난을 가야만 했다. 한편 북측에서 내려온 불교도들이 서울에 내려와 남조선불교도연맹을 조직하는 등 일시적으로 사회주의체제의 관할에 불교가 예속되었다. 그 불교도에는 해방공간시 혁신운동의 중심인물도 있었다.

이 시기의 불교계를 큰 변동으로 몰고간 것은 농지개혁이었다. 해방공간시부터 논란이 거듭되었던 토지개혁은 농지개혁법이라는 이름으로 1949년 6월 공포되었지만 6·25로 인해 실질적인 시행은 1952~3년경부터 본격화되었다. 이 농지개혁법으로 인해 사찰은 자경할 수 있는 토지를 제외하고 모두 해당 농민들에게 반환해야만 했다. 유상몰수, 유상분배 원칙하에 시행된 그 법으로 인해 사찰은 기존 토지의 대부분을 상실하였다. 그런데 문제는 토지보상으로 받은 지가증권이 그 이후 대부분 상실되었다는 것이다. 지가증권을 갖고 기업체 경영, 여객회사 인수, 극장 경영 등 다양한 사업에 활용하였지만 결국 경험 미숙 등으로 인해 온전히 유지된 경우는 거의 없었다.

이러한 위축된 사찰경제는 선방과 비구승들의 위축을 야기하였다. 이에 그 문제를 해소키 위한 비구승들의 건의가 있었다. 당시 그 건의를 받은 송만암 교정은 문제 해소를 지시하였고, 나아가서는 비구승과 대처승의 합법화를 시도하였다. 그러나 불교계 내부의 이 같은 자체 해결 노력은 소기의 성과를 달성하지 못하였다. 통도사, 불국사에서 그 해결을 위한 방법을 찾았지만 끝내 이행되지 못하였다.

1954년 5월, 당시 이승만 대통령의 불교정화 유시는 불교정화를 가속화한 폭탄과 같은 위력을 발휘하였다. 이 유시에 힘입은 비구측은 그간의 서러움을 해소하고 비구 중심의 교단을 재건키 위한 목적으로 본격적인 교단정화에 나서게 되었다. 그러나 교단을 주도했던 대처측은 비구승들에게 사찰 할애와 수행승과 교화승의 존속을 통하여 비구 대처간의 문제를 해결하고자 하였다. 이 같은 이질적인 입장은 결코 조화될 수 없었다. 비구측은 교단정화 발기, 비구승 대표자대회의 개최, 종헌제정, 태고사 입주 시도 등을 통하여 교단정화를 기하려고 노력하였다. 그러나 대처측은 기득권을 유지하면서 점진적인 정화에 응하려고 하였다.

양측의 입장은 마침내 승려 자격문제가 합의된 가운데, 사찰정화대책위원회가 구성되었으나 완전 합의되지는 못하였다. 그러나 1955년 8월 전국승려대회에서 비구측의 종헌이 제정되고 정부가 인정하였기에 이후 전국 사찰은 비구측에게 인도되었다. 그러나 그에 반발한 대처측은 지속적으로 그 문제에 대한 소송을 법원에 제기하였다.

이 같은 갈등 구도는 결과적으로 불교의 위상과 명예를 저버린 사건 그 자체였다. 전국 사찰에서는 사찰의 점거, 입주, 재탈환 등이 노정되었다. 비구측은 공권력의 도움을 받아 사찰접수에 나섰지만 사찰은 공허하기만 하였다. 거기에는 대처측의 방관과 비협조가 있었기에 더욱 그러하였다.

그런데 비구측의 논리와 행동은 일면 공권력과 일반 사회에서 후원을 받았다. 그리고 그 이면에는 이승만이 사찰토지를 일부나마 반환시키겠다는 의지가 결합되면서 거의 절대적인 기준으로 작용한 면을 배제할 수는 없다. 그러나 이는 불교자주화에 치명상을 제공하였다.

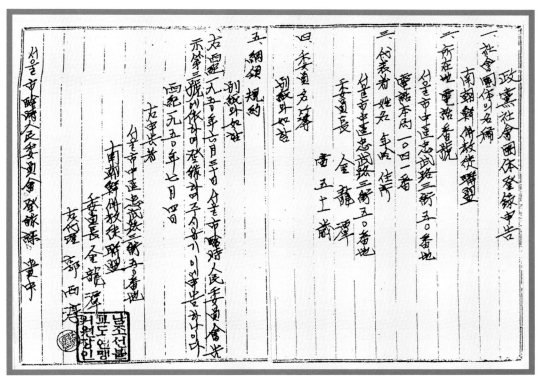

567. 6·25전쟁시 남조선불교도연맹이 서울시 인민위원회에 제출한 등록 신고서(1950.7.4). 위원장 김용담은 한글선학간행회 명의로 「선가구감」을 번역한 바 있다.

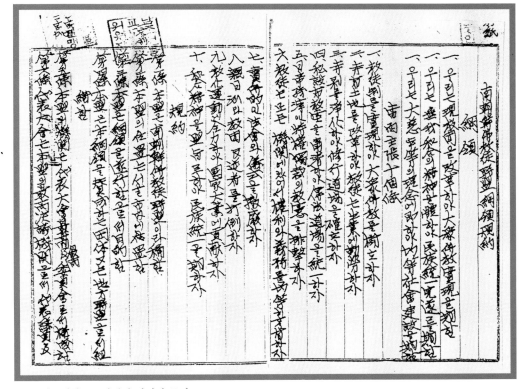

568. 남조선불교도연맹의 강령과 규약.

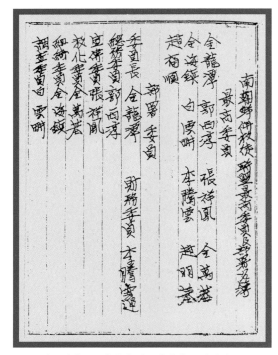

569. 남조선불교도연맹의 최고위원과 부서위원.

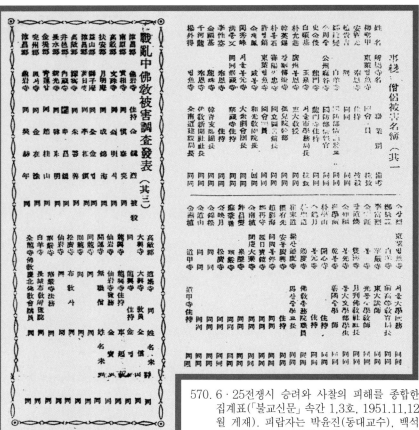

570. 6·25전쟁시 승려와 사찰의 피해를 종합한 집계표(「불교신문」 속간 1,3호, 1951.11,12 월 게재). 피랍자는 박윤진(동대교수), 백석기(옥천사 출신, 당시 서울시 학무국장), 박봉석(표충사 출신, 국립도서관장), 허영호(전 종정사서실장, 동국대학 학장, 당시는 국회의원), 이성공(봉은사 주지), 천하룡(불교신문사 사장), 김상렬(범어사 출신, 서울대학교 서무), 장도환(쌍계사, 월간 「불교」 사장) 등 39명이다.

571. 6·25로 인해 부산으로 피난간 동국대 학생들의 졸업기념(1951. 8. 18. 부산 대각사). 1951년 1월 2일 문교부는 전시하교육특별조치요강을 발표하였는데, 이 조치에 의거 동국대생들은 부산, 전주, 광주 등지의 전시연합대학에서 동년 4월부터 수업을 받았다.

572. 동국대학교 불교대학생들의 졸업생 송별회 기념촬영(1953.2.28). 동국대는 1952년 2월경에 부산 신창동(경남교무원 자리)에서 임시로 개교하였으며, 1953년 2월 1일 종합대학교로 승격하였다. 당시 초대총장으로는 권상로가 취임하였다.

573. 이승만 대통령의 정화유시 '순리로 해결하라'(「서울신문」,
1954.12.18). 이승만 대통령의 불교 정화유시는 1954년 5월
21일에 처음으로 시작되었다. 유시 이전 비구측은 대처측의
위세에 기를 펴지 못하였으나 유시에 힘을 입어 본격적으로 정
화에 나서게 되었다. 그러나 이승만의 유시는 공권력 개입이라
는 선례를 남겨 이후 불교 자주화에 부정적 영향을 끼쳤다.

574. 이승만 대통령의 불교계 정화 희망 보도기사(「서울신문」, 1954.11.20).
처음엔 순리대로 해결할 것을 종용하였으나 1955년 8월 5일 담화에서
는 '왜색승은 물러가라'고 천명함으로써 비구측의 본격적인 정화운동에
기폭제가 되었다.

575. 이승만 대통령의 유시, '왜색승려는 물러가라' 는 「동아일보」 기사(1955.8.5). 순리적 해결을 희망하던 이 대통령의 갑작스런 '왜색승려(대처승)는 물러가라' 는 유시에 힘입어 비구·대처간의 정화운동이 전국적으로 더욱 치열하게 전개되었다.

576. 이승만 대통령의 유시, '왜식종교관 버리라' (「서울신문」, 1954.11.6). 왜식종교관과 왜식승려라 함은 대처승을 지칭하는 표현이다. 이에 불교정화는 교단내에서 대처승 축출을 의미하는 방향으로 나갔다.

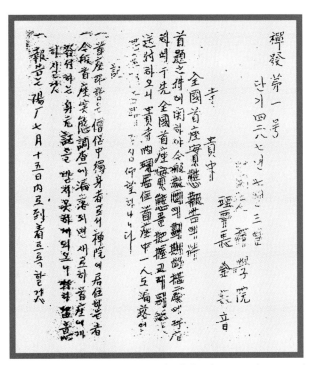

577. 선학원에서 전국 선원에 수좌 실태조사를 보고하도록 요청한 공문(1954.7.31). 이승만 대통령의 이른바 첫 '정화유시'가 일어나자 선학원에서는 우선 전국선원의 수좌가 몇 명이나 되는지 실태조사에 착수하였음을 알려주는 문건이다.

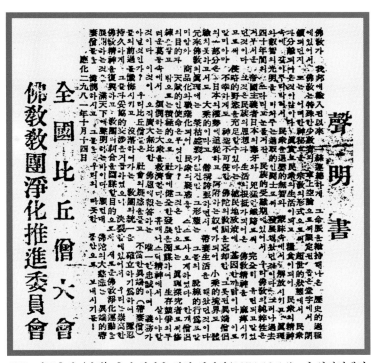

578. 비구측의 '정화' 추진 입장을 밝힌 성명서(1954.10.14). 이 성명서에서 비구측의 목적과 입장을 알 수 있다(「동아일보」, 1954.10.18).

579. 비구측이 주도한 불교정화의 최초의 대회인 전국비구승대표자대회 참석자 명단(1954.8.24). 이승만 불교정화 유시가 발표되자, 비구측 승려들은 절호의 기회가 왔다고 판단하였다. 선학원에서 모임을 가진 비구들은 정금오를 중심으로 불교교단정화추진위원회를 조직하고 본격적으로 정화에 나설 것을 추진하였다.

580. 선학원에서 개최된 제1차 전국비구승대표자대회. 1954년 8월 24~25일 정화를 위하여 개최된 이 대회에서는 교단정화의 원칙
을 정하고 정화추진을 위한 각 분야별 대책위원을 선출하였다. 맨 앞줄 왼쪽으로부터 청담, 인곡, 적음, 금봉, 동산, 금오, 효봉,
향곡, 자운스님.

581. 전국비구승대표들이 정화운동을 추진하기 위하여 1954년 8월 25일 선학원에서 개최된 제1차 '전국비구승대표자대회'에서 채택
된 '불교도에게 드리는 선서문'(「조선일보」, 1954.9.3).

582. 전국비구승대회에 참석한 사부대중(1954.9.27). 선학원에서 개최된 이 대회에서는 비구측 중심의 교단을 지향하는 종헌을 제정·선포하였다. 여기에서 대처승은 교단 밖으로 나가야 함을 분명히 정한 원칙이 수립된 것이다. 대회에서 종정에 송만암, 부종정에 하동산, 도총섭에 이청담이 선출되었다. 앞줄 좌로부터 두번째가 향곡스님, 세번째가 청담스님, 다섯번째가 하동산스님, 일곱번째가 효봉스님, 여덟번째가 금오스님, 둘째줄 좌로부터 세번째가 대의스님, 여섯번째가 월산스님, 일곱번째가 경산스님, 여덟번째가 대휘스님, 열번째가 구산스님, 셋째줄 좌로부터 첫번째가 월하스님, 다섯번째가 서운스님.

583. 전국비구승대회에 참가한 비구승의 기념촬영(1954.9.29).

584. 비구측의 주역인 하동산, 정금오, 이청담의 성명서(1954.11.10).
「서울신문」 1954년 11월 13일자에 게재된 이 성명서에는 비구중
심의 교단정화 원칙을 천명하고, 대처승은 '호법중' 즉 신도로 취
급하겠다는 의지를 밝혔다.

585. 이승만 대통령의 유시 '불교의 전통을 살리라' (「조선일
보」, 1954.11.6). 불교의 전통을 살리기 위해서는 농지
개혁으로 상실한 사찰토지를 반환해야 함을 강조하였다.

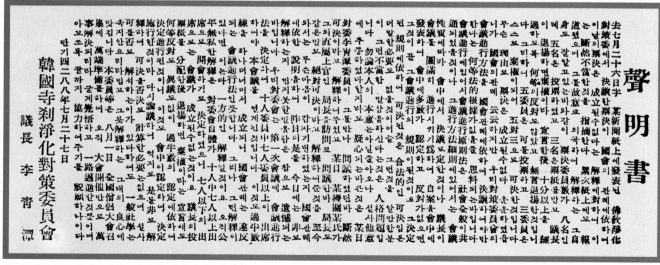

586. 사찰정화대책위원회 의장인 이청담의 성명서(1955.7.27). 전국승려대회를 통해 사태를 해결할 것을 강조하고 있다(「동아일보」,
1955.7.29).

587. 비구승과 대처승간의 간판 떼기 싸움. (「연합신문」, 1954.11.22). 비구측은 조계사의 간판을, 대처측은 태고사의 간판을 걸기 위하여 갖은 노력을 다하였다.

588. '불상 앞에서 유혈격투'. 현 조계사 불상 앞에서 비구승과 대처승은 유혈격투를 벌였다(「조선일보」, 1954.11.19).

589. 대처승, 다시 태고사 점령. 비구승이 점거했던 태고사에서 철수하고 이번엔 다시 대처승이 태고사를 점령하였다(「서울신문」, 1955.2.21).

590. 불교정화운동의 주역들(1955.8.24 조계사에서). 앞줄 좌측으로부터 이대의, 이청담, 정금오, 하동산, 이효봉, 김서운 스님이고 뒷줄 우측의 두번째가 손경산 스님이다.

591. 대처측의 반격(1958.7)으로 사찰 밖으로 쫓겨난 비구승(상)과 경찰에 연행된 대처승(하).

592. 제4회 전국비구 · 비구니대회 기념(1954.12.13). 비구측은 1954년 11월 5일에는 태고사에 입주하여 정화실천의 구체적인 행보를 걷기 시작하였다. 그리고 이미 1954년 10월 15일에 종정에 하동산, 부종정에 정금오를 선출하였는데 이는 종조변동(환부역조)에 대한 불만을 표시한 송만암을 배제한 것을 의미한다.

演士　釋淳浩大禪師(外敎人)
演題　韓國佛敎淨化와其運動史
場所　서울壽松洞中央宗務院曹溪寺(前太古寺)

佛敎淨化大講演會

時日　十一月十四日(日曜日)午後一時부터
主催　全國比丘僧大會
後授　韓國佛敎居士林、佛敎婦人會

들으라

누가피끓치않고견더랴
出世丈夫의獅子吼를!

韓國佛敎의救世聲을!
누가눈물없이들을것이며

593. 불교정화 대강연회(1954.11.14) 공고문.(「동아일
　　보」, 1954.11.13) '누가 눈물없이 들을 것이냐'는
　　헤드카피가 이채롭다.

594. 불교정화 강연회의 전단을 배포하는 장면(1954.11.13).

595. 불교정화 강연회에서 개회사를 하는 이효봉스님.

596. 강연회에서 강연하고 있는 이청담스님. 연사 釋淳浩라는 글씨가 보인다.

비구측, 드디어 卍자 기를 들고 거리로 행진.

598. 눈보라를 맞으면서도 불교정화를 주장하며 세종로로 행진하고 있는 비구측 스님들(1954.12.13).

597. 선학원에 있던 대중 80여명이 안국동 로터리를 지나 조계사 입구로 행진하는 장면(1954.11.5). 청담, 효봉, 동산스님이 앞장서고 있다.

600. 조계사에서 제4차 비구승니대회를 마치고 532명 전원이 종로를 거쳐 경무대(청와대)까지 행진하고 있다(1954.12.13). 비구측 승려는 스피커를 장치한 자동차 1대를 앞세우고 행진하였다. 당시 스피커를 통하여 나온 내용에는 "불교정화는 국토정화이다. 대처승들은 죄가를 회개하고 진실한 불자가 되라"는 표현도 있었다.

599. 비구측에서 만(卍)자 기를 들고 시가행진하고 있다. '대한민국만세'라는 현수막이 흥미롭다.

601. 불교정화를 호소하기 위해 중앙청을 향해 걸어가고 있는
전국의 비구들.

602. 중앙청 앞을 지나가고 있는 비구측 스님들.

603. 경찰과 대치하고 있는 비구측 스님들. 비구측 승려들은 효자동
종점을 점거하고, 승려대표 7인이 경무대를 방문하였다. 당시
이승만은 내무부·문교부에 상세히 지시하였으니, 정화 취지
에 부당한 점이 있으면 다시 들어와서 진정하라고 하였다. 이
같은 내용을 승려대표에게 들은 참가 승려들은 일제히 만세를
불렀다고 한다.

604. 전국비구승니대회의 깃발을 들고 행진하기 직전의 모습. 맨앞이 채벽암
스님.

605. 이승만 대통령의 불교정화에 대한
방침을 찬동한 「신문의 신문」 기사
(1954.12.29). 불교정화를 '불교혁
명' 이라고 표현한 점이 인상 깊다.

606.
비구 중심의 정화를 옹호한
신문 만화(1954.5.22).

607.
비구승의 단식을
소재로 한 만화(1954).

608. '승려자격은 독신으로 삭발염의한 자'. 비구·대처 승간의 합의결과 승려자격을 '독신으로 삭발염의한 자'로 결정하였다(「조선일보」, 1955.2.5). 당시 문교부는 비구·대처간의 분규를 해소하기 위하여 양측의 대표들이 참석한 사찰정화수습대책위원회를 개최하였다. 여기에서 정한 승려자격 3대원칙은 독신자로 삭발염의하고, 술과 고기를 먹지 않는 자, 불구자가 아니며 25세 이상으로 3인 이상의 승려 단체생활을 한 자, 4바라이(四波羅夷)를 범하지 않은 자 등이었다. 이 3대원칙은 이후 세분되어 8대원칙으로 정비되었다.

609. '이혼 못하면 물러가라'. 대처측이 주도했던 기존 종단인 총무원에서 전국 사찰주지에게 지시한 공문의 요지는 '이혼 못하면 퇴속하라'는 것이었다(「평화신문」, 1955.7.2).

610. 불도냐? 이혼이냐? 비구·대처간의 합의 끝에 승려자격에 대하여 합의하고, 이 합의서를 정부에서 인정하게 되자 처를 거느리고 있던 스님들은 이혼을 하든가 그렇치 않으면 퇴속할 수밖에 없었다. 이러한 문제는 대처측으로서는 난감한 문제가 아닐 수 없었다(「평화신문」, 1955.6.29).

611. '오십여명이 또 이혼? 비구·대처 양측의 합의 결과 '독신으로 삭발염의 한 자'로 승려자격을 규정하게 되자, 50여명이나 되는 대처승들이 한꺼번에 집단 이혼하는 사태가 벌어졌다. (「동아일보」, 1955.7.30).

612. 불교정화를 위한 단식, 묵언의 회향 법회에 참석한 사부대중들(1955.5.18). 당시 비구측은 전국승려대회를 개최키로 준비하였으나 당국에 의해 좌절 당하자 이에 분개한 비구측 승려들은 조계사에서 단식농성에 돌입하였다. 당국이 제지한 것은 비구·대처측의 사찰정화 원칙이 합의되지 못하였기 때문이었다. 지금 우리 불교계는 단식과 묵언으로 정화에 임했던 맑은 정신은 간데없고 권력투쟁과 주지 싸움으로 연례행사를 치르고 있다. 정화라는 미명하에 옛 도둑과 새 도둑이 자리바꿈을 한 셈이다.

613. 불교정화를 위해 비상한 결의로 단식하고 있는 비구측 스님들(「연합신문」, 1955.5.17). 아예 부엌에서 솥을 떼어 가지고 나왔다.

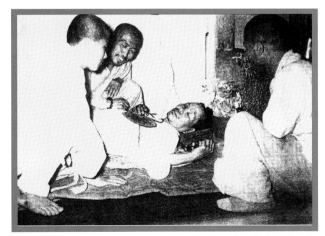

615. 단식기도중 대처측의 폭행으로 누워 있는 비구측의 서운스님.

614. 단식 돌입 내용을 알리는 벽보(조계사 정문). 비구측 승려들이 단식을 한 이유는 당국이 전국승려대회를 저지한데서 비롯되었다. 그러나 단식이 진행되는 도중에도 비구·대처 양측은 각 5명으로 구성된 불교정화 대책위원회를 구성하여 해결의 실마리를 찾고자 노력하였다.

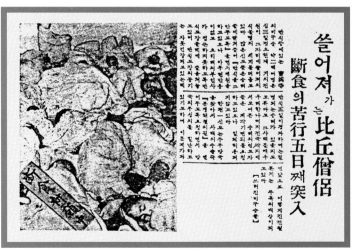

616. 제2차 단식 5일째의 상황을 보도한 「동아일보」(1955.6.14). 단식 5일째가 되자 비구측 스님들이 하나 둘 쓰러져가고 있다.

241

617. 새벽 조계사에 유혈극. 30여명이 중경상을 입은 비구·대처
간의 조계사 장악은 오늘날 조계종 사태에서 서로 총무원 건
물을 차지하고자 하는 것처럼 중요한 관건이었다. 당시 대처
측 승려 370여명은 조계사에서 단식중인 비구승들을 새벽에
기습하여 유혈사태를 야기시켰다(「동아일보」, 1955.6.11).

618. 비구측의 정화 논리를 옹호한 「신문의 신문」 기사(1955.3.3).

619. 전국승려대회에 참석한 신도들의 기념촬영(1955.8.3). 불교정화가
일어나자 비구측 신도들은 정화를 추진하는 승려들에게 음식 지원
등을 아끼지 않았다.

620. '이혼해도 자격없다.' 승려 자격(독신)을 유지하기 위하여 법
률상으로만 이혼을 하게 되자 이번에는 '사찰을 내주지 않으
려는 것이 목적이므로 이혼해도 승려자격이 없다'는 물의가
일어나기 시작했다(「연합신문」, 1955.8.1).

621. 조계사 명도 소송에서 대처측이 패소(「평화신문」, 1955.7.15).
비구측은 이미 1954년 12월 대처측의 동의없이 조계사를 점령,
입주하였다.

622. 불교계 분쟁 종막. 1955년 8월 1~5일의 전국승려대회
가 합법으로 인정되었으며, 이로써 불교계 분쟁이 종막
을 거두었다는 내용을 보도한 「동아일보」 기사(1955.
8.13). 그런데 이 승려대회 개최의 정당성을 담보해 주
는 것은 사찰정화대책위원회였다. 이 위원회에서는 대
회 개최의 정당성을 5:3으로 결정하였지만, 대처측은
이에 이의를 제기하였기 때문에 당시 문교부로서는 승
려대회의 제반 결정을 인정할 수 없었다. 이에 문교부
는 위원회를 다시 개최하여 새로운 결정 즉 대회 타당
성에 대한 결의(7:1)를 변경, 유도하였다. 이로써
1955년 8월 12일의 승려대회는 앞서 결정한 것을 재확
인하였다. 이 승려대회에서는 종헌을 제정하고 새로운
집행부를 출범시켰다. 이 승려대회가 당시 정부에서 인
정한 최초의 승려대회였다.

623. 전국승니대회 참석 기념촬영(1955.8.3). 현 조계사 대웅전 앞인데, 뒤에 걸려 있는 피켓 글씨들이 당시의 분위기를 말해주고 있다. 불교정화는 문교부가 중재한 사찰정화대책위원회를 개최하고, 그 위원회에서 정화의 모든 문제를 해결키로 하였다. 그러나 전국승려대회개최안이 가결되었으나 (5:3) 대처측의 이의제기로 난항을 겪었다. 처음에는 당국의 반대로 대회가 개최되지 못하였으나 위원회 재개최를 통한 대회의 인준을 기하였기에 1954년 8월 12~15일 승려대회는 정식으로 개최, 진행되었다. 이 대회에서 정부가 인정한 종헌이 공포되었다.

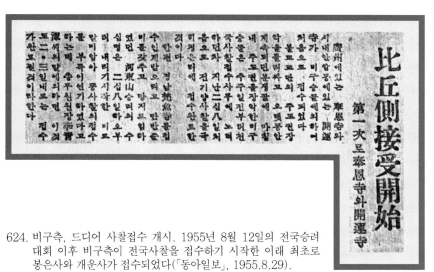

比丘側接受開始

第一次로奉恩寺와開運寺

624. 비구측, 드디어 사찰접수 개시. 1955년 8월 12일의 전국승려 대회 이후 비구측이 전국사찰을 접수하기 시작한 이래 최초로 봉은사와 개운사가 접수되었다(「동아일보」, 1955.8.29).

訴訟費만 數千萬圜

宗權爭奪로 浪費되는 佛教財產

625. 소송비만 수천만환. 비구, 대처 양측의 싸움은 결국 법원의 판결에 의해 좌우되게 되었다. 이에 양측은 각 사찰마다 막대한 소송 비용으로 사찰의 전 재산이 낭비되는 결과를 초래했다(「동아일 보」, 1959.7.13).

比丘僧側宗權停止

帶妻側 幹部들 太古寺復歸態勢

626. 종권반환소송에서 대처측, 승소. 비구측의 종권장 악에 대하여 대처측은 종권정지소송을 법원에 제 출하였다. 이에 법원은 대처측의 주장을 타당한 주장으로 받아들였다(「동아일보」, 1956.7.30).

寺刹은遊園地化

帶妻僧들 물러나갔을뿐

서로 싿아쳐워財源枯渴

信徒는없다는 표적없고

勝利의 기쁨보다 앞서는 困境

627. 정화의 후유증을 보도한 신문 제목. 1955년 8월 12일, 전국승려대회에서 종헌이 제정되고 이후에 는 그 종헌에 의한 비구측 중심의 정화가 추진되 었다. 그러나 그 결과는 매우 미흡하였다. 이러한 당시 정황을 「동아일보」는 위와 같은 타이틀로 크게 보도하였다(1968.7.17).

628. 불교조계종 중앙총무원의 간판을 부착하고 있는 승려들. 그 당시에는 비구·대처 양측이 서로 자기들의 간판을 부착하기 위한 경쟁이 치열하였다.

629. 조계사 간판을 부착하고 있는 승려들. 이 글씨는 탄허(呑虛)스님의 글씨이다. 대처측은 태고사 간판을 부착하려고 노력하였기에, 그 와 중에서 간혹 충돌이 생기기도 하였다.

630. 범어사 정화가 끝난 후 범어사를 인수하고 있는 하동산스님 (1955.9.1). 1955년 8월 12일, 전국승려대회의 개최를 통하여 정 부가 인정한 종헌이 공포되었다. 그 종헌에는 대처승의 축출이 핵 심내용으로 포함되었다. 대회 직후 비구측은 봉은사, 개운사 등 전 국 주요사찰을 접수하기 시작하였다. 당시 경찰은 비구측의 사찰 접수를 지원하였다.

631. 불교문제의 주무 장관인 이선근 문교부장관과 대화를 하고 있는 비구측의 이청담, 정금오, 윤월하스님.

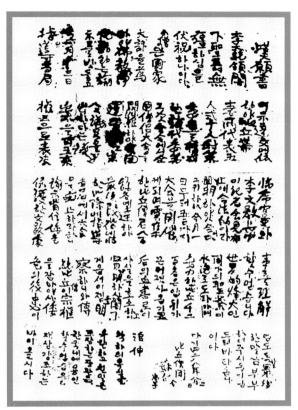

632. 소구산스님의 혈서. 정화에 대한 열렬한 의지를 갖고 있던 소구산스님은 정화가 한창 진행되던 1955년 8월 2일 조계사에서 손가락을 끊어 흐르는 피로 이대통령에게 보내는 혈서를 썼다.

633. 환부역조(換父易祖)에 분개한 송만암과 국묵담. 비구·대처측의 대립이 치열하게 전개되는 가운데, 비구측에서 종조(宗祖)를 태고보우에서 보조지눌로 바꾸자 당시 종정인 송만암스님(앞줄 우측)과 감찰원장 국묵담스님(앞줄 좌측)은 비구측의 '환부역조'에 통탄하면서 북한산 태고사의 태고 부도를 참배, 호곡(號哭)하였다.

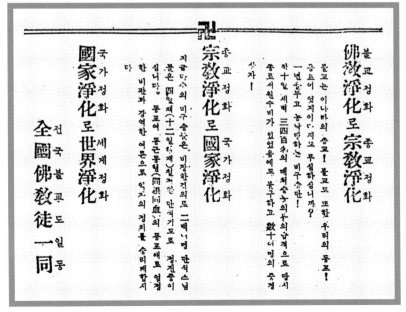

634. 불교정화를 지지하는 불교도들의 문건.

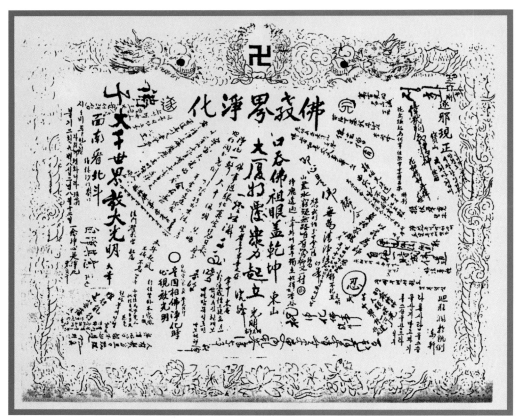

635. 불교계가 정화되어야 함을 강조하였던 사인 서명부. 정화에 대한 비구측의 염원이 담겨 있다.

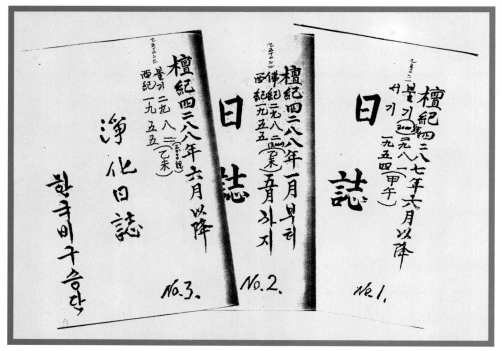

636. 비구측의 정화활동을 일기 형식으로 기록한 민도광스님의 정화일지 표지(1954,55년경). 민도광스님
    은 정화 당시 비구측 총무원에 있으면서(1954~1955) 날마다 정화일지를 썼는데 이것을 1996년
    10월에「한국불교승단정화사」라는 책으로 출간하였다. 정화자료로서는 매우 중요한 자료이다.

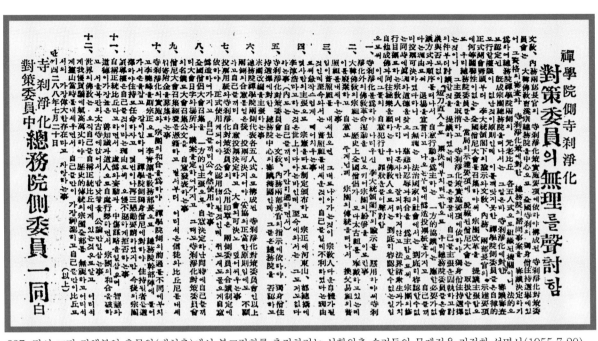

禪學院 側寺刹淨化 對策委員의 無理를 聲討함

637. 당시 교단 집행부인 총무원(대처측)에서 불교정화를 추진하려는 선학원측 승려들의 문제점을 지적한 성명서(1955.7.20).

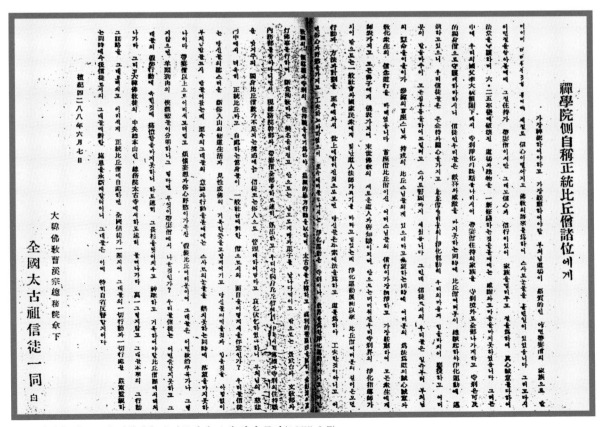

禪學院側 自稱正統比丘僧諸位에게

638. 대처측 신도들이 선학원측 승려들에게 보낸 성명 문건(1955.6.7).

639. 이승만 대통령 비서관이 내무·문교부장관에게 불교문제에 관한 대통령의 지시를 전달한 공문(1955.12.8).

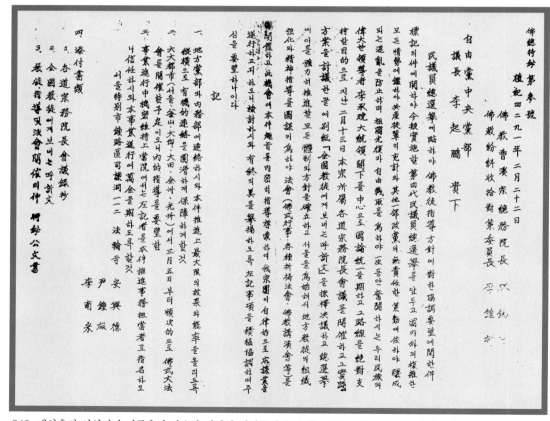

640. 대처측의 임석진과 이종욱이 자유당 의장인 이기붕에게 보낸 공문(1958.3.22). 임석진스님은 당시 총무원장이었고 이종욱스님은 불교분규수습대책위원장이었다.

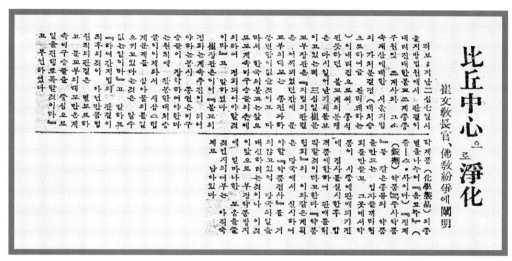

641. 불교정화에 대한 정부의 방향(「동아일보」, 1956.7.31).

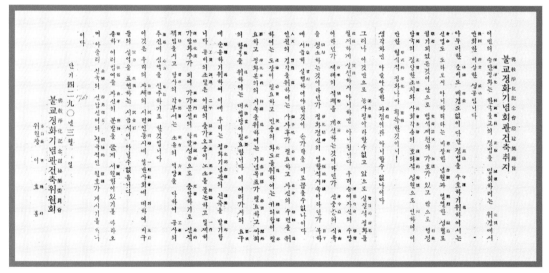

642. 정화기념회관 건축 취지서(1957.3).

643. 불교정화기념회관. 조계사 경내에 있던 이 기념관은 1957년 발기하여 1959년에 준공하였다. 조계사 성역화사업의 일환으로 지금은 철거되고 이렇게 사진만 남아 전한다.

644. 호미든 관음상을 조성한 젊은 학도들의 불교혁신운동(「동아일보」, 1959.3.13). 당시 동국대 학생회장이었던 선진규, 박완일, 김지견, 김영태, 김기업, 김인덕 등 31명은 중생구제 원력으로 관음상을 조성하고(박일헌 작) 이를 불교혁신운동으로 승화시키려고 하였다. 이 관음상은 그 후 풍한에 의해 많이 훼손된 것을 1999년 10월 31일 다시 조성하였다.

645. 불교정화에 대한 김일엽의 견해. 문인으로도 필명을 떨친 비구니 김일엽스님이 불교정화에 대한 입장을 「동아일보」에 기고한 글. 김일엽스님의 기고문 '불교정화의 긴급문제'는 1959년 3월 23~25일에 3회(상,중,하)로 나뉘어 「동아일보」에 연재되었다.

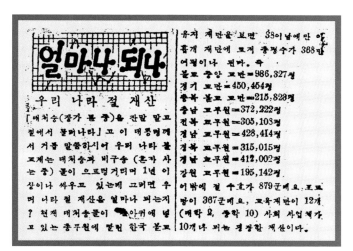

646. 「소년조선일보」(1955.6.26)에 보도된 사찰재산 통계.

647. '불교분쟁은 왜 해결 안되나?' 「연합신문」(1955.6.21)은 그 이유를 '막대한 재산장악이 중요 원인' 이라고 지적하고 있다.

648. 불교계의 토지문제를 보도한 「서울신문」(1955.1.10). 농지개혁으로 자경할 수 없는 토지를 상실한 불교계는 경제적으로 큰 타격을 입었다. 그런데 그 상실 토지에 대한 보상은 지가증권 혹은 문교증권으로 받았다. 이 기사는 그 증권 보상작업이 지연됨을 지적한 것이다.

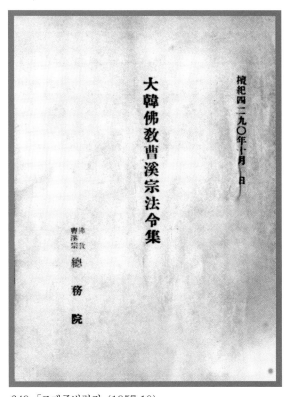

649. 「조계종법령집」(1957.10).

650. 중앙선원 금강계단의 금강계첩(1957년 3월 25일 수계첩).

651. 「불교신문(속간 제1호)」. 1951년 11월 말경 창간된 주간 신문. 발행처는 주간불교신문사였고, 발행인은 장용서, 편집인은 김정묵이었다. 6.25로 인해 부산에서 창간하였으나 환도후 발행소가 서울(종로구 수송동 44)로 이전되었다. 그런데 '속간 제2호' 라고 기재한 것을 보면 1946~49년의 월간 신문인 「불교신보」를 계승한 것으로 보인다.

652. 동국대 불교학회와 철학회에서 펴낸 「동국사상」창간호. 46배판 반양장으로 현재에도 매년 발행 되고 있다.

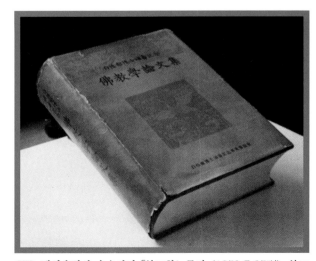

653. 백성욱박사 송수기념 「불교학논문집」(1959.7.25刊). 불교학계 최초의 기념논총으로서 불교학 발전에 많은 역할을 하였다. 46배판 양장 1,200여쪽.

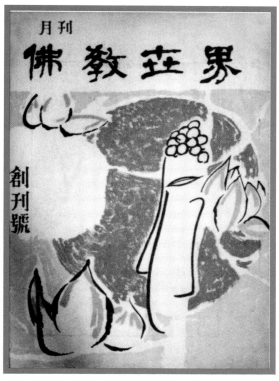

654. 1957년 4월에 창간된 월간 「불교세계」.

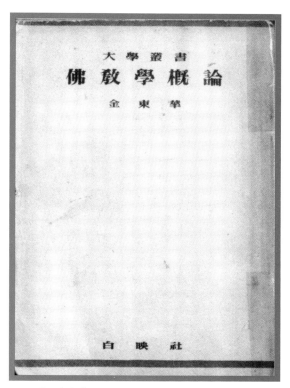

655. 김동화의 「불교학개론」. 1955년에 간행된 「불교학개론」은 이후 1970년대까지 불교학연구의 입문, 개론서로서 불교연구자들의 필독서가 되었다.

656. 격월간 불교잡지 「녹원」 창간호(1957.2.5). 발행인은 정태혁이었다.

657. 이법홍이 발행인으로 펴낸 「정토문화」. 1961년에 폐간되었다.

1960년대

1960년대 ●

　　1960년대의 출발은 4·19 혁명과 5·16 쿠데타로 시작되었다. 이에 불교사도 그와 직·간접으로 연결될 수밖에 없었다. 4·19의 발발은 이승만의 퇴진을 가져왔는데, 지금껏 비구측을 후원하였던 이승만의 퇴진은 수세에 몰렸던 대처측에게는 재기의 기회를 가져왔다. 이에 대처측은 '비구승은 물러가라' 는 목소리를 높이면서 전국의 주요 사찰에서 다시 비구승의 퇴진과 대처승의 진입이 이루어지면서 무법천지를 이루었다.

　　이러한 갈등 대립은 1960년 11월의 대법원 판결을 앞두고 더욱 거세어졌다. 비구측은 법원에서 비구측에게 불리한 내용으로 귀결되면 좌시치 않겠다며 전국승려대회를 개최하였다. 당시 비구측은 서울시내를 행진하며 그들의 주장을 선전하였다. 비구측은 순교단도 결성하고, 혈서를 쓴 승려도 있었으니 그들의 심정은 자못 열렬하였다.

　　그러나 대법원 판결은 결국 외형적으로는 비구측에겐 불리한 것이었다. 이에 불만을 품은 비구들이 대법원에 난입하여 할복한 전대미문의 사건이 일어났다. 또한 이 소식을 접한 비구측 승려와 신도가 대법원에 몰려간 커다란 일대 소동이 일어났다. 물론 관련자는 경찰에 연행되고, 일부는 의법조치되었으나 그 파장은 자못 심상치 않았다.

　　비구·대처측의 갈등은 이후 쉽사리 가라앉지 않았다. 5·16 쿠데타가 발발한 이후 군사정부는 비구·대처간의 갈등을 사회모순의 해소 차원에서 접근하여 불교의 자체적인 해결을 기대하였다. 특히 박정희는 자율적인 해결이 없을 경우에는 국가권력을 동원하겠다는 통첩도 하였다. 이러한 분위기에 놀란 양측은 마침내 대화와 타협을 하였다. 그 결과로 나온 것이 이른바 1962년의 통합종단이었다.

　　통합종단은 비상종회를 구성하고, 종헌의 제정 선포를 거쳐 종정에 이효봉과 총무원장에 임석진을 선출하는 등 정상적으로 출발하였다. 그러나 그 진로의 암적인 존재로 작용한 것이 대처승의 기득권 문제였다. 이 문제는 문교부의 해석에 위임하고 일단 종단은 출범하였지만 종회 의원의 비율(32:18) 문제로 또다시 양측은 결별하였다. 이후 양측은 자기의 주장을 고집하며 전혀 타협의 여유를 남기지 않았다. 물론 타협을 시도한 양측의 노력은 '화동(和同)'으로 불렸고, 대처측 일부 인사가 비구측에 가입하였지만 그 대세는 점차 분열, 분종으로 나아갔다.

　　한편 이 같은 추세하에서 당시 공권력은 비구측에 옹호적인 정책을 지속하였다. 이에 대처측은 그에 반발하면서 정교분리에 어긋난다는 입장을 개진하였지만 역부족이었다. 특히 당시 문교부는 일제하 사찰령의 유습으로 불교계를 관리해온 논리를 당시 현실에 맞게 조정한 법인 불교재산관리법을 제정·공포하였다. 이는 불교재산 즉 사찰, 문화재, 농지, 산림 등은 불교의 재산이기도 하지만 그 자체가 문화재이며 사회의 공공성을 띤 것으로 이해한 인식에서 나온 소산이다. 따라서 불교재산은 불교계 전용의 관리로 둘 수는 없다는 명분하에서 정부가 사찰 재산관리를 감독하는 권리를 갖게 되었다. 그에 따라서 사찰 재산관리인(종단 대표, 주지 등)은 정부에 인가, 등록을 해야한다는 논리로 나갔던 것이다. 이는 곧 정권에 의한 불교계의 장악으로 변질될 수 있는 요소인 것이다. 공권력이 대처측을 배제할 수 있었던 요인도 여기에서 나온 것이다.

　　그후 비구측 종단은 대처측과의 대립이 일단락되자, 점차 안정을 취하면서 불교발전에 나섰다. 그러나 종단 내부의 파벌의식, 종권 운영 방향 등을 둘러싸고 서서히 내적인 대립이 노정되기 시작하였다. 이는 정화의 후유증과 문중·문도의 부정적인 측면이 나타남을 의미하는 것이었다.

帶妻僧撤收를 呼訴
比丘僧、戒嚴司에

659. 비구승들의 호소. 대처측에 의하여 화엄사에서 쫓겨난 비구승들이 계엄사를 방문하여 호소하였음을 보도한 「동아일보」 기사(1960.5.14).

政變契機로 佛敎界싸움再燃

帶妻僧들이 反擊
寺刹運營權내노라고 暴行까지

658. 대처승들의 반격. 4·19혁명이 발발하자 그간 이승만 대통령의 유시(왜색승은 물러가라)에 눌려 활동에 어려움을 겪고 있던 대처측이 종권장악과 사찰운영권을 되찾기 위하여 다시 반격에 나섰다(「동아일보」, 1960. 5.3).

警察動員으로 制止
帶妻僧佛國寺强占企圖

660. 불국사에서 벌어진 비구승과 대처승간의 충돌(「동아일보」, 1961.2.21).

佛敎界에 騷動
帶妻僧들이 大覺寺占據

661. 4·19이후 대처승들은 다시 부산 대각사를 점거 탈환하였다(「동아일보」, 1960.5.1).

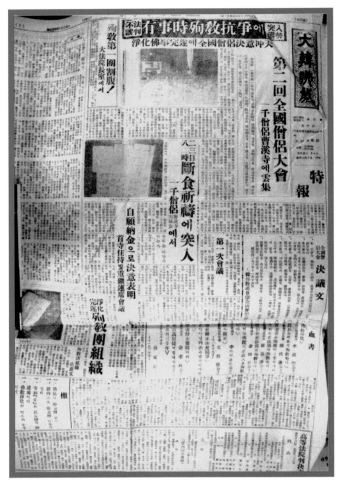

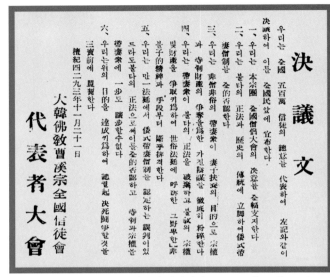

663. 전국승려대회에 대한 신도회 지지결의문. 1960년 11월 19일 조계
사에서 개최된 전국승려대회에 즈음하여 전국신도회에서는 전국승
려대회를 전폭 지지한다는 결의문을 발표했다.

662. 제2회 전국승려대회의 전모를 보도한 「대한불교」 특보(1960.11.24).
1960년 4월 19일, 이른바 4·19혁명이 일어나자 소강상태를 보이던 비
구·대처간의 분규가 다시 치열해졌다. 그 이유는 이승만 대통령의 정화
유시는 대처측으로서는 매우 불리한 유시였다. 그런데 4·19가 일어나
자유당 정권이 무너지자 그동안 유시에 눌려서 활동하지 못했던 대처측
으로서는 여간 다행한 일이 아니었기 때문이다.

665. 비구측 스님들의 혈서문. 4·19 직후 대처측이 서울 지방법원에
종정, 총무원장 등의 직무정지 가처분 신청을 내자 판결에 앞서
대처측이 승소할 경우를 대비한 비구측의 입장 표명이다.

664. 비구측 순교단의 혈서. 정화 완수를 기하기 위해 조직된 비구측
순교단의 어떤 스님이 혈서를 쓰고 있다.

全國僧侶大會 決議文

本大會는 佛陀의 正法에 違背하는 非良心的行爲 一切을 拒否한다

本大會는 宗權訴訟의 勝敗 如何를 莫論하고 淸淨僧侶가 寺院에서 물러나거나 帶妻食肉하는 것을 全의으로 拒絶한다

本大會는 佛陀敎訓의 大意에 孝順하는者 (世稱帶妻僧)에 限하여 그分限에 相當하게 司法部에서 正義를 無視하고 帶妻食肉하는 俗人들이 寺刹에 侵入하는 不法誤判을 一齊히 正義의 殉敎抗爭에 突入한다

本大會는 韓國佛敎의 主導權이 넘어가게하는 危機에 있을 人물에게 境遇에는 全國比丘比丘尼는 一齊히 正義의 殉敎로 그維持方法과 寺刹을

國實文化財를 永久保存하기 爲하여 그 維持方法과

耕農地의 合法化를 呼訴한다

檀紀四二九三年十一月十九日

大韓佛敎曹溪宗全國僧侶大會

666. 전국승려대회의 결의문(1960.11.19). 대회를 추진한 주도 승려들이 대회를 임하는 입장과 자세를 극명하게 표명한 결의 내용.

淨化完遂 殉敎團組織

殉敎團組織 決議文

第一號 建議案

(단지혈서)

667. 순교단 조직 관련 보도기사. 순교단의 명단과 결의문 등이 전하고 있다.

殉敎第一團割腹! 大法院長室에서

『至急一大法院의 原審破棄・高法에 再審判決 言渡直後인 十一月二十四日 下午三時二十分、全國五千僧侶의 正法死守前衛一十三名 殉敎

國은 大法院長室에서 集團殉敎 割腹하였다—入院위독

668. 순교제1단 할복! 승려대회 직후인 1960년 11월 24일 대법원의 판결이 있었다. 당일 비구측 순교단 소속 스님들이 대법원에서 할복하는 큰 사건이 일어났다. 이를 특보(特報)한 「대한불교」 기사(1960.11.24).

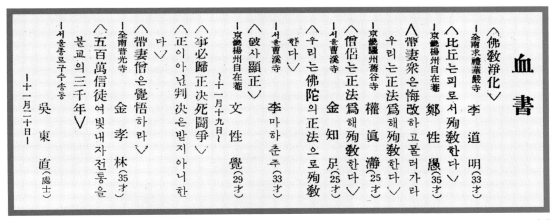

血書

〈佛敎淨化〉

〈全南求禮華嚴寺〉李道明(33才)

〈比丘는 피로서 殉敎한다〉京畿楊州白在岩鄭性愚(35才)

〈帶妻衆은 悔改하고 물러가라 우리는 正法爲해 殉敎한다〉京畿驪州善谷寺權眞澔(25才)

〈僧侶는 正法爲해 殉敎한다〉서울曹溪寺金知足(25才)

〈우리는 佛陀의 正法으로 殉敎한다〉서울曹溪寺李마하춘주(33才)

〈破邪顯正〉京畿楊州自在菴文性覺(29才)

〈正이아닌判決은 받지아니한다〉~十一月十九日~

〈事必歸正決死鬪爭한다〉全南普光寺金孝林(35才)

〈帶妻僧은 覺悟하라〉

〈五百萬信徒여 빛내자전통을 불교의 三千年〉서울鍾路區수송동吳東直(處士)

—十一月二十日—

669. 비구측 승려들의 정화에 대한 의지를 엿볼 수 있는 혈서 내용(1960.11.20). 이 정신을 되살린다면 반복적으로 일어나는 오늘날과 같은 조계종의 분쟁은 종식될 것이겠지만 끊임없는 다툼은 불자들로 하여금 망연자실하게 한다.

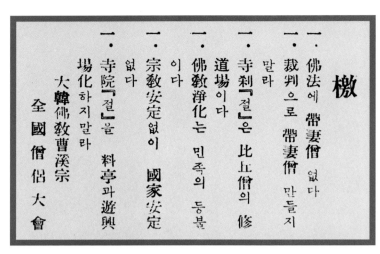

檄

一. 佛法에 帶妻僧 없다

一. 裁判으로 帶妻僧 만들지 말라

一. 寺刹「절」은 比丘僧의 修道場이다

一. 佛敎淨化는 민족의 등불이다

一. 宗敎安定없이 國家安定 없다

一. 寺院「절」을 料亭과 遊興場化하지말라

大韓佛敎曹溪宗 全國僧侶大會

670. 비구측 승려대회의 격문. 정화에 대한 의지와 방향이 선명하다.

671. 비구측의 입장이 표명된 격문. 비구측의 불교정화추진위원회, 비상사태수습위원회, 전국신도회, 총무원 등은 대회에 임하여 입장을 표명하였는데, 격문 첫번째의 '처자를 거느리고 가정 살림하면 중이 아니다'는 내용이 선명하다. 지금 조계종에는 가정살림하는 스님(은처승)은 없는지? 있다면 '불법에 대처승 없다'고 표방한 비구측의 정화운동은 한갓 무의미한 쟁화(爭貨)일 것이다.

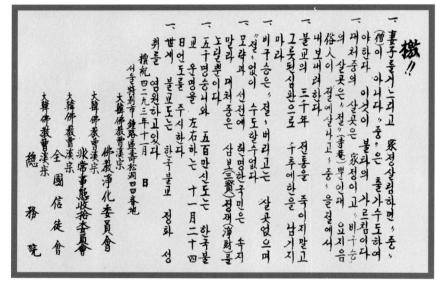

檄!!

一. 妻子를 거느리고 衆情살림하면 "중,(僧)이 아니다 "중,은 출가수도하여 아한라 이것이 佛陀의 사르침이다

一. 머처중의 살곳은 "절"은 家庭이고 "비구승,의 살곳은 "절,(寺卷)뿐인데 俗人이 절에 살나고 "중,을 절에서 내보써려한다

一. 불교의 三十年 傳統을 죽이지말고 그릇된 심판으로 구추에 한을 남기지 마라

一. 비구승은 "절,을 버리고는 살곳없으며 "절,없이 수도할수없다 모락과 선전에 현명한국민은 속지말라 머처중은 삼보(三寶)정재(淨財)를 노린것뿐이다

一. 五百만신도는 한국불교 五十만명승니와 五百만신도는 한국불교를 위를 염원하고있다

西紀四二九三年十一月 二十四日

大韓佛敎曹溪宗 佛敎淨化委員會
大韓佛敎曹溪宗 非常事態收拾委員會
大韓佛敎曹溪宗 全國信徒會
大韓佛敎曹溪宗 總務院

서울特別市 鐘路區壽松洞四四番地 B
淨化성

672. 우리는 왜 단식하는가. 제2회 전국승려대회에 참가한 승려 중 11월 24일에 있을 대법원 판결에서 비구측에 불리한 판결이 나오면 단식투쟁도 불사하겠다는 의지를 밝힌 문건 (1960.11.23).

우리는 왜 斷食하는가

一. 우리는 大聖釋迦如來의 弟子이다

一. 우리는 末世의 正法을 옹호하자

一. 우리는 異次頓의 血統이다 殉敎로서 末世正法을 守護하자

一. 우리는 西山 泗溟의 後孫이다 混乱에 빠진 이나라를 건져내자

一. 우리는 正信과 大願으로서 民族正氣의 牙城이 되자

一. 「民家들아 속지마라 暴動은 아니다 우리는 한불교로 分裂하지 아니한다」

一. 우리는 殉敎다 우리는 殉敎다 우리는 殉敎다 우리는 殉敎다

一. 「宗敎는 政治와 司法府는 敎淨化를 간섭하지 말라」

一. 「宗敎는 政治와 分難다 司法府는 敎淨化를 간섭하지 말라」

檀紀四二九三年十月二十三日

大韓佛敎曹溪宗 第二回全國僧侶大會

262

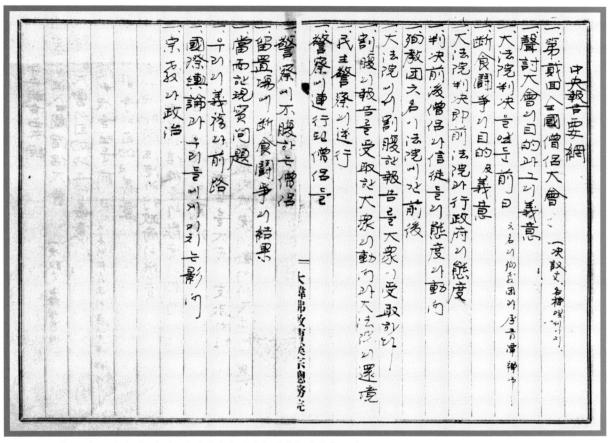

673. 1960년 11월 19일의 제2회 전국승려대회의 진행과 원칙을 정리한 문건.

674. 비구 500여 명이 조계사 대웅전에서 단식에 돌입하면서 필요없다고 버린 가마(솥). 이 가마는 조계사, 선학원, 대각사에서 사용하던 것이다(1960.11.23).

675. 조계사 경내에서 제2회 전국승려대회 준비에 몰두하고 있는 스님들.

676. 선학원 입구에서 안국동 로터리를 향해 가고 있는 비구측 스님들.

677. 안국동 입구에서 시위를 시작하고 있는 비구들(1960.11.19).

678. 조계사 대웅전 앞에서 시위 개요를 듣고 있는 신도들(1960.11.19).

679. 시청 근처를 지나가고 있는 시위대열(1960.11.19).

681. 중앙청을 앞을 걸고 있는 시위대열(1960.11.19).

680. 시위대열에 참가한 신도들(1960.11.19).

683. 전국신도회의 불자들도 시위에 참가하였다(1960.11.19).

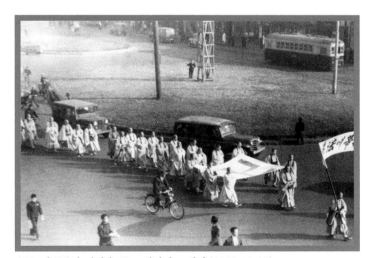

682. 만(卍)자 깃발을 들고 행진하고 있다(1960.11.19).

684. '불법에 대처승 없다' 는 정화표어가 선명하다(1960.11.19).

685. 대법원 앞에 집결하여 결의문을 낭독하는 비구측. 비구측 승려와 신도들은 1960년 11월 24일로 예정된 대법원 판결에 대하여 많은 의구심을 갖고 대법원 청사 앞에서 정화에 대한 입장을 거듭 표명하고 있다(1960.11.19).

686. 서울시내를 행진하고 있는 시위대열(1960.11.19).

——示威——
正法에
生存權死守로
도도한行願
——行進——

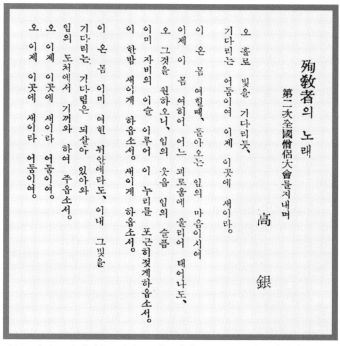

殉敎者의 노래
第二次全國僧侶大會를지내며

高 銀

오 홀로 빛을 기다리듯,
기다리는 어둠이여 이제 이곳에 새이라.

이 온 몸 여힐때, 돌아오는 임의 마음이시여
이제 이 몸 여히어 어느 괴로움에 울리어 태어나도,
오 그것을 원하오니, 임의 웃음 임의 슬픔
이미 자비의 이슬 이루어 이 누리를 포근히젖게하옵소서.
이 한밤 새이게 하옵소서 새이게 하옵소서.

이 온몸 이미 여힌 뒤안에라도, 이내 그빛을
기다리는 기다림은 되살아 있아와
임의 도처에서 가꺼와 하여 주옵소서.
오 이제 이곳에 새이라 어둠이여.
오 이제 이곳에 새이라 어둠이여.

688. 시인 고은의 '순교자의 노래'. 시인 고은(高銀)이 승려대회를 지켜
보며 쓴 시. 당시 고은은 승려로서 「대한불교」에 사설·시 등을 발
표하고, 특히 「피안감성(彼岸感性)」(청우출판사)을 1960년에 출판
하여 큰 반향을 일으켰다.

687. 승려대회의 시위행진을 보도한 「대한불교」 신문의 보도 내용(1960.11.24).

689. 대법원 할복사건. 대법원 판결에 대하여 비구측에서는 대단한 불만을 갖게 되었다. 이에 불교정화에 대한 새로운 정신으로 할복하기 직전의 급박한 상황(1960. 11.24. 좌측의 서 있는 인물이 유월탄스님이다).

690. 비구승이 할복하였다는 소식을 듣고 대법원 구내로 몰려들고 있는 비구측 승려와 신도.

691. 대법원 구내로 몰려 들어오고 있는 비구승들을 경찰이 연행하고 있다.

692. 비구승들의 대법원 난입을 보도한 「동아일보」 기사(1960.11.25). 대법원은 11월 24일, '종헌 등 결의무효에 관한 판결(민상, 제27호)'을 통해 원판결(피고 비구측 승소)을 파기하고 서울고등법원에 환송한다고 판시하였다. 이에 분노한 비구측 승려 400여명이 대법원 판결에 항의하며 대법원 청사에 난입하였다. 당시 대법원 청사에서는 비구측 스님 6명(문성각, 정성우, 유월탄, 권진영, 이도명, 김도헌)이 할복하는 커다란 사건이 일어났다.

693. 대법원에 난입한 스님들이 청량리서에 구속되어 있다.

694. 대법원 난입사건 관련 승려들의 공판 장면.

695. 경찰에 끌려가는 대법원 난입 스님들.

696. 대법원에서 경찰과 대치하고 있는 시위 스님들.

697. 법원구내에서 경찰·법원측과 논쟁하고 있는 스님들.

聲 明 書

지난 11月 24日 大法院의 比丘僧割腹 呼訴事件은 7年間 帶妻衆을 淨化하는 紛爭과 그 裁判으로 苦초를 격은 比丘僧은 이번 大法院 判決이 종결되지 않고 高法으로 환송되여 또 지연 되는 裁判으로 佛敎紛爭이 계속되고 正義가 말살 되는 의분에 못이겨 割腹으로 淨化를 呼訴한 것이다

이 순간 단식을 거듭하여 쇠약한 比丘僧은 돌연 法院에서 割腹하였다는 그 議분에 분발되여 殉敎精神으로 法院에 모여 呼訴한 것이다

이것은 결코 法을 無視하거나 폭행할 난동 데모가 않이었다 어데 까지나 宗敎人으로서 단식 쇠약한 무저항 殉敎精神으로 社會 正義에 呼訴하여 裁判의신속 正當한 判決을 主張하는 呼訴였다

當局은 宗敎人의 法服을 입은 무저항 呼訴를 경찰의 완력으로 마구 구타하여 도리여 난동으로 악화 시켰으며 數十名의 환자를 發生시키고 全員 人身구속을 하였다

當局은 民主的 社會安全을 생각지 않고 法의 獨制性을 아직도 편용하여 宗敎人의 무저항 呼訴를 武力으로 對抗하여 數十名의 부상된 人命과 人身구속 等으로 國際的인 宗敎의 치명상과 社會惡을 빚여낸 行政責任을 저야할것을 全國民앞에 呼訴하는 바이다

698. 대법원 난입사건에 관한 비구측 승려들의 입장을 밝힌 성명서.

우리의 決議

1. 우리는 當局의 非人道的인 行爲로 지난 11月 24日 割腹呼訴하는 僧侶 구타 人身구속 等의 非民主的인 處事를 天下에 呼訴한다

2. 帶妻한 중을 認定하는 세칭 帶妻僧을 淨化 原則에서 決死 反對한다

3. 帶妻한 중이 寺院을 점영 하거나 佛敎의 主導權을 잡겠다는 세칭 帶妻僧 측을 결사 反對한다

4. 帶妻한 중은 이미 佛敎의 戒律에 違脫된 俗人이다 僧侶가 아닌 帶妻衆은 佛敎의 行政을 간섭할 權利가 없다

5. 우리는 民族文化 전통을 빛내는 愛國心에서 佛敎의 淨化완수를 決議한다

大韓佛敎非常事態收拾對策委員會
大 韓 佛 敎 靑 年 會

699. 대법원 난입사건 이후 대한불교청년회 비상사태수습대책위원회의 입장을 개진한 결의문.

700. 박정희 국가재건최고회의 의장의 불교분규에 대한 입장 개진 보도기사(「동아일보」, 1962.1.14). 5·16 이후 박정희는 불교 분규에 대한 자율적인 해결을 수차 요망하였는데, 이 요망이 분규해소에 결정적으로 작용하여, 이후 비구측과 대처측은 수 차례 회의를 거쳐 1962년 4월 드디어 통합종단을 출범시켰다.

701. 비구·대처 양측의 합의로 탄생한 통합종단의 비상종회에서 '비상종회의 회칙'을 검토중인 양측 대표들.

702. 통합종단을 탄생시킨 비 상종회의 대표 명단의 보도기사(「동아일보」, 1962.2.1).

703. 통합종단을 탄생시킨 비 상종회에서 새 종단 간 부를 선출하자 불교분쟁 의 종식을 의미한다고 보도한 「동아일보」 기사 (1962.4.1). 5·16군 부쿠데타 발생 이후, 군 부측의 분규해소의 적극 요청과 자율적으로 해결 치 못하였을 경우에는 국가가 직접 개입하겠다 는 통첩 등에 의하여 대 화를 갖고 자주적으로 문제해결의 방향을 정하 였다. 그는 비구·대처 양측의 대표가 참여한 비상종회에서 모든 문제 를 해소하고, 신 종헌에 의해서 종단을 운영하는 것이었다.

704. 통합종단의 비상종회 개회식에서 의례를 하고 있는 비구측과 대처측.

705. 비구·대처 양측의 대표들(1962.1.22). 이 들은 분규가 일어난 지 8년만에 불교재건위원회 회의를 앞두고 회의절차와 불교 재건공약제정 등의 문제를 상의하기 위해 문교부에서 처음으로 웃음을 띠며 공식적으로 대좌하였다(「동아일보」, 1962.1.23). 좌로부터 이청담, 최원허, 손경산, 이행원(이상 비구측), 이남채, 최성곡, 박승룡, 박대륜(이상 대처측), 박추담스님(비구). 관련기사는 아래의 1962년 1월 23일자 「동아일보」.

706. 비구·대처 분쟁을 종식시킨 불교재건위원회의 첫 모임에서 악수를 하는 비구측과 대처측.

707. '8년만에 화해의 길' 비구·대처 승의 만남을 보도한 「동아일보」 기사(1962.1.23).

708. 통합종단 출범. 1962년 3월 25일, 비구측과 대처측은 수차례 회의 끝에 드디어 새로운 종헌을 제정하여 통합종단을 출범시켰다. 이로써 8년간의 치열했던 양측의 싸움은 종식되었다. 그러나 9월 18일 통합종단의 총무원장인 임석진(대처측 대표)의 '통합종단 무효선언'으로 양측은 다시 분쟁의 소용돌이에서 격돌하게 된다(「대한불교」, 1962.4.1).

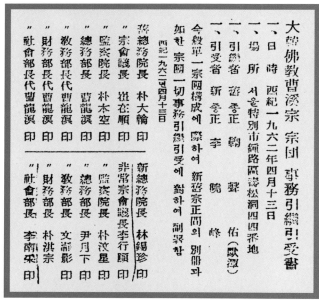

709. 1962년 4월 13일에 거행된 통합종단 사무 인수인계서. 1962년 3월 25일, 양측의 합의하에 새로 출범한 통합종단에 종권(대처측 중심의 총무원에서)을 인수 인계하였음을 말해주는 문건이다. 새로운 종단의 종정에는 이효봉(비구측), 총무원장에는 임석진(대처측), 종회의장에는 이행원, 감찰원장에는 박문성스님 등이었다.

710. 8년만의 통합종단 다시 위기에. 비구·대처측이 다시 결렬되었음을 보도한 「동아일보」(1962.9.21). 당시 대처측은 통합종단의 종회 의원 비율(32:18)에 불만을 갖고 통합종단 이탈을 선언하였다.

711. 임석진 총무원장의 통합종단 무효 성명서(1962.9.18). 이 성명서에서 임석진은 통합종단의 총무원장을 사직하면서 비구·대처
간의 통합을 완전히 부정하였다. 대처측 대표인 임석진은 "8년간 분쟁의 문제점도 해결하지 못한 채 정부와 사회적 요구 등으로
통합에 합의하였으나 실제는 많은 모순을 내포하고 있고, 또 비구측의 전횡으로 결국 결단하게 되었다"고 밝히고 있다. 대처측의
이 통합종단 무효 성명서로 인하여 비구·대처간의 합의하에 이루어진 통합종단은 막을 내리고 다시 치열한 비구, 대처간의 분규
가 전개되었다.

712. 불교계분규에 대한 조지훈의 기고문. '한국불교를 살리는 길'(「동아일보」,
1963.8.13). 조지훈은 비구측의 논리가 정당성을 갖고는 있지만, 무조건 대처
측을 배척할 경우 발생되는 불교의 사회적 문제를 고려해야 한다는 것이 기본
입장이었다. 조지훈은 양측이 타협하되 "정화"와 "통합"의 원칙하에 교단내에
수행승단과 교화승단의 이원화를 제시하였다.

713. 조지훈의 기고문에 대한 이청담스님의 반박 기고문,
'하나의 오해'(「동아일보」, 1963.8.21). 조지훈과 이
청담은 분규에 대한 입장을 갖고 치열한 논쟁을 하였
는데, 이 같은 기고를 한 이후에도 조지훈은 '독선심
의 장벽'의 글로, 이청담스님은 '유문유답'의 글을 각
기 「동아일보」에 기고하였다.

714. 대처측의 중심인물, 박대륜(맨 좌측)과 국묵담스님(중앙).

715. 대처측의 분사기도. 대처승을 차별대우하는 정부 정책에 항의한 대처승의 분사기도(焚死企圖)(「동아일보」, 1963.10.12).

716. 대처측의 사찰·포교사대회(1967.3.31). 이 대회에서 결의된 내용은 비구측과 분종하여 투쟁하겠다는 것이었다(「동아일보」, 1967.4.1). 당시 대처측은 정부가 불교 재산관리법에 의거 대처측을 탄압하는 것으로 인식하였다. 실제 대처측은 불리(不利)한 점이 많았다.

717. 대처측 별도로 종정 선출. 비구·대처 양측은 결국 별도로 종정을 선출하였다. 어쩌면 이것이 조계종과 태고종으로 분종하게 되는 결정적인 신호탄이었다(「동아일보」, 1963.2.27).

718. 대처측은 통합종단 성립 이후 대처측이 관할하는 사찰이 축소되자 잔여 사찰에 대한 관리권을 대폭 강화하였다. 이로 인해 그 대상 사찰에서는 비구측과 치열한 대립이 있었는데, 내장사도 그중의 하나였다(「동아일보」, 1967.6.30).

719. 분종의 길. 비구·대처 양측은 대화와 타협을 갖지 못하고 결국 각기 독자적인 길로 가기 위한 수순을 밟는다(「동아일보」, 1967.5.26).

720. 통합종단이 무산(1962.9.18)된 다음해인 1963년 5월 29일, 조계사내 총무원 회의실에서 개최된 승려모임. 이 모임은 이선근 문교부장관이 대처측의 기득권을 옹호할 것이라고 생각한 비구측 승려들이 궐기대회를 준비하기 위한 모임이었다.

721. 이운허, 채벽암 등 40여명 중진 승려는 1969년 9월 1일 전국 비구승대회를 열어 종단의 문제를 해결하고자 하였다. 사진은 전국승려대회 준비위원회 기념촬영(1969.8.11, 범어사). 이 모임은 이청담이 조계종 탈퇴를 선언하면서 불거진 종단 내의 갈등을 해소하기 위한 목적으로 개최되었다.

722. 이청담스님의 조계종 탈퇴성명으로 종단이 다시 흔들리자, 조계종은 제21회 비상종회를 소집하였다. 이 사진은 종회에 앞서 비밀회의가 열리는 동안 그 결과를 초조하게 기다리는 군중들(1969.9). 당시 종단은 선학원파, 통도사파 등 서서히 문중간의 갈등이 싹트기 시작하였다.

278

723. 이청담스님의 조계종 탈퇴 (1969.8.12). 이청담스님은 비구측의 정화를 실질적으로 주도한 인물이었다. 청담스님의 탈종 성명은 불교계 내외에 커다란 반향을 불러 일으켰다 (「대한불교」 신문, 1969.8.17 일자). 청담스님은 탈퇴성명서에서 "과거 대처승과 싸울 때에는 명분이나 섰지만, 정화 이후 비구 승단은 권모술수와 문중파벌, 종권싸움, 승려의 수행과 승풍이 무너져 무법천지가 되고 있기 때문에 탈퇴하여 새로운 불교운동에 여생을 보낼 것이다"고 밝히고 있다.

724. 비구·대처 양측의 화동약정서(1965.3). 1962년 통합종단이 결렬된 이후에도 비구·대처간의 대화는 지속되었다. 비구·대처측의 통합과 화해를 주도한 승려나 그 결과로 비구측 종단에 편입된 승려들을 화동파(和同派)라 지칭하였다.

725. 1967년 5월, 전국불교도대표자 대회(시민회관). 대처측이 개최한 집회로 대처측 주도의 종단재건을 결의하였다.

726. 법주사를 방문한 윤보선 대통령(1961). 앞줄 오른쪽에서 네번째가 윤보선 대통령이고 다섯번째가 법주사 주지 추담스님이다.

727. 전국신도회. 1955년 9월 13일에 창립된 대한불교 조계종 신도회. 사진은 제10차 대의원대회(1969.4) 모습.

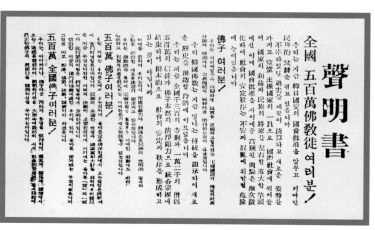

728. 한일국교정상화에 즈음하여 나타난 사회혼란에 대한 불교계의 입장을 밝힌 성명서. 당시 총무원장 김법룡과 신도회장인 김상봉의 공동 입장을 개진한 것이다(「대한불교」100호, 1965.7.11).

729. 비구·대처측의 화동회합 장면(중국음식집 아서원에서, 1967.2.6).

731. 비구·대처측의 상징인물 이청담스님(우)과 박대륜스님(좌)의 회동을 보도한 「대한불교」 기사(1969.12.4). 이청담스님과 박대륜스님은 태고종 등록 이전에 분규해소를 통한 최후의 담판을 가졌으나, 끝내 성사시키지는 못하였다.

730. 1969년 11월 18일, 서울 신흥사에서 분규해소를 위해 회담하고 있는 비구·대처측의 중견 승려들(좌측 맨 앞에서부터 기원, 남채, 경우, 정암, 진경, 원종, 일파, 법안스님).

732. 대처측의 종단 간부 및 서울, 경기지역 교직자 대회(대처측)(1967.5.25). 대처측은 이 대회에서 비구·대처를 조속히 분종할 것 등 4개항목의 대정부 건의문을 채택하였다.

733. 대처측의 종권수호위원 및 각도 종무원장의 연석회의.

734. 1969년 3월 26일, 시민회관에서 개최된 종권수호 전국불교도대회 겸 제8차 전국대의원대회(대처측). 종권수호의 성격을 띤 이 대회에서 대처측은 1962년의 통합종단을 백지화하고 비구·대처승의 분리를 공식적으로 선언하였다.

735. 대처측의 불교도대회. 1967년 2월 27일 서울시민회관에서 개최된 한국불교교도회 제7차 전국대의원대회에서 대처측은 조계종으로부터의 탈종을 공식적으로 선언하였다. 대처측이 조계종에서 탈퇴하여 등록 출범됨으로써 1954년부터 시작된 비구·대처간의 치열했던 분쟁은 공식적으로는 종식되었다. 이후에도 사찰별로 간헐적인 분쟁은 계속되었으나 표면상으로 드러난 커다란 분쟁은 없었다.

736. 동국대 제1회 종비생 졸업기념(1966.2.26). 두번째 줄 중앙이 1회 종비생의 한 사람인 월탄스님, 좌측이 현해스님, 우측이 혜성스님.
앞줄 좌로부터 성수, 서운, 청담, 벽안, 행원스님.

737. 대한불교청년회. 대한불교청년회의 전신은 1920년대 중앙학림학생들
이 모여서 만든 조선불교청년회로서 대한불교청년회로 이름을 바꾸어
정식으로 문공부에 등록한 것은 1962년 6월 20일이다. 사진은 대한불
교청년회로 이름을 바꾼뒤 제8차 전국대의원대회(1969.12.13) 모습.

738. 대한불교신문사 주최 세미나. '한국불교의 나갈 길'의 발표 장면
(1969.9).

739. 출가 경험이 있는 재가 불자들의 모임인 유마회 창립(1968.7.27). 80명이 참석한 가운데 회장에 박완일, 상임부회장 최인호(唯心) 등이 선출되었다 (「대한불교」신문, 1968.8.4).

740. 불교계에서 주관한 해외국기보내기운동본부에서 내건 플래카드(1967.2).

742. 불교계가 경영하였던 해인학원(해인대학, 해인중, 해인고)에 대한 관선이사 임명 부당성을 보도한 기사. 1967년 12월 22일부터 해인대학은 불교계의 관리에서 이탈되었다.

741. 한국대학생불교연합회(약칭 대불련) 창립식(동국대, 1963.9.22). 불교 대중화에 기여를 한 대불련의 창립은 이청담, 박추담, 이한상 등의 후원으로 가능하였다. 사진은 창립식에서 인사말을 하고 있는 초대회장 신호철씨.

743. 파월장병의 무운장구를 기원하는 법회(1966.7.3).

744. 1967년 정화 이후 해인총림이 설치된 후 비구계 수계 기념촬영(1967년 음력 10월 21일). 앞줄 중앙이 성철스님, 우측으로 고암스님, 자운스님, 지월스님, 일타스님 등이 보인다.

745. 1967년 해인총림이 설치된 후 첫 동안거 기념촬영.

746. 대한불교신문사 간판
(명동 2가 104번지,
철강빌딩).

749. 근대불교100년사 편찬 지도위원회(1966.5). 이한상 씨의
원력으로 삼보학회가 설립되어 「한국불교최근백년사」자
료집을 정리하여 프린트 판(전4권)으로 출간하였다. 근세
불교연구의 귀중한 이책의 편찬 정리는 주로 정광호, 서경
수, 박성배, 안진오(安晋吾) 등이 담당하였다.

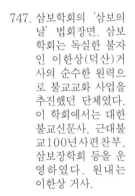

747. 삼보학회의 '삼보의
날' 법회장면. 삼보
학회는 독실한 불자
인 이한상(덕산)거
사의 순수한 원력으
로 불교교화 사업을
추진했던 단체였다.
이 학회에서는 대한
불교신문사, 근대불
교100년사편찬부,
삼보장학회 등을 운
영하였다. 원내는
이한상 거사.

750. 삼보장학회에서 주관한 장학생 선발시험.

748. 삼보장학생 수혜자들은
봉은사에서 기숙하며 수
련생활을 하면서 공부하
였다. 맨앞의 중앙이 고
광덕스님이다.

751. 삼보장학금 수혜자 모임인 삼보연수회 창립총회(봉은사).
당시 회장은 목철우(목정배)였다.

752. 1963년의 불탄절을 공휴일로 제정하기 위한 교단 차원의 노력을 정리한 보도기사. 1963년 1월, 4월 초파일을 공휴일로 지정해 달라는 불교계의 요청을 당시 문교부장관이 거부하는 회신이 오자, 그 즉시 조계종단은 불탄절(佛誕節) 공휴일 제정 추진 범국민운동을 전개하였다.

753. 1963년 사월초파일, 동국대 기숙사인 기원학사(구, 유신고속자리) 앞의 학생들(좌측이 목정배). 우측 입구에 씌여진 '부처님 오신날'이 이채로운데, 해방 이후에는 부처님 오신날을 보통 불탄절 혹은 석탄절로 불렀다. 그런데 목정배 교수의 회고에 의하면 1963년 초파일 행사를 맞이하여 그의 제의에 의해 처음으로 '부처님 오신날'이라고 명명하였다고 한다. 그리고 이 사진의 '부처님' 글씨는 김인덕 교수가 쓴 것이다.

754. 대한불교조계종유신재건안(1969). 이 재건안은 이종익이 조계종단을 유신하기 위한 제반 분야 즉 종지, 종조, 교육, 교화 등의 문제점과 그 대안을 제시한 문건이다. 이종익은 해방공간 불교혁신의 일선에서 활약하였으며, 정화불사시에는 비구측의 논리와 방안에 대하여 큰 조언을 주었다. 그러나 정화의 결과가 교단과 승려의 쇠약, 모순, 부패 등으로 나아가자 이 같은 재건안을 만든 것이다. 이 재건안은 이청담이 조계종 탈퇴의 명분으로 삼았던 조계종 혁신 내용이었다.

755. 우담바라회에서 비구니 총림
을 건립한다는 내용을 보도한
대한불교의 기사(「대한불교」,
1969.9.14).

757. 대한불교사에서 1965년 2월의 동안거 해제에 즈음하여 전국 선지
식과 납자들에게 물은 해제 설문(질문).

756. 불국사 복원이 완료(1969.11.14)되었다(「대한불
교」, 1969.11.28).

758. 불교분규를 풍자한 삽화(「동아일보」, 1963.1.17).

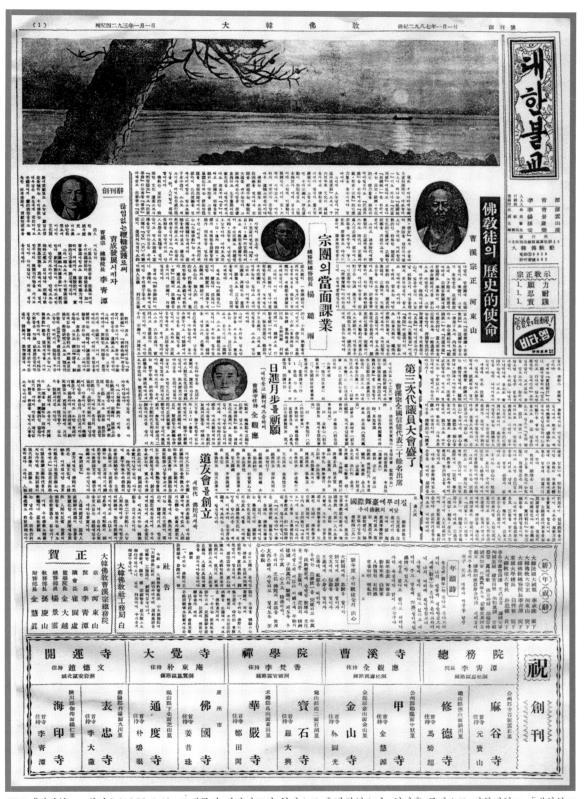

759. 「대한불교」 창간호(1960.1.1). 조계종의 기관지로서 월간으로 출발하였으나, 얼마후 주간으로 전환되었고, 「대한불교신문」으로 제호가 변경되었다가 다시 환원되었다. 현재 「불교신문」의 전신이다.

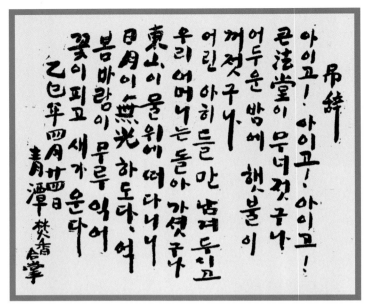

760. 하동산스님이 입적하였을 때 읊은 청담스님의 조사(1965.4.24).

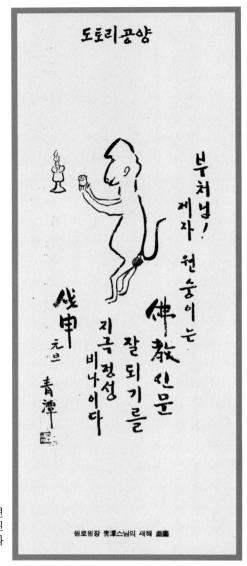

761. 청담스님이 1968년 새해를 맞이하여 그린 「불교신문」 축하 희화(戱畵)(1968.1.11).

【眞言不出口】
本紙 紙齡 200號 기념휘호
呑 虛

762. 탄허스님의 「대한불교」 200호 기념 휘호(1967.6.11).

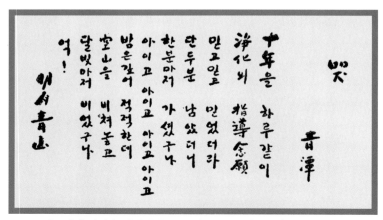

763. 효봉스님의 입적을 맞이하여 읊은 청담스님의 '곡(哭)'(「대한불교」 166호, 1966.10.16).

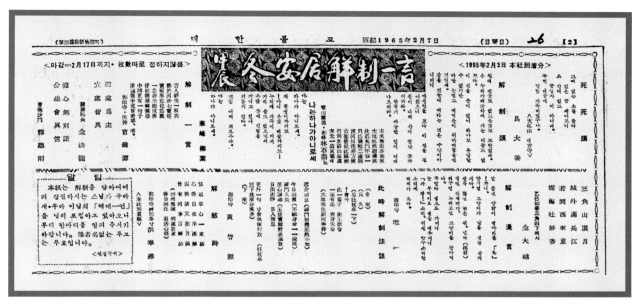

764. 동안거 해제 법거량. 대한불교신문사가 1965년 2월, 동안거 해제에 즈음하여 납자, 우바새, 우바이들에게 해제일언(解制一言)을 요청하자 이에 응모한 해제 법거량(「대한불교」, 1965.2.7).

765. 동안거 해제 법거량. 대한불교신문사가 동안거 해제에 즈음하여 설문한 것에 대한 답안(「대한불교」 1965.2.28). 특별기고한 '해인사 퇴설(堆雪)'은 일타스님이다.

766. 동국역경원 개원. 역경원은 1964년 7월 21일 개원하여 1966년부터 정부의 보조를 받아 한글대장경을 간행하기 시작하였다. 그러나 정부의 보조가 원활하지 못하여 1970년 초에 가서는 결국 중단되고 말았다. 그후 최근(1994년)에 다시 정부보조가 재개되어 현재까지 발간된 책은 모두 283권이다. 2000년 30권이 추가로 간행되면 한글대장경 불사는 총313권으로 '유종의 미'를 거두게 된다. 초대 역경원장은 운허스님이고, 지금은 그 제자 월운스님이 정진하고 있다.

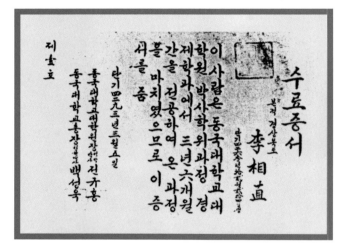

767. 동국대 최초의 박사학위 과정 수료 증서 제1호.(1960.3.5).

768. 역경원에서 발행한 한글대장경의 일부.

769. 1963~4년경의 동국대학과 재단 임원들. 이청담, 김법린, 손경산, 이행원스님 등이 보인다. 김법린 총장은 1963년 7월 20일에 동국대 제4대 총장에 취임하였으나, 과로로 인하여 1964년 3월 14일 별세하였다.

770. 「우리말 팔만대장경」의 편집회의 장면(1962.10). 「우리말 팔만대장경」은 대한불교청년회에서 1962년 4월부터
추진해 1963년 6월에 출간되었다. 이운허의 지도와 김달진, 이종익, 박법정 3인이 편집·교정을 담당하였다(관
련사진 778 참조).

771. 불교근대화를 위한 심포지엄, '오늘을 사는 승가'라는 주제하의
발표(1968.5.2).

772. 용주사에서 개최된 역경위원회 간담회(1965.10.17). 역경위원은
이운허, 김탄허, 조지훈, 서정주, 우정상, 홍정식 등 15명이었다.

773. 조계종 종전의 편찬 진행 내용을 보도한 「대한불교」기사(1968.11.10).

774. 삼보학회 산하로 운영된 '한국근대불교 100년사 편찬부' 신설을 알리는 공고문. 이 편찬부에서는
1865년부터 1965년까지 불교사 정리, 복원을 위한 편찬사업을 추진하였다(「대한불교」,
1965.12.12일자). 편찬부는 1965년 10월부터 작업에 들어가 자료수집·분류·정리 등을 거쳐
근대불교 100년사 편찬작업에 임하였다. 그러나 편찬사업은 당초 목적한 바를 이루지 못하고
1969년경 편찬부는 해체되었다.

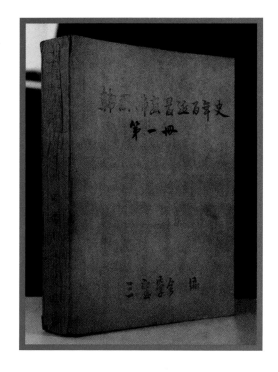

775. 삼보학회에서 편찬한 「한국불교최근백년사」의 제1책.
삼보학회를 주도하였던 이한상의 절대적인 후원으로 시
작된 이 불교최근백년사편찬사업은 1965년 10월경부터
편찬부를 조직하면서 본격화 되었다. 편찬부는 이를 위
해 전국적인 자료 수집을 하고, 그를 토대로 사업을 진
행하였다. 당초에는 역사 서술을 목표로 시작되었으나,
현실적인 난관 등으로 인해 자료집 성격으로 전환되었
다. 편찬작업은 1단계로 개항부터 1930년까지를 대상
으로 설정하였는바, 1968년 7월경에는 작업을 완료하
였다. 이 1차 대상의 성과물은 100여부를 등사(가리
방)·제본하여 전문가, 사찰, 유관기관에 배포하였다.
그후 2차 작업인 1930~1960년대의 작업도 편찬을 완
료하고 그 원고에 의한 자문회의도 가졌으나 불교계에
배포되지는 않았다. 그후 이 사업을 주도하던 이한상이
일신상 미국으로 이주하면서 백년사의 편찬은 완성되지
못하였다. 그후 1980년대에 들어와 그 1차 대상분을 민
족사에서 영인·판매하면서 더욱 널리 알려졌다.

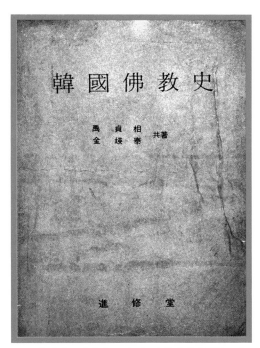

776. 우정상·김영태 교수가 간행한 「한국불교사」
　　(1968). 해방후 최초로 간행된 한국불교사 개
　　론서로서 대학교재로 이용되었다.

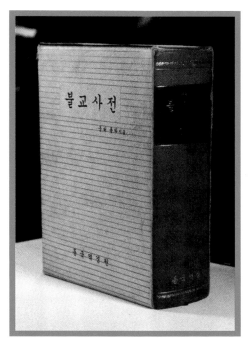

777. 이운허스님의 「불교사전」. 이운허스님이 정
　　열을 기울여 간행한(1961.5) 이 사전은 우리
　　나라 최초의 불교사전이다.

778. 「우리말 팔만대장경」. 대한불교청년회 성전편
　　찬위원회에서 간행한 「우리말 팔만대장경」
　　(1963.6.8 법통사刊)은 「불교성전」(역경원)이
　　만들어지기 이전 대중불자들을 위하여 만들어
　　진 것으로 편찬위원으로서는 권상로, 이운허,
　　김동화, 김달진, 김탄허, 조명기 등 모두 23명
　　이었다(관련기사 770 참조).

779. 김일엽의 수필집 「청춘을 불사르고」. 여류문
　　인으로 이름을 떨친 김일엽스님의 인생회고
　　록의 성격을 띤 이 책은 1962년 문선각에서
　　출판되었다. 김일엽스님은 수덕사에 수행하
　　며 수많은 사람들의 심금을 울린 주옥 같은
　　글을 발표하였다.

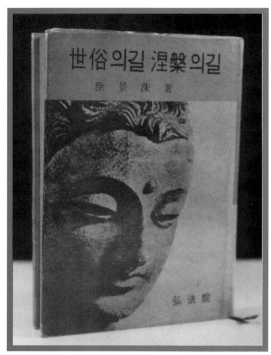

780. 서경수 교수의 수필집, 「세속의 길 열반의 길」(圓音閣, 1966). 불교의 진리를 차분한 필치로 묘사하여, 당시 불자들의 큰 호응을 받았다. 사진은 홍법원에서 재발행된 책이다.

781. 이홍주(李洪舟)스님의 자전적 소설, 「하산」(교육문교사, 1967.6.15). 구도자의 이상과 현실적 고뇌를 담은 소설인데, 이 작자가 돌연 판문점 근처 비무장지대에서 지뢰를 밟고 사망하였다. 이에 당국은 이홍주가 월북하려다가 사고로 사망한 것으로 추정하여, 평소 거주하던 사찰과 승려들을 수색·조사하였다(사진은 1994년 불지사 재간본임).

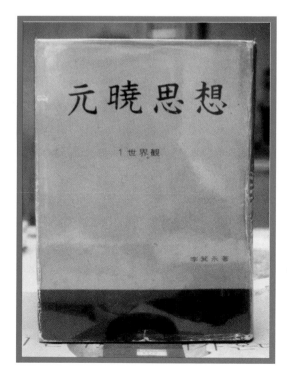

782. 이기영 교수의 「원효사상」. 원효의 대표적 저술 「대승기신론소별기」를 현대적으로 현토 역주, 해설한 책으로써 당시 많은 학인들에게 큰 도움을 주었다. 특히 그의 해박한 해설과 의역(意譯)은 한문불전을 보는 안목과 시각을 새롭게 하였다. 이 책은 1967년 9월 원음각에서 발행되었다.

783. 1965년 4월 사단법인 법시사에서 간행한 불교
교양잡지 「법시」 제1호. 「법시」는 1991년 10월
에 통권 272호로 종간되었다.

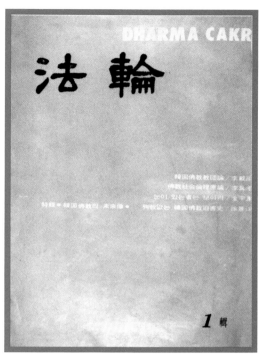

784. 불교 대중잡지 「법륜」 제1집. 1968년 2월 전국신
도회에서 발행한 「법륜」(발행인은 김판석)은
1993년 6월에 통권 291호로 종간되었다.

785. 「석림」 창간호. 1968년 7월에 창간된 「석림」은
동국대 석림회(백상원)에서 발행하였으며 1998
년까지 총32호가 발행되었다.

786. 「견성」 창간호. 이 잡지는 언제 몇호로 종간되었는
지 알 수 없다. 창간호만 발행하고 그만 둔듯하다.

787. 불교사상연구회에서 펴낸 월간잡지, 「불교생활」
    창간호. 발행인은 황성기였다. 「불교생활」은 불
    교의 현대화, 대중화, 생활화를 내세웠던 불교사
    상연구회의 기관지로 간행되었다. 1964년 12월
    창간, 1965년 9월 통권 7호로 종간.

788. 1963년 동국대 불교문화연구소에서 간행한 논
    문집 「불교학보」 창간 제1집. 1998년 8월까지
    35집이 나왔으며 매년 1집씩 발행되고 있는 「불
    교학보」는 불교학계 최고의 학술지이다.

789. 1966년 3월에 법화종 총무원에서 발행한 잡지
    「백련」 창간호. 1966년 5월 통권 3호로 종간.

790. 대처측의 박대륜이 발행인으로 발간한 「불교계」
    창간호(1967.7). 대처측의 논리와 자료가 다수
    전하고 있어 사료적 가치가 높은 잡지로서 1970
    년 3월 통권 29호로 종간되었다.

791. 통합종단의 초대 종정을 역임한 이효봉스님. 정화 당시에는 "큰집이 무너지려 하니 여럿의 힘으로 붙들어라"고 하며, 정화를 일선에서 후원하였다.

792. 조계종 종정을 역임한 하동산. 동산스님은 정화불 사의 주역이었는데, 송만암이 종조문제로 비구측 과 거리를 두자 하동산은 1954년 11월 종정에 추 대되었다.

793. 정화불사를 최일선에서 진두지휘한 이청담. 청담 스님은 인욕보살로 불리웠고 특히 마음 법문을 많이 한 것으로 유명하다. 조계종의 종정과 총무 원장을 역임하였다.

794. 초창기 정화불사를 주도한 정금오. 정금오스님은 정화추진본부의 발기와 추진에 실질적인 활동을 다하였으며, 조계종의 부종정을 역임하였다.

795. 불경 번역에 진력한 이운허. 이운허스님은 해방 이전에는 독립운동에 투신하였지만 1960~70년대에는 불교교육 및 역경에 전념하여 불교대중화의 기초를 제공하였다.

796. 비구·대처간의 갈등 대립시 대처측을 실질적으로 주도한 박대륜스님.

797. 태고종 종정을 역임한 국묵담. 묵담스님은 청정율사로서 교학에도 밝았다.

798. 동국대 교수 및 동대 총장을 역임한 불교학자 조명기.

799. 불교학자 김잉석. 김잉석은 동국대 교수를 역임하면서 「화엄학 개론」, 「승랑연구」 등 다양한 연구를 하였다.

800. 다양한 불교사업과 삼보학회를 설립 주도한 이한상. 이한상은 개인 사업을 하면서도 불교대중화 및 사회사업에 큰 기여를 하였다. 대한불교신문사, 삼보장학회, 한국불교최근백년사편찬부 등은 모두 그의 주관아래 운영되었다.

1970년대

1970년대 ●●●●●●●●●●●●●●●●●●●●●●●●●●●●

비구·대처간의 치열한 갈등을 노정한 정화(분규)는 1970년 5월 태고종의 등록으로 일단락되었다. 그러나 불교계의 고질적인 분규는 내부로 잠복한 것이었다. 그리고 그것은 각 종단간의 선의의 경쟁을 의미하는 것 이었다.

이에 그 명분과 논리는 불교현대화로 지칭되었다. 포교, 역경, 교육 등 각 분야의 활동을 일신하려는 다각 적인 고민과 행보가 시작되었다. 이서옹 종정이 표방한 불교중흥을 위한 유신선언이 그것을 말해주고 있다. 그러나 그를 추진하기 위해서는 우선 각 종단 내부의 안정이 급선무였으나, 제반 상황은 그렇지 못하였다.

조계종단은 불교현대화를 종단의 3대지표로 정하였지만 그 이행에 있어서는 문제점이 적지 않았다. 문제 는 현대화 추진세력의 문제였거니와, 달리 말하자면 교단 주체세력을 말한다. 그것은 종정중심제와 총무원 장중심제의 갈등으로도 표출되었다. 이청담의 입적 후 두드러진 갈등은 윤고암 종정과 손경산 총무원장 사 이에서 확연하게 나타났다. 종권수호회, 종회기능 유보, 전국교구본사주지협의회 등은 당시 그 정황을 단적 으로 말해주는 것이다.

이후 그 갈등은 이서옹 종정의 취임 이후에는 더욱 드세어졌다. 이서옹 종정은 실질적인 권한을 행사하려 고 한 반면 재야 주지층은 총무원장 중심의 종단 운영을 선호하였다. 그 와중에서 총무원에 김대심이라는 폭 력배가 난입하는 사건이 일어나 세인의 이목을 집중시키기도 하였다. 종단운영 방법을 놓고 시작된 갈등은 점차 종권 장악 및 주도권 다툼의 성격으로 변질되었다.

그것이 이른바 조계사파와 개운사파로 대별된 분권 구도를 말한다. 당시 양측은 자기의 논리와 정통성을 확보하기 위해 속세의 법에 기대었다. 일진일퇴(一進一退)하는 재판의 판결에 의해 불교계는 일희일비(一喜一悲) 하는 슬픈 지경에 처하였다. 이에 당시 정부, 교계원로, 신도 등 다양한 인물들이 양측에 중재와 화합을 권유 했으나 소기의 성과를 거두지 못하였다. 이는 근본적으로 불교의 명예와 위상을 저버린 반불교적인 행태들 이었다.

한편 그 즈음에 나타난 현상중에는 민중불교론의 등장이 주목된다. 1976년 전주 송광사에서 개최된 대불 련대회에서 민중불교론과 관련있는 논문이 발표되었다. 특히 전재성의 민중불교론은 한용운의 민중불교 논 리를 차용하여 피지배층인 민중을 위한 불교를 강조하였다.

그리고 그 당시에는 호국불교의 논리가 불교계 내외에서 왕성하게 개진되었다. 이는 1950년대 이래 불교 계에 자연스럽게 수용된 산물로 보인다. 이승만, 박정희 정권 자체가 반공을 최우선적인 정권의 명분으로 내 세웠기에 당시 사회의 흐름이 그와 무관할 수는 없는 것이었다. 특히 불교계는 사찰령의 유습과 불교재산관 리법의 등장으로 인하여 정권에 예속된 정황이 다수 노출되었다.

더욱이 조계종단은 불교정화를 비구측 중심으로 성사시켜준 정권에 대한 우호논리가 개재되었기에 호국불 교의 득세는 당연한 것으로 이해되었다. 따라서 정권에 우호적인 여러 조치가 뒤따랐던 것이다. 반공궐기대 회, 호국승군단 조직, 북한 규탄대회 동참, 유신헌법 지지 등은 그 단적인 실례이었다.

이처럼 교단 주변에서는 명리추구와 종단 주도권을 둘러싼 갈등이 노정되고 실질적인 불교현대화는 추구 되지 않았다. 그러나 종단 외곽에서는 석가탄신일 공휴일 지정, 불교성전 편찬, 불교잡지 발간, 대한불교진 흥원 발족 등 다양한 사업이 구체화되었다. 이러한 제반 사업은 불교현대화를 위한 기초 작업이었다는 점에 서 특기할 내용들이었다.

帶妻側宗團 정식認定

文公部,「太古」등록接受

佛教紛爭에 새 局面

比丘側 無效化투쟁 별러

801. 대처측 종단인 태고종이 문공부로부터 정식 승인되었음을 전한 보도기사(「동아일보」, 1970.5.12). 대처측은 5월 8일 문공부에 등록을 접수하였는데 종정은 박대륜이었다.

文公部…登錄수리

帶妻僧宗團을 合法化

佛敎紛爭 再燃할듯

802. 태고종이 합법화되었음을 전하는 보도기사(「중앙일보」, 1970.5.9). 대처측의 새로운 종단인 태고종이 등록, 수리(1970.5.9)됨으로써 태고종은 조계종에서 분리되어 공식적인 새로운 종단으로 출범하였다. 이로써 16년간의 길고도 긴 분쟁은 공식적인 '종언'을 고하였다. 비구측(조계종)에서는 '무효화 투쟁'을 벌이겠다는 뜻을 밝혔으나 본격적인 투쟁이 이루어지지는 않았다. 대처측은 이미 1970년 4월 16일 제9차 전국 대의원대회에서 독자노선을 선언하였다.

803. 이청담스님 다시 총무원장에 취임. 이청담스님이 총무원장에 오르게 된 전후 사정을 보도한 「동아일보」 기사 (1970.7.20). 종정까지 역임한 청담스님은 불교정화 과정에 나타난 수많은 문제점과 종단개혁을 직접 주도하기 위하여 총무원장직을 수락한 것으로 알려지고 있다.

804. 우리나라 불교는 바로 서 있는가. 정화가 마무리되자 이번에는 조계종 내분이 일어나기 시작했다. 종권 싸움에 지나지 않는 내분이 계속되자 조계종 전국신도회에서 '우리나라 불교는 바로 서 있는가'라는 주제로 세미나를 개최하였다. 이 세미나는 1970년 7월 24일 타워호텔에서 개최되었는데 주제발표자는 「동아일보」 논설위원 안재준(安在準)이었고, 토론자는 이청담·홍정식·이병주 등이었다.

805. 조계종 기획위원회 첫회의 장면. 조계종은
종무회의에서 제의한 기획위원 25명을 위촉
하였다(1971.4). 이 장면은 그 첫회의이다.
위원장은 이청담스님이었으며, 매월 2주째
수요일에 정기모임을 갖기로 하였다.

宗團의 총화와 秩序 확립위해

中央宗會 기능잠정적으로 留保

宗正古岩大宗師談話 "全宗徒 맡은 職分에 충실"

806. 윤고암 종정(제4대)의 종회기능 유보담화(1973.12).
태고종의 등록으로 대처측과의 갈등이 없어진 후 조계
종단에는 종권 다툼, 문중간의 갈등 등 갖가지 갈등이
끊임없이 계속되고 있었다. 특히 이청담이 1971년 11
월 15일 입적한 이후부터는 종권을 둘러싼 분규는 더욱
심화되었다. 당시 세간에서는 청담스님의 입적에도 종
권의 갈등이 개재되었다는 소문이 분분하였다.

流會로 끝난 48회宗會…방청객 만원

807. 종회의 유회장면(1977.9). 종회의 유회는 옛날이나 지금이나 불교계
의 한 단면이다.

808. 윤고암 종정이 승단정화를 목적으로 중앙종회의 기능을 유보
시킨 내용을 보도한 「대한불교」 기사(1973.12.16). 윤고암
종정은 '승단정화를 위한 불가피한 조치'라고 설명하였지만
그 이면에는 총무원 사회부국장의 해임건으로 돌출된 종정과
총무원 행정실무자간의 대립이 있었다.

809. 윤고암 종정이 종단사태에 책임을 통감하고 종정을 사임한
다는 내용을 보도한 「대한불교」 기사(1974.7.28). 윤고암
종정이 사퇴하고, 그 후임에 이서옹스님이 취임하였다. 그런
데 윤고암의 종정사임에는 1974년 초반부터 가시화된 총무
원 집행부와 종권수호회의 갈등이 내재하였다. 종단 비판세
력인 종권수호회(오녹원)는 당시 불거진 불국사 주지 분규
와 동국대 관선이사 취임 등 종단의 운영이 문제시 되자
1974년 7월 16일 전국승려대표자대회(대회장 윤월하)를
개최하여 당시 집행부를 압박하였다.

810. 승려를 가장한 폭력배 김대심(김병학 등)에 의하여 종정
및 종단 간부들이 피습을 당한 충격적인 사실을 보도한
「대한불교」 기사(1976.1.4). 1975년 12월 23일, 폭력배
들은 총무원을 급습하여 종정, 총무원장, 종무원 등에게
폭력을 행사하고 금품을 강탈하였다. 당시 이서옹 종정은
종정중심제로 종헌개정을 통하여 종무를 주관하려고 하였
는데, 이 사태로 인해 위상에 손상을 입게 되었다.

811. 이서옹 종정의 종회해산 발표(1977.11). 1970년대 중반 이후에는 교단의 운영권을 둘러싸고 종정과 총무원 장 혹은 종회간의 갈등, 대립이 심각하였다. 불법(佛法)으로는 해결이 불가능했던지 결국 속세의 법으로 해결 하기 위하여 소송하는 사태까지 일어났다.

긴급 명령 제1호 공고

종단 정상화를위한 7월31일 공동 성명을 계기로 세속적 시비를 지양하고 출세간적 차원 에서 종단 불화의 모든 문제점을 이해와 설득, 그리고 화합을 통하여 원만히 해결하려고 최 선을 다하여 시도한바 있으나 지난 9월5일 선거관리위원회 단독명의로 선거를 실시한바 원만한 총선거가 실시되지 못하고 양분된 실정임으로 또다시 불화의 원점으로 되돌아갈 우 려가 농후할뿐 아니라 국민 총화로 국가안보를 다짐하는 이 시점에서 호국불교의 빛나는 전 통을 지닌 종단에 기대한 국민과 전사부대중의 소망을 더 이상 외면할수 없으므로, 만부득이 별첨과 같이 긴급 명령 제1호를 발하여 비상종회를 구성하는 바이다.

1978년 9월 6일

대 한 불 교 조 계 종
종정직무대행 윤 고 암

812. 종정의 긴급 명령 제1호 공고문(1978.9). 조계종 제4대 종정을 역임한 윤고암스님이 1978년 7월 31일 다시 종정 직무대행을 맡아 조계종 내분을 종식시키기 위하여 긴급 명령 제1호를 발표 하였다. 1970년대 중반, 교단분규는 종정과 총무원 실무자간의 대립으로 시작되었다. 이 대립은 점차 집행부와 종권수호회의 대 결구도로 전개되었다. 이 와중에 중도적인 인물로 보였던 이서옹 을 종정으로 추대하였다. 그러나 이서옹은 예상과 달리 종정 중 심제의 교정을 추진하자, 그에 반발한 종회에 기반을 둔 세력과 끊이지 않는 대결이 있었다.

813. 화계사에서 열린 전국수좌대회(1977.10). 조계종 반종회파의 승려들이 해인사에서 임시중앙종회를 갖고 이서옹 종정 불신임 을 결의하며 분규가 재연되자 이를 우려한 수좌들의 모임.

「紛糾2年」… 宗徒들은 방황한다

名分없는 싸움에 厭症… 허탈느껴

"1千6百年 法統 먹칠"

"마지막 期待" 總選마저 깨서야

紛糾해결을 기대한다 2年간의 종단분규는 많은 종도들의 僧團에 대한 기대를 점차 잃게하고있다. 和合을 근원으로 하는 僧團인지라 종도들은 六和정신에 입각한 「和合」을 기대하고있지만 요원하기만하다. 사진은 분규해결의 「키」(?)를 쥐고있다고 볼수있는 스님들이 자리를 함께한모습을. 〈모출판기념회에서 金海南기자 찍음〉

814. 조계종 분규에 대한 종도들의 분노와 허탈을 보도한 「대한불교」 803호(1979.9.23). 당시 조계종은 종정과 총무원장의 권한을 둘러싸고 이견이 팽팽하였으며, 그 지지세력들은 각기 조계사(조계사 총무원)와 개운사(개운사 총무원)로 양분되어 치열한 논쟁을 전개하였다. 당시 조계사측은 윤고암, 임원광, 손경산 등이였으며 개운사측은 채벽암, 윤월하, 송월주, 유월탄 등이였다. 양측은 종권을 둘러싸고 법원에 정당성 확보를 위한 소송을 수차례 제기하였다. 그리하여 그 당시 불교계를 풍자하여 '가처분 시대' 라고도 하였다.

815. 분규의 양대세력인 총무원측과 개운사측의 분규 합의를 보도한 「대한불교」 기사(1979.10.28). 이 합의는 개운사측이 서울고 등법원에 종정 직무 대행자 가처분집행취소신청으로 이루어졌으며, 그 합의에는 문공부의 주선·개입이 작용하였다.

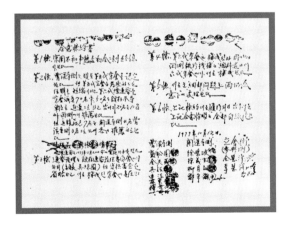

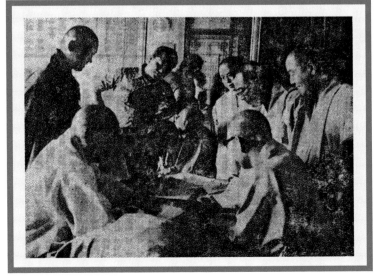

816. 조계사 총무원측과 개운사측의 분규해소를 위한 합의서 서명 순간과 그 내용, 그리고 이를 서명한 명단(1979.10.12). 그러나 이 합의도 1979년 12월에 가서는 무산되었다.

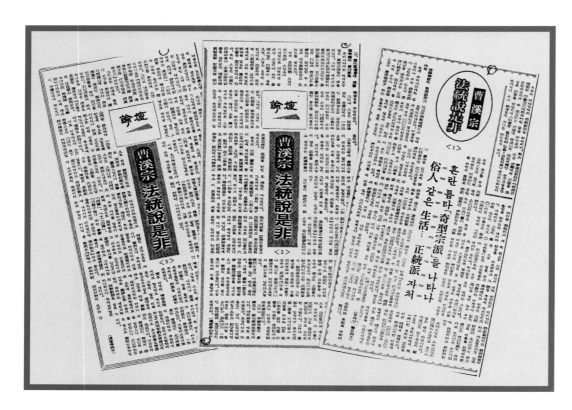

817. 조계종 법통설 시비에 대한 의견 기고문(「대한불교」, 1975.3). 이 글을 기고한 승려는 통도사 무명납자라 하였다.

818. 동국대학교 조계종학연구소 주최 '조계종조·종지·종통정립을 위한' 세미나 공고(1974.6). 정화 이후 다시 조계종 종조 및 법통논쟁이 시작되었다.

819. 「신수대장경」 영인 발간. 신수대장경이 대각사 임도문스님의 주선과 쌍용양회 김성곤 사장의 부인인 김미희 여사의 재정적 지원에 의해 영인·발간되었음을 보도한 내용(1976.7).

820. 부처님오신날 공휴일 제정과 관련하여 재판에
참관한 신도들. '부처님오신날 공휴일 지정'
과 관련된 재판은 1973년 3월 당시 수도변호
사회 회장이었던 용태영 변호사가 총무처장관
을 상대로 서울고등법원에 '석가탄신일공휴권
확인' 등을 구하는 행정소송으로부터 가시화
되었다.

821. 부처님오신날 공휴일 제정과 관련하여 재판을 참관하기 위하
여 신도들이 타고온 관광버스가 덕수궁 돌담길에 늘어서 있
다. 용태영 변호사의 행정소송 청구는 1974년 10월 30일 부
적합하다는 이유로 각하되었지만, 용 변호사는 그 이후에도
지속적으로 불교계의 후원하에 행정소송을 한 결과 드디어
공휴일 제정이 결정되었다.

822. 부처님오신날 공휴일 제정 소송 공판을 마치고 조계사를 참배하고 기념촬영
(1973.10.31).

823. 부처님오신날, 마침내 공휴일로 제정. 부처님오신날인 사월초파일이 국가가 정한 공휴일로 제정되었음을 보도한 「대한불교」기사(1975.1.9)와 경축 대강연회 장면. 불교계는 사월초파일을 공휴일로 정하기 위해 정부와 법원을 상대로 수많은 노력을 기울였다. 이에 1975년 1월 14일 국무회의에서 는 공휴일에 관한 규칙을 개정하여 석가탄신일을 공휴일로 추가하였다. 사월초파일을 공휴일로 제정시킨 공로자는 용태영 변호사였다. 불교계는 1963년부터 초종파적으로 불탄절 공휴일 제정운동을 전개하였으나 소기의 성과를 거두지 못하였다. 그 이후 용태영 변호사는 무관심속에 잊혀진 불 탄일 공휴일 제정운동에 불을 지폈으며 결실을 맺기까지 헌신적인 노력을 기울였다.

824. 「고려대장경」 영인본 마침내 완간. 동국대학교 개교 70주년 사업으로 1957년에 시작하여 19년만에 완간(1976.6)된 고려대장경 영인본 (전48권).

825. 최초의 우리말 「불교성전」 출간(1972.11.30).

826. 「한국불교전서」 간행. 동국대 불전간행위원회에서 펴낸 「한국불교전서」 간행 보도내용(1979.4)과 사진(아래).

827. 1976년 6월 10일 드디어 「고려대장경」 영인본이 발간되어 완간 고불식이 거행되었다.

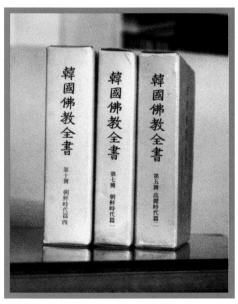

828. 「한국불교전서」.

829. 중앙승가대학교의 전신인 중앙
불교승가학원(보현사) 개원식
보도기사(1979.4).

中央佛教僧伽학원 개원

14일 보현사서 연수부 42·교양부 18명 入學

중앙불교승가학원 개원식

830. 중앙불교승가학원 개원식 장면(1979.4.14).

831. 제3회 '남은돌 모임(餘石會)'의 큰스님들(1966년 음4월 20일 부산 선암사에서).

832. 유신체제하의 호국승군단 간부 입소식. 이 당시 불교계의 각종 신문, 잡지, 논문, 인사말, 격려사 등에 많이 사용된 대표적인 용어는 '호국불교' 였다. 1979년 10 · 26이후 '호국불교' 라는 어휘는 급격히 자취를 감추었다.

833. 조계사에서 15,000여명이 참석한 가운데 거행된 호국 승군단 발단식(1975.12.17).

834. 세계고승법회 기념촬영(1971.11.5 해인사에서). 12개국 20여명의 고승이 참석하였다.

835. 천축사 무문관 6년결사 회향(1972.4.28). 무문관은 당시(1965년)에는 유일하게 현대식 시설로 세워
진 정진도량이었다. 6년 동안의 결사를 마친 스님은 관응, 석영, 현구스님이었고 4년을 마친 스님은 지
효, 경산스님이었다(「대한불교」, 1972.4.30).

836. 반공연맹 불교지부 결성대회 장면(1976.8).

837. 무문관 수행결사 회향식장면(1972.4.28).

838. 조계종 총무원 회의실에서 개최된 세계불교청년지도자 대회장면(1973.9).

839. 월남에 파병된 장병들을 위해 건립된 법당인 불광사의 준공
식과 백마사의 준공기념 및 법회.

＜불교회관 大圓精舍＞

佛敎會舘「大圓精舍」준공 회향

南山에 "全國的 平信徒운동 指向"

840. 불교대중화에 크게 기여
한 대원정사 준공 내용
보도(1973.5). 장경호거
사는 1975년 7월 10일
사재 30억을 불교중흥을
위해 써달라고 박정희 대
통령에게 헌납하였다.

841. 월남의 십자성부대에 있었던 불광사 준공 회향식.

842. 조계종 포교원 개원식(1977.3.6).
초대 원장은 강석주스님이었다.

843. 불국사 복원 기념 회향 법회(1973.9).

844. 부처님 출가 기념 전국청소년 웅변대회(1970.3).
사진은 현수막이 걸린 대회장 입구.

845. 북괴만행 규탄대회. 당시에는 북한을 북괴(北傀)로 호칭하였다
(조계사, 1970.2).

846. 신도회에서 주관한 불교교양대학 개원식(1974.2).

847. 이행원스님의 정열적인 외국 포교활동으로 불자가 된 미국 뉴욕의
신도들.

848. 선학원의 유치원 설립 보도기사(1973.2).

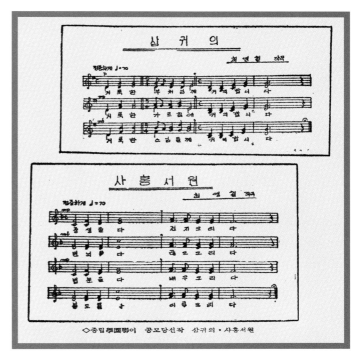

849. 삼귀의와 사홍서원 노래. 이 노래는 대전 보문고 음악교사인 최영철의
응모 작품인데 당시 종립학원연합회의 공모에 당선되었다(1971.1).

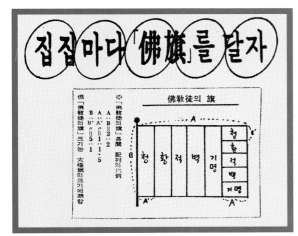

850. 불기를 달자는 홍보문안(1976.4). 이때부터 종래의 만
(卍)자 불기(佛旗)대신 이미 동남아 여러 나라에서 쓰고
있던 청색, 황색, 적색, 백색으로 만들어진 새로운 불기
가 쓰이게 되었다. 또한 불기(佛紀:불교의 기원)도 종래
에는 북전불기(北傳佛紀)인 3000년 설을 사용하다가
1970년대 중반, 동남아 불교국과의 교류가 시작되면서
불기(佛紀)도 남전불기인 2500년 설이 채택, 공식적으
로 사용되기 시작했다. (참고:서기 2000년은 지금 우리
가 쓰는 불기로는 2544년이 되고 옛 불기로는 3027년
이 된다.)

851. 덕수궁에서 개최된 불교미술전람회
포스터(1974.10).

852. 개운사에 설립된
한방병원 보도기사
(1974.12).

854. 자연보호운동에 적극 참여하자는 카메라 산책(「대한불교」, 1977.12.18).

853. 탁발을 금하자는 내용을 전한 카메라 산책(「대한불교」, 1977.10.30).

855. 이리역 대폭발사고에 희생된
이재민을 돕자는 카메라 산책
(「대한불교」, 1977.11.27).

856. 법주사 승가학원 학인들의 운수행각 보도 카메라 산책(「대한불교」, 1979.10.21).

857. 법주사 강원의 잡지, 「버팀목」. 1977년에 창간되어 1979년 통권 3호로 종간되었다.

858. 동안거를 마치고 운수행각에 나선 납자들(1970.2).

859. 조계종 총무원에서 전개한 자연보호운동 광고.

「신화엄경합론」, 「사교(四敎)」, 「사집(四集)」 등을 완역 출간한 탄허(呑虛)스님.

860. 탄허스님이 17년 각고 끝에 현토(懸吐) 완역한 「신화엄경합론」 출간 보도기사(「대한불교」 1975.8.31).

탄허스님의 「신화엄경합론」(1975.8.31). 17년의 각고 끝에 「신화엄경합론」 48권을 완역 간행한 탄허스님은 이후에도 강원의 교재인 「금강경」, 「기신론」, 「능엄경」, 「원각경」, 「서장」, 「도서」, 「절요」, 「선요」 등을 번역 간행하였으며 특히 「영가집」, 「육조단경」, 「보조법어」 번역은 유명하다. 한 개인의 역경업적으로는 불교사에 보기드문 일이었다. 탄허스님은 근대의 전설적인 선승 방한암스님의 수제자로서 박학하였을 뿐만 아니라 선지(禪旨)에도 밝았다. 그의 「장자」강의는 더욱 더 유명했다.

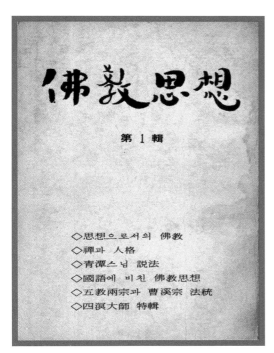

861. 보련각에서 간행한 학술지 「불교사상」 제1집
(1973.4.15). 「불교사상」은 6집(1974.10)까지
간행되었다.

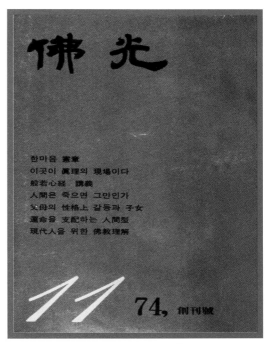

862. 문서포교에 큰 역할을 하였던 「불광」 창간호. 고
광덕스님의 원력에 의해 1974년 11월에 창간된
「불광」은 월간지로서 현재까지 총 300호가 발행
되었다. 불교계 잡지로서는 가장 오래도록 발행되
고 있는 잡지이다.

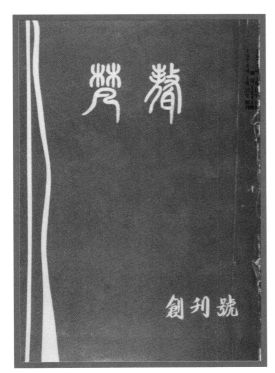

863. 불입종에서 펴낸 잡지, 「범성」 창간호(1973.1.15).
1978년 2월, 50호로 종간되었다.

864. 한국불교학회의 학술지, 「한국불교학」 창간호.
1975년 12월에 발행되기 시작한 이 학술지는 매
년 1집씩 발행되어 98년까지 24집이 발행되었다.

865. 조계종 교무부와 대한불교사가 공동으로 전개한 「알기쉬운 불교」 책자 보급운동 광고문(1971.8).

866. 「거사불교」 제1집. 1971년 2월에 창간되었다. 언제 몇호로 종간되었는지는 알 수 없다.

867. 「불교」 창간호. 태고종 창종과 함께 1970년 6월에 창간된 태고종의 기관지. 「불교」 이전의 태고종 기관지는 「불교계」였다. 태고종은 「불교계」를 29호로 종간시키고 태고종의 정식 출범과 함께 잡지명을 「불교」로 바꾸어 현재까지 계속 발행하고 있다.

868. 「선사상」 창간호. 「선사상」은 1975년 11월에 창간되었으며 1994년 12월까지 79호가 발행되었다. 발행처는 서경보가 주관한 일붕선종(일붕선원)이었다.

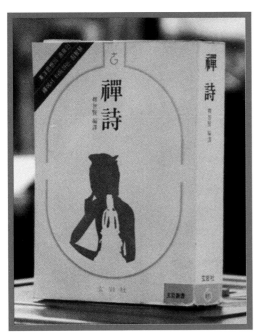

869. 석지현의 「선시(禪詩)」. 선사들의 게송이나 싯구
　　를 모아 1975년 현암사에서 출간된 이 책은 문
　　학속에서 '선시' 라고 하는 한 장르를 마련하는
　　결정적 계기가 되었다. 뿐만 아니라 '선시' 라고
　　하는 용어도 이 책 이후 비로소 사용, 정착되기
　　시작하였다.

870. 「여성불교」 창간호. 1979년 3월 24일 도선사
　　에서 창간, 발행한 이 잡지는 유일한 여성 불교
　　지로서 1999년 11월 현재 통권 246호가 발행
　　되었다.

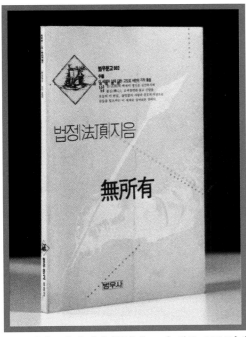

871. 법정스님 수필집 「무소유」. 이 책은 1974년에
　　출판되어 현재까지 수백만부가 팔린 영원한 스
　　테디셀러이다. 법정스님의 수필은 담담한 자연
　　묘사, 시대적·사회적인 비판과 메시지가 담겨
　　있는 것이 특징이다.

872. 김성동의 장편소설 「만다라」. 불교를 소재로 한
　　이 소설은 당시 최고의 베스트셀러였다. 영화로
　　서도 크게 흥행한 「만다라」는 불교를 비하시켰
　　다고 하여 작가는 조계종으로부터 퇴출되었다.
　　결국 작가는 환속했다. 이 소설은 상당 부분 작
　　가의 체험과 고뇌를 형상화한 작품이었다.

873. 불교영화, 대석굴암의 선전 벽보. 신성일, 엄앵란, 허장강, 박노식 등이 출연하였다.

874. 강옥주(사진 좌측)와 백운선(우측)의 회심곡 레코드판(1970년대 중반, 유니버셜 레코드사).

875. 천수경의 레코드판(1970년대 중반, 유니버셜 레코드사).

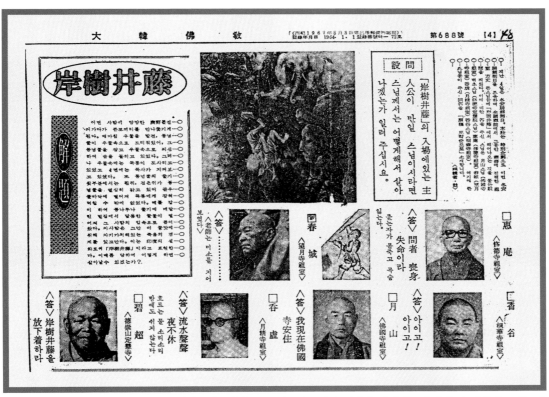

876. 1977년 동안거 해제 법거량. 대한불교신문사가 1977년 3월 4일의 동안거 해제에 즈음하여 각 선원의 조실·방장들에게 설문한 내용 및 그 답안(「대한불교」, 1977.3.13).

877. 장경호(張敬浩) 씨 불교중흥을 위해 30억 기증. 대원정사 설립자이며 동국제강 창업주인 장경호 거사(당시 77세)는 불교중흥을 위하여 당시로서는 거액인 30억을 기증하였다. 정부와 불교계는 재단법인 대한불교진흥원을 설립하여 불교학술 연구지원, 포교교화지원, 불서출판 등 불교문화의 각 분야에 걸쳐 지속적으로 지원하고 있다.

878. 통도사 극락선원에서 수좌들을 지도했던 당대의 대표 적 선승 경봉스님.

879. 조계종 종정(3, 4, 6대)을 역임한 윤고암스님. 해인사 용탑선원 조실, 대각회 이사 및 조실, 신흥사 조실 등 을 역임하였다.

880. 백양사 조실과 조계종 종정을 역임한 이서옹스님.

881. 조계종 종정을 역임한 이성철스님. 이성철스님은 철 저한 수행과 뛰어난 교학적 지식으로 수많은 선승 및 불자들에게 큰 영향을 주었다. 타율적인 정화의 방법 을 비판하였으며, 선수행에 관한 그의 지론인 돈오돈 수를 주장하여 돈점논쟁을 불러 일으켰다.

1980년대

1980년대 ●●

　　1980년대의 시작은 지리한 종단분규의 해소로 출발하였다. 이전 조계사파와 개운사파는 분규의 모순을 단절하고 마침내 1980년 4월 새로운 종단을 출범시켰다. 그 종단은 분규해소, 자율정화 추진, 불교 관계법 개정, 호국불교 비판 등을 내세우며 불교의 진면목을 내세우려고 안간힘을 다하였다. 그러나 그 같은 행보는 10·27 법난으로 인하여 수포로 돌아갔다.

　　10·27 법난은 당시 신군부에 의하여 자행된 불교에 대한 폭거 및 만행이었다. 그로 인하여 불교계는 정신적인 타격을 입었을 뿐만 아니라 사회적으로는 이루 말할 수 없는 치명상을 입었다. 당시 군부는 전국 사찰에 군인과 경찰을 동원하여 만행을 일삼았으며, 승려들을 구타하고 구속시켰다.

　　그로 인하여 종단 집행부는 퇴진함과 동시에 종단의 정체성마저도 위협받았다. 다행스럽게도 정화중흥회의를 등장시켜 법통의 혼란만은 막았지만 당시 불교계가 입은 후유증은 간단한 것은 아니었다. 이 사태로 인해 불교계에서는 호국불교의 비판과 극복이라는 냉엄한 과제에 직면하였다.

　　그러나 그 후유증을 극복하려는 도중에 종단 내부의 극심한 혼란이 나타났다. 일시적으로는 한 해에 총무원장이 네 번이나 교체되기도 하였다. 이는 종단의 체질개선은 아직 요원하였다는 반증이었다. 월정사·불국사 주지 분규는 그 단적인 실례이었다. 이러한 현실에 직면한 불교계 구성원은 점차 그 반성의 깊이를 더하여 갔다. 중앙승가대에서 열린 청년승가 육화대회, 범어사에서 개최된 전국청년불교도연합대회는 그 내적인 고민의 산물이었다. 한편 일단의 불교청년들은 개혁의 기반을 사원에 두려는 움직임을 시도하였는데 이는 사원화사건으로 지칭되기도 하였다.

　　이러한 현실에 충격을 더한 사건은 바로 신흥사 승려 살인사건이었다. 그 사건으로 인해 불교계 내외에서 봇물처럼 제기된 개혁의 열망은 종단 집행부로서는 감당할 수 없는 것이었다. 이에 당시 종단 집행부가 퇴진하고, 승려대회를 거쳐 마침내 비상종단이라는 과도적인 집행기구가 등장하였다. 비상종단은 불교 내외의 열화와 같은 성원을 안고 출범하였다. 그리하여 종단개혁을 위한 다양한 활동을 전개하였다. 그러나 종단 내부의 높은 벽을 넘지 못하고 1년만에 중도퇴진하고 말았다. 여기에서 종단개혁의 지난함이 절실하게 확인되었다. 다만 종단개혁이 중요한 과제라는 것을 재삼 확인케 하였다.

　　그후 불교계에는 승려와 재가운동가가 결합된 민중불교운동연합이 나타나 불교와 사회의 문제를 동일시하는 구도가 등장하였다. 동국대 사학과 출신인 여익구에 의해 본격적으로 시작된 민중불교운동은 이후 불교계의 각종 재야단체 결성에 결정적인 이념과 영향을 주었다. 80년도 초반의 신흥사사태로 탄생한 비상종단의 이념과 행동노선도 상당부분은 민중불교운동의 멤버들에 의해 구축되었다. 정화 이후 지금까지 불교계의 새로운 운동을 든다면 단연 민중불교운동일 것이다. 이와 같은 불교계의 현실의식의 고양은 곧 불교와 사회의 문제를 함께 풀어보려는 인식에서 나온 것이었다. 이러한 의식과 행보가 더욱 구체적으로 노출된 것은 해인사 승려대회였다. 그 대회에서는 호국불교의 개념 수정, 불교관계법 철폐, 10·27 법난 해명, 수입개방 압력 거부 등 당시 불교계의 현실에서는 나올 수 없는 강력한 주장들이었다. 여기에서 이 나라의 민주화와 불교의 사회화가 별개가 아니라는 분명한 인식의 토대를 구축하였다. 이 승려대회의 제반 내용은 불교계 내외에 자연스럽게 수용되었다. 그러나 일시적으로는 그 실행의 구도가 짜여졌으나 종단 집행부의 종권 추구와 제반 한계 등으로 인해 한계성이 나타날 수밖에 없었다. 그러나 불교개혁과 민주화를 추구한 일단의 승려들은 정토구현승가회, 대승불교승가회를 결성하여 그 운동의 심화를 추구하였다. 이러한 다각적인 대안 모색은 미래를 지향하는 것이었다.

"20日內 總選" 전격 合意

兩側代表 6개항 調印
5代 中央宗會 인정

宗會의원 상호 조정키로

뒤늦게나마 마련된 화합의 계기를 놓쳐서는 안
된다고 다짐하는 스님들. (3월31일 蓮花寺에서)

양측대표의 합의날인

882. 조계종 내분 종식 합의문 발표기사(1980.4). 1979년 말 분규해소를 위한 합의서를 작성하
였으나 제대로 이행되지 않았다. 양측은 1980년 2,3월 다시 대화를 시작하여 드디어 1980
년 3월 30일, 분규를 종식시키기 위한 총선거를 치르기로 합의하였다.

883. 조계사와 개운사로 양분된 종단의 분규를 종식시킨 사건현장을
요약한「불교신문」특집 기사(1980.4).

884. 해방둥이 스님들의 모임인 '일주문' 발족 내용기사(1980.1).

885. 종회가 열리고 있는 조계사 총무원 앞에서 무조건 화합을 촉구하는 동국대 학인
스님들(1980.5).

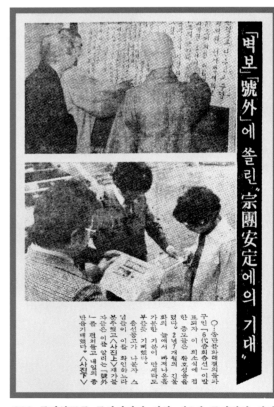

886. 종단분규를 종식시키기 위한 제6대 종회의원 선거
공고, 호외로 보도한 내용을 확인하는 신도들
(1980.4).

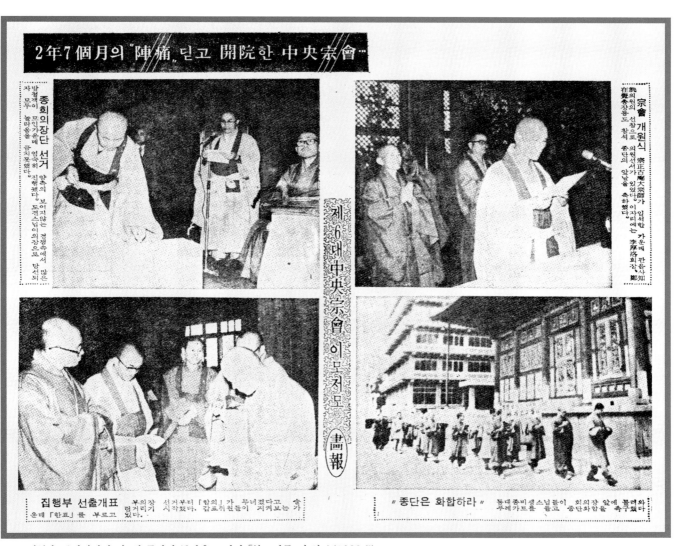

887. 내분을 종식시켰던 제6대 종회의 등장을 요약한 「불교신문」의 화보(1980.5).

"宗團운영 自主自律的으로 추진"

宋月珠총무원장會見 宗團당면문제에 언급

宋月珠총무원장

「3大事業」 강력히 추진

和合定着…佛教의 社會的 기능 극대화

宗正추대문제 '단일후보 될때까지 관망'

해설

총무원장 등록지연불구 自律운영

宗正 추대에 신중 기해

888. 송월주 총무원장이 밝힌 자주·자율적인 종단운영 방침 보도(1980.7). 이로부터 조계종은 자주와 자율을 기치로 내세우면서 당시 집권세력과 일정한 대응관계를 유지하였다. 이는 지금까지 정권과 영합하고 있던 불교계를 비판한 내용을 담고 있었는데, 이 노선이 10·27 법난의 원인이 되었다는 설도 있다.

宗團자율淨化추진 방안 발표

敎區本寺주지회의 새롭고 신뢰받는 風土조성

蓄財 금지등 5개항 대상
精神的 계도 制度的 개선 역점두기로
佛敎관계법 改正문제도 논의

「光州事態」구호봉사단
玄光스님등 擧宗的 지원계획 수립위해
宗敎지도자가 수습앞장을
大韓佛敎총연 光州사태에 결의문

宗敎的인 차원에서 지원
光州市에 全佛子 참여를

889. 5·18 광주민주화항쟁이 발생하자 조계종에서는 진상조사 선무단 파견과 구호봉사단을 결성하는 등 신속하게 대처하였다(1980.5).

890. 종단의 정화 추진방안을 알 수 있는 보도기사(1980.10). 불교계 스스로 자율적인 정화를 기하려고 하였다. 하지만 결국은 10·27 법난이라는 타율적인 정화라는 멍에를 입게 된다.

891. 조계종단은 1980년 5월 18일에 일어난 광주사태에 대한 종교적인 차원에서 지원을 결의하였다(1980.5.30).

非理·犯法僧侶등 46명連行

戒嚴司 "社會淨化 차원서 佛敎界淨化"

계엄사령부는 28일 불교계내에서 각종비리와 부패·범법행위등을 자행해온 사이비승려와 상습폭력배 등 46명을 연행, 조사중이라고 발표했다. 계엄사는 「근来안 사회간접에 대해 숙정과 정화작업을 단행하면서 종교의 특수성과 독자성을 존중하는 입장에서 불교계자체의 자율적정화를 아무런 자체정화움직임이없어부득 이 사회정화차원에서 조치를취하게됐다」고밝혔다. 〈7면에 관련기사〉

주요 非理 類型

- 宗權장악 위해 派閥間의 暗鬪···폭력자행 예사
- 寺院의 兵役기피·詐欺犯등 前科者의 隱身處로
- 寺刹財産 착복·僧侶생활을 致富수단으로 삼아
- 住持등임명에 金品收受·信徒대상으로 巫俗詐欺

892. '10·27 법난'. 1980년 10월 28일 새벽, 당시 정부(계엄사령부)는 용공분자와 범법자, 비리승려 등을 색출한다는 명분으로 군인과 경찰 수천명을 전국의 사찰에 난입시켰다. 수십명의 스님들이 연행된 이 사건으로 불교승단은 내외적으로 치명적인 상처를 입게 되었다. 10·27 법난 사건은 그후 5공 청문회 때 다루어지긴 했으나 아직까지 그 전말이 자세히 밝혀지지 않았다. 10·27 법난 이후 불교계는 점차 불교의 자주화 의식에 눈을 떴으며 당시까지 여과없이 사용되었던 호국불교에 대한 개념도 비판을 받기 시작했다.

"非理僧侶 스스로 淨化돼야"

――佛敎信徒會 崔載九회장 會見

이번 事態 敎化活動 위축없어

尊敬받는스님엔 추호의 累도 없어야

893. 10·27 법난에 대한 당시 전국신도회 회장 최재구의 기자회견 내용(「동아일보」, 1980.10.29).

宗團事態 조속히 수습

朴呑星 상위장 談話

"희생 극소화 行政공백 없게"

894. 10·27 법난이 일어나자 종단은 위기상황에 들어갔지만, 정화중흥회의를 결성하여 비상사태를 슬기롭게 대처하였다(「불교신문」, 1980.11.16).

殺人부른 住持싸움
승려들 편싸움 1명사망 6명부상
雪嶽山 神興寺
10명 令狀신청
"宗教團體 폭력 嚴斷"
神興寺재산관리인에 東草시장 임명
文公部

895. 신흥사 살인사건. 1983년 8월 6일, 신흥사 신임주지 부임과정에서 일어난 이른바 '신흥사 살인사건'(「동아일보」, 1983.8.8). 이 사건은 언론이 대서특필함으로써 사회적으로 커다란 비판과 물의를 일으켰다. 이 사건으로 인해 조계종단 내외에서 종단운영과 승려들의 체질개선을 요구하는 개혁의 움직임이 일어나기 시작하였다. 이 사건은 종단 최초로 개혁을 지향한 비상종단 출범의 단초를 제공하였다.

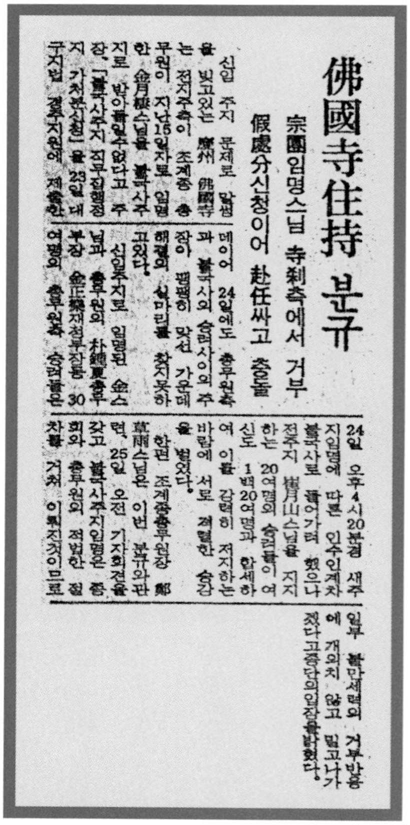
佛國寺住持 분규
宗團임명스님 寺刹측에서 거부
假處分신청이어 赴任싸고 충돌

896. 불국사 주지임명을 둘러싸고 전개된 분규(「동아일보」, 1981.7.25). 이 사건도 당시 세간에서는 승려들의 이권추구에 의해서 일어났다는 평이 일반적이었다.

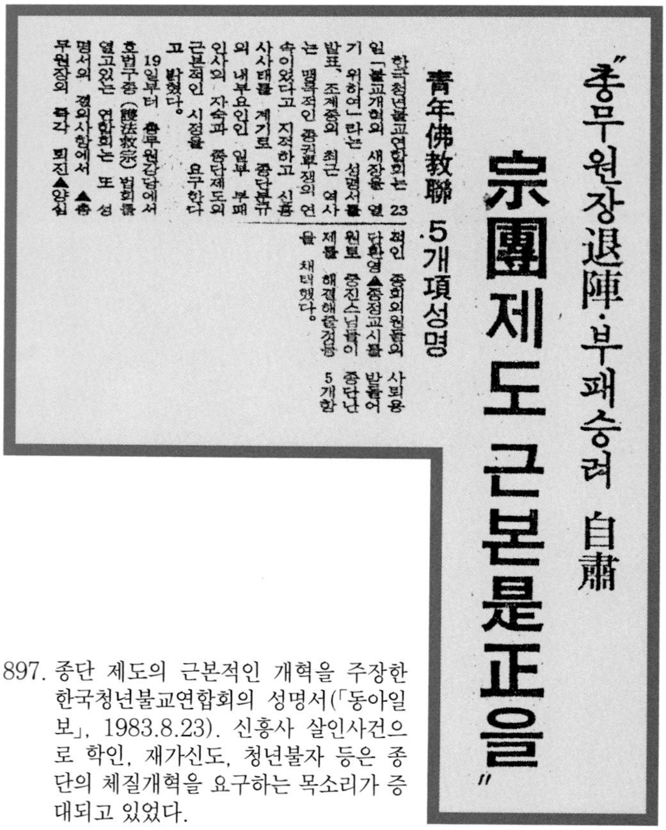
"종무원장退陣·부패승려 自肅
宗團제도 근본是正을"
青年佛教聯 5개項성명

897. 종단 제도의 근본적인 개혁을 주장한 한국청년불교연합회의 성명서(「동아일보」, 1983.8.23). 신흥사 살인사건으로 학인, 재가신도, 청년불자 등은 종단의 체질개혁을 요구하는 목소리가 증대되고 있었다.

898. 10·27 법난으로 황폐해진 사찰이 조금씩 안정되었다. 그런데 이번엔 주지 싸움으로 또 다시 불교계는 세인의 이목을 집중시켰다. 불국사 주지임명으로 나타난 신·구 주지측의 갈등은 폭력으로까지 비화되었다 (1981.7).

900. 신흥사사태. 신흥사 주지 취임과정에서 살인사건이 발생하자, 종단 집행부의 즉각 사퇴를 요구하며 조계사에서 철야단식 법회를 갖고 있는 젊은 스님들(1983.8).

899. 주지 임명권과 종단 내부의 이권으로 야기된 봉은사사태(1988.6.23). 신임 주지 취임을 반대하는 전임 주지측의 승려와 신도들이 폭력사태를 야기하였다.

901. 봉은사 거리 집회 장면. 특히 봉은사 폭력사태는 서의현 총무원장의 위상을 약화시켰으며 종단의 개혁을 지향하는 의식있는 스님들이 대거 관련되어 있어서 큰 충격을 주었다.

902. 1983년 9월 5일의 전국승려대회. 설악산 신흥사 승려 살인사건에 휘말리면서 불교개혁의 목소리가 고양되는
가운데 종단이 좌초되자, 이를 해결하기 위한 취지에서 조계사에서 개최된 전국승려대회(1983.9.5). 당시 이
대회에서는 불교개혁과 정법수호운동을 다짐하였으며, 동시에 비상종단운영회의를 설치할 것을 결의하였다.
이 당시 등장한 개혁 지향의 종단을 '비상종단' 이라고 지칭한다. 그러나 비상종단은 현실의 높은 벽을 넘지
못하고 1984년 8월 5일 해인사의 전국승려대표자대회를 계기로 좌초되고 말았다.

903. 불교정풍을 주장하며 시가행진을 하고 있는 스님들(1986). 주지임명을 둘러싸고 연달아 일어난 불국사, 신
흥사, 봉은사사태에 대하여 불교정풍을 외친 의식있는 스님들도 있었다.

민중불교 제1호

고문없는
생명존중의 사회를 구현하자

불교의 자주화
사회의 민주화
민족의 자주화

발행일·1987년 2월 25일

발행처·민중불교운동연합
[110] 서울·종로구 인사동 37 오성빌딩 601호
전화/735·8971

고문추방함성 전국에···

애국시민 적극참여에 정권측 놀라

박종철범우의 고문치사 사건을 계기로 온 국민은 더 이상 인간성을 파괴하는 생명을 용납할 수 없으며 생명의 가치가 짓밟바대 끝까지버장지는 이 시대의 아픔을 좌시할 수 없다는 각오를 다지게 되었다.

이에 불교계를 비롯한 종교계, 재야단체에서는 '박종철 범우의 고문치사 사건에 대한 진상규명과 유종원, 선호수, 김성수 군 등 의문의 변사사건에 대한 재조사 및 고문추방, 인권보호를 촉구하는' 성명을 잇달아 발표하였으며 특히 종교계에서는 박종철범우의 죽음을 추모하는 법회·미사·기도회가 컸다. 그러나 현정권이 진상규명을 회피함에 따라 모든 민주화 단체는 성명서 발표나 추도범회의 차원이 넘어 박종의 죽음을 값진 민주적투쟁으로 승화시킴으로써 고인의 넋을 위로하고자 하였다. 그 일환으로 각계를 대표하는 민주인사들이 모여 「고 박종철 군 국민추도회 준비위원회」를 발족시키고 2월 7일을 「고 박종철 군 국민추도회의 날」로 정하여 전국 각지에서 많은 시민들이 참여하는 평화적 추도회를 거행키로 결의하였다.

그러나 현 군사독재정권은 2·7추도회를 '민중봉기를 위한 정권 탈취시도」라느니, 「대체정복을 위한 불순 정치집회」라느니 하는 등으로 왜곡·호도하면서 무려 1만여 명의 대규모 경찰력을 동원하여 폭압적 저지 작전을 폈다.

남대문시장 상인과 일반시민, 학생 5600여명이 시장높은 예수대 7시간 동안 대중경제집회가 이루어 졌다. 상인들은 부분적인 전시한 한 채 옆에 음등과 생각도 하지않고 길 위에 머물은 입으면서 누군가 구호를 외치면 환성과 박수간파에 호응해 주었다.

종로 3가 오후 2시경 담성사 와 새파다라국을 추변에 모여있던 500여명의 애국학생이 살인고문정권의 잔학상과 폭력경찰이 아주킨 탄압에 대한 참여있는 낸는감을 보클시키면서 살인 고문 취업하라를 던지는 군 결렬하게 대항하였다. 멸멸 학생들은 반민족적이고 반민주적인 폭력경향을 응징하는 표현으로 과출소에 화염병을 투척하기도 했다.

종로 4가 음지로, 명동, 종로, 퇴계로에서 경찰의 최루탄 공격에 밀려났던 학생과 민주시민들은 오후 3시 30분경부터 종로 4가의 시민회관 세운상가 일대에서 우리의 소원은 통일 이란 노래를 하면서 자연스럽게 운집하였다. "박종철을 살려내라"는 민주시민들의 진렬한 질규는 무차별 최루탄 난사에도 굽힘없이, 흩어졌다가 모이기를 수십번 반복하였다. 저녁 7시까지 계속된 군분독재의 횡포와 민주화를 갈망하는·서울시민의 군건한 의지를 유감없이 발휘하였다.

이날 시위가 벌어졌던 서울·광주·부산·대구·전북·마산·춘천 등 전국에서 모두 798명의 시민·학생이 연행되고

그러나 우리의 청년·학생과 애국 시민들은 폭력경찰의 이수적 공간 침략과 무자비한 최루탄 난사에도 굽하지 않고 "박종철을 살려내라" "살인고문 자행하는 군부독재 타도하라" "직선개헌 보장하라" "폭력경찰 물러가라" 등의 구호를 외치면서 맞서 싸웠다.

한편 전국 주요도시에서도 「2·7추도대회」가 경찰의 삼엄한 봉쇄로 차단됨에도 시민들은 자리를 옮겨다니면서 끈질기게 추도를 거행하였다. 특히 음지로네거리의 한신성·성현·전관스님 정토구현전국승가의 스님과 민중련, 대종련 및 일반 불자들이 애국시민·학생들과 함께 생명을 걸어싸다 경찰의 최루탄 공격에 밀려오며 음지로에서 명동 쪽으로 추도대열을 옮겨싸다. 이 과정에서 부처영진을 모신 가운데 추도회를 거행하였다. 이날 집회로 명동 이외에도 시내 곳곳에서 이루어진 간추린 다음과 같다.

이 중 34명이 구속되었다. 국민적 지지기반을 상실한 현정권은 이 추도회를 국민적 단결로 발전하는 것을 우려하였으며 관제 언론을 총동원하여 대대적인 왜곡·선전공세를 일삼고 싶다는 대량구속을 자행한 것이다.

대회준비위원회는 3월, 3월까지는 국민추도기간으로 선포하고 이 명에서 고문을 추방하는 운동을 지속적으로 전개하기로 결의하였으며, 이제 우리는 2·7추모대회를 통해 나타난 국민적 열기를 바탕으로 3월 3일 고 박종철범우 49재를 전국적으로 거행하여 민주화를 끝까지 살려내며 한편으로 담례끄어 땅에 다시는 이러한 불행한 사태가 발생하지 않도록 인권과 자유가 보장되는 진정한 민주화가 이루어질 수 있는 계기가 되도록 다함에 노력하여야 할 것이다.

범국민추도준비위 불교측 대표
진관스님 구속

2·7추도대회 참석했던 진관스님 (불교정토구현전국승가회 의무의장) 이 음지로 근처에서 경찰에 강제연행·구속 된 데 대해 정토구현전국승가회, 민중련, 대종련 등은 항의성명을 발표하고 진관스님의 즉각 석방을 요구하였다.

「민중불교」를 내면서

민중불교운동연합은 1985년 5월 4일 창립된 이래 이 땅의 민주화와 불교의 자주화를 추진해 왔다.

오늘, 민활권론 민주화운동의 고양과 함께 불교내외의 점증하는 요구에 부응하며 보다 더 껄실히 조직적·세계적으로 활동을 벌여 나가야 할 객관적 사명을 부여받고 있다. 더무가 고 박종철 범우 49재를 얼마 남겨 꽃지 않고 있은 오늘 「민중불교」를 냄으로써 불교운동의 내용을 준비하고 수렴하고 확산하는 데 있어서 한 전기로 삼고자 한다.

신문은 정확하고 공정한 보도가 생명이다. 그럼에도 불구하고 현실의 언론은 민중들의 삶과 민주화운동의 본질을 왜곡·호도하기 여념이 없다.

이에 우리는 폭압적인 언론탄압을 뚫고 현정권의 본질을 폭로하여 타오르는 민중들의 반독재 민주화 투쟁을 선도하는 한편, 민족과 민중에 대한 올바른 이해와 불교의 현실적 한국의 대한조류를 올바르게 비판하는 장을 마련함으로써 여러가지 논의를 통일적으로 전개하는 데 기여하고자 한다.

이제까지의 불교운동은 확고한 역량과 귀상 설정이 이루어지지 않은 채 실정적이고 저차적인 안대를 해왔다. 따라서 우리는 보다 높은 연대를 형성하는 데 건요한 불교운동의 중심을 건설하는 데 주력할 것이다.

독재의 법적·체도적 울기이면 통교재산관리법 등 제약법에 의한 불교의 현실을 역사적 참법선상에 조율한 과학적 불교운동 론리지의 그에 따른 조직적이고 치밀한 실천을 꾀할 것이다.

우리는 그러으로 한국민중, 특히 불교대중의 올바른 이해에 기초하여 그들의 의사를 수렴하고 장대역량을 조직화하는 데 기여하고자 한다. 아울러 근본적으로 지향하고바를 추진작인 구호의 나열이 아닌 보다 구체적인 판점에서 접근할 것이다.

우리는 이러한 불교내외의 과제를 해결하기 위해 다음과 같은 구체적인 임무를 수행할 것이다.

첫째, 과학적 불교운동론을 정립함으로써 불교운동의 정치노선, 투쟁노선, 조직노선의 통일을 이룩해 나갈것이다.

둘째, 불교운동의 내외에 존재하는 조직간, 지역간의 차이를 해소하고 상호연대를 강화시키는 데 기여할 것이다.

셋째, 현정권의 본질을 폭로하고 불교청년대중의 각성을 통하여 건강한 불교대중조직을 건설하는 데 기여할 것이다.

넷째, 현실에 내재하는 일정적으로 분석하며 공개화시킴으로서 불교의 방패의 관념성, 기복성을 타파하고 불교탄압의 즉결반 불교 제약법의 철폐와 불교의 자주적 발전의 길을 열어 갈 것이다.

다섯째, 외세로부터 민족의 자주성을 쟁취하고 조국의 자주적 강화통일을 추진할 것이다.

우리가 가야 할 길은 멀고 힘겹하다. 그것은 기본적으로 불교운동 자체가 자주적이고 민주적인 불교의 건설, 그리고 민족의 통일과 사회정반의 민주화를 이상으로 삼고있는 데 연유한다.

불교운동의 이상이 높을수록, 우리가 가야 할 길이 멀고 험할수록 「민중불교」는 더욱 힘차게 나아갈 것이다.

이 땅의 모음을 참여로써 헌기받고 있는 모든 한국민중들의 애정어린 비판을 바라마지 않는다.

---

904. 민중불교운동연합과 「민중불교」 제1호(1987.2.25). 민중불교라는 용어는 1976년 전주 송광사에서 개최된 전국대학생불교연합회의 화랑대회가 민중불교 실천을 위한 전진대회로 명명되면서 최초로 공론화되었다. 그 후 전재성은 월간지 「대화」(1977.10)에 민중불교론을 게재하였고, 1981년 10월 사원화운동 심포지엄에서 다시 표면화되었다. 이후 불교의 사회운동, 야학, 민주화운동 등을 민중불교와 연계하는 단체가 등장하였다. 80년대 불교운동의 모체인 '민중불교운동연합'은 당시 초대 의장인 여익구에 의해 태동, 발족되었으며, 이후 80년대 후반 해체될 때까지 그는 불교운동권의 실질적, 상징적 인물이었다. 그는 민중불교 이론서인 「불교의 사회사상」(민족사), 「민중불교철학」(민족사)과 「민중불교입문」을 편·저술하였다.

905. 부처님오신날 기념 삽화. 노사대립, 분규 파업, 좌우극단을 부처님의
법력으로 타개하자는 글귀가 눈에 띈다.

906. 불교 최초의 판금도서인 여익구 편「불교의 사회사상」
(1980, 민족사). 이 책은 출간 직후 당국에 의해 판매
금지된 최초의 불교서적이다.

907. 사월초파일 기념 삽화. 분열과
갈등을 부처님의 자비로 해결
하려는 마음이 엿보인다.

908. 정토구현전국승가회의 수련회.
1986년 6월 5일에 창립된 승
가회는 민중불교운동연합이 퇴
조하면서 그를 계승한 단체로
221명의 승려가 가담하였다
(사진은 수련회 때 모습).

909. 대승불교승가회 창립총회 장면
(개운사, 1988.3.25). 대승불교
승가회는 민족불교의 기치를 내
세우며 출범하였는데, 회장은
임송산스님이었다.

910. 민족자주통일불교운동협의회
결성대회 장면(1988.12.4).
이 협의회는 정토구현승가회,
중앙승가대학생회, 대한불교청
년회, 서울불교청년회 등 13개
단체가 가입하였다.

911. 해인사에서 개최된 전국승려대회(1986.9.7). 2,000여명의 승려들이 모인 이 대회에서 10·27 법난 해명, 불교 악법철폐 등 불교자주화의 기치를 드높였다. 해인사승려대회는 호국불교, 정권에 협조하는 불교라는 기존의 개념을 극복하였다는 평을 들었을 정도로 당시로서는 충격적인 사건이었다. 이 대회 이후 불교계는 불교자주화를 불교가 지향할 목표로 정립하게 되었다.

913. 해인사전국승려대회에서는 사원의 관광화 반대와 불교발전을 저해하는 법을 철폐할 것을 주장하였다.

912. 해인사전국승려대회에서 혈서로써 불교의 자주화 결의를 다지는 스님들.

914. 불자인 박종철(서울대, 인류학과)군이 경찰의 고문으로 사망하자, 불교계에서는 49재를 치렀다. 사진은 박종철의 사
    진과 위패를 들고 시가행진하는 장면.

915. 박종철 49재 법회가 개최된 부산 사리암의 대웅전(1987.3.3).

916. 한국교수불자연합회 탄생. 불교연구와 보살도 실천 그리고 지성적 기
    초를 마련하기 위해 출범한 한국교수불자연합회의 창립총회 장면(대원
    정사, 1988.2.27).

917. 1989년 10월 27일. 10·27 법난 진상규명을 위한 실천대회(동국대 도서관 앞). 대회는 정토구현 전국승가회 등 7개 단체 500여명이 참가하였다.

918. 민주헌법쟁취 불교공동위원회가 주최한 10·27 법난 규탄 및 군사독재 종식 결의대회. 대회를 마치고 동국대 정문으로 내려오고 있는 시위대(1987.10.24).

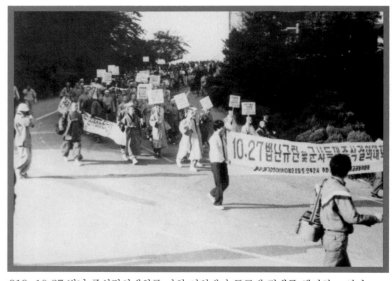

919. 10.27 법난 종식결의대회를 마친 시위대가 동국대 경내를 행진하고 있다.

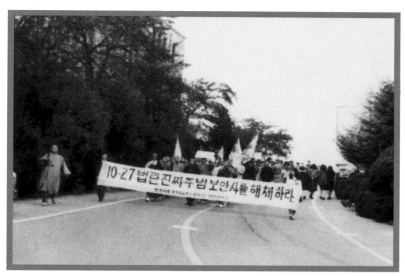

920. 10 · 27 법난의 주범인 보안사를 해체하라는 불교계의 시위대열.

921. 민족자주통일불교운동협의회가 10 · 27에 대한 책임자 처벌을 요구하고 있다.

922. 중앙승가대(개운사) 입구에 걸린 현수막. '불교제악법철폐하고 10 · 27 원흉을 처단하라'

923. 10 · 27 법난 진상규명 추진위원회의 기자회견(1988.11.22, 서린호텔).

924. 시위하고 있는 스님과 불교청년들.

925. 10 · 27 법난에 대한 규탄 및 진상규명 요청
은 1984~5년부터 가시화 되었다. 그러나
이 문제가 본격화 된 것은 노태우 정권이 등
장하고 국회에서 5공비리조사특위가 구성되
면서부터이다. 당시 불교계에서도 10 · 27
법난에 대한 진상규명과 명예회복을 강력히
주장하였다. 사진은 국방부 육군회관에서 개
최된 '10 · 27 수사경위 설명회' 장면. 이 회
의에서 불교를 의도적으로 탄압하려 했던 사
실이 밝혀졌다.

926. 부처님오신날의 제등행렬에 경찰이 최루탄을 발사한 것에 대한 항의 시위대열(1989.5).

927. 경찰만행을 폭로한 선전 홍보물.

928. 광주사암연합회에서 주관한 광주 원각사 최루탄 투척 규탄법회 장면(1987.5.27). 당시 경찰은 1987년 5월 18일 원각사의 5·18 광주영령추모법회를 무력으로 진압하여 불교도들의 거센 항의를 받았다.

930. 6공법난이라고 지칭되었던 이른바 동국대 부정입학사건의 편파 수사
에 대한 범불교도대회 장면(1989.9).

929. 해인사 스님들의 시위장면. 당시 이들은 사찰 입구에 바리케이드를
치고 경찰과 대치하며 이지관 동국대 총장의 석방을 요구하였다.

932. 개운사 입구에서 학원탄압 저지 및 불교자주 쟁취를 다짐하는 승가대
학인 스님들(1989.9).

931. 조계사에서 개최된 동국대사태에 관한 불교탄압공동대책위원회 기자
회견(1989.9.4).

933. '자비무적'이라는 불교정신아래 불교운동의 진로를 모색하고 있는 스님들. 박종철군 고문치사 진상규명과 민주개헌을 요구하는 피켓이 인상깊다.

934. 불교자주화와 민주화를 위한 대회 장면.

935. 민주헌법쟁취 불교공동위원회에서 양심수를 석방할 것을
결의하고 있다. 1987년 5월 16일 조계종 승려 746명은
'민주화를 위한 우리의 견해'라는 성명서를 통하여 4·13
호헌조치철회와 민주개헌을 촉구하였다.

936. 조계사 앞에서 민주화를 위한 거리행진을 하고 있는 스님들.

937. 불교탄압 저지와 구속불자
석방을 주장하는 스님들의
기자회견.

938. 생명해방과 인권수호를 위한 불교도 농성 장면.

939. 양심수 석방을 주장하는 할머니의 의연한 모습.

940. 민족자주 · 통일 불교운동협의회의 행진 대열.

942. 자주적 평화통일을 위한 남북불자 공동기원법회 장면. 공동기원법회
가 끝난 후 참가자들이 마당놀이를 하고 있다.

941. 조국의 자주적 평화통일을 위한 남북불자 공동기원법회 의식 장면
(조계사, 1988.6.15).

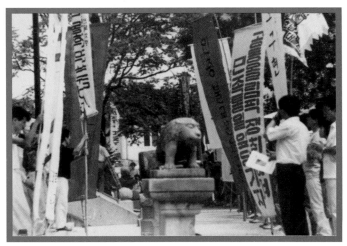

944. 88올림픽을 남북한이 공동으로 치르고 그 여력으로 통일을 앞당기
자는 현수막. 불교단체로서는 '민중불교운동연합' 등이 참가했다.
불교계에서는 민족화합 공동올림픽추진불교본부대회 및 범불교도
서명운동 발대식을 동국대 강당에서 개최하였는데, 정토구현 전국
승가회 등 10여개 단체가 참여하였다.

943. 남북불자 공동기원법회에 참가한 참가 대중들의 행렬.

945. 5·18 광주사태시 희생된 대불련 전남지부장 김동수
의 묘.

946. 5·18 광주사태시 희생자의 묘역을 찾은 승려들의 추도 묵념.

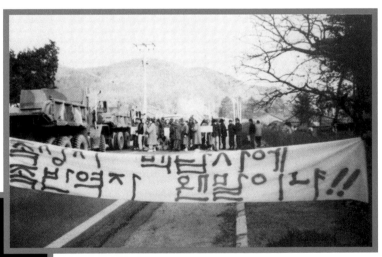

947. 전두환 전 대통령이 백담사에 칩거하자, 이것
을 저지·항의하는 불교도들(1988.12).

948. 전두환 전 대통령이 백담사에 칩거하자 이를 저지하려는 스님
들과 불자들이 백담사 입구에서 경찰과 대치하고 있다.

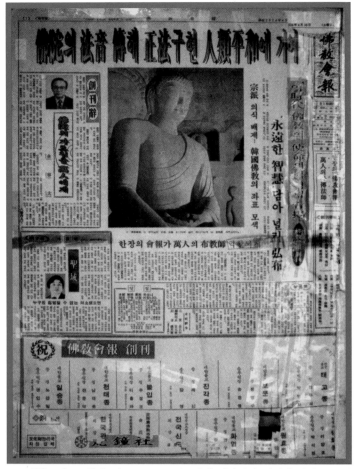

949. 「불교회보」 창간호(1982. 4. 10). 부산 대각사의 재정적 지원으로 발행되고 있으며 지금은 「주간불교」로 제호가 바뀌었다.

950. 「법보신문」 창간호(1988.5.16). 불국사에서 불교발전과 참다운 불교언론을 지향하기 위한 목표로 발행하고 있다.

951. 성철스님의 역저 「선문정로(禪門正路)」. 보조지눌 이후 한국 선(禪)의 깨침에 관한 문제는 돈오점수(頓悟漸修)사상이었다. 그런데 성철스님은 1981년 10월 발간한 「선문정로」에서 돈오돈수(頓悟頓修)를 주장함으로써 이후 깨침에 관한 문제는 돈오점수와 돈오돈수의 논쟁으로 발전하여 지금까지 돈점 논쟁은 계속되고 있는 셈이다.

952. 포교의 대중화에 기여한 대원회의 초창기 회보지
인 「대원회보」(1982.11.10). 원내는 대원정사
창설자 장경호 선생.

953. 「대원」 창간호. 「대원회보」가 1985년 6월호(통권
31호)부터는 내용과 체재 등을 혁신하여 대중지로
서 거듭 태어났다. 이후 「대원」은 「대중불교」로 제
호를 바꾸어 발행되었다. 대중불교화에 많은 역할을
한 「대중불교」는 1998년 5월호로 아쉬움을 간직한
채 종간했지만 그 역할은 영원했다.

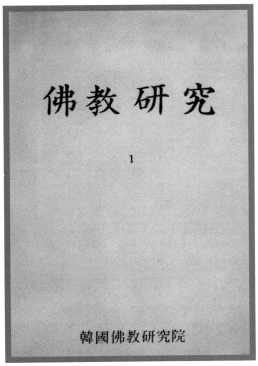

954. 이기영이 이끌었던 한국불교연구원에서 간행한
학술지, 「불교연구」 창간호. 1985년 8월 창간되
어 현재까지 16집이 간행되었다.

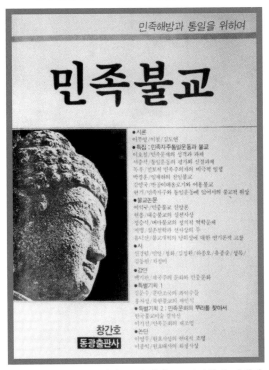

955. 「실천불교」를 개제(改題)하여 1989년부터 간행된
무크지 「민족불교」 창간호. 목우가 편집인이었다.

956. 천태종에서 간행한 잡지「금강」창간호. 1985년 1
월에 창간된 이 잡지는 전체가 칼라로 구성되었으
며, 불교문화 전반에 걸쳐 폭넓게 다루었다. 불교
잡지로서는 최고의 수준이었던 이 잡지는 폐간되었
다가 다시 속간되어 1999년 12월 현재까지 179호
가 발행되었다.

957. 해인사에서 펴낸「해인」창간호(1982.3).「해
인」지는 해인사보(海印寺報)의 성격이었지만 그
어느 사보나 잡지보다도 내용과 편집 등이 뛰어
났다. 1999년 12월까지 214호가 발행되었다.

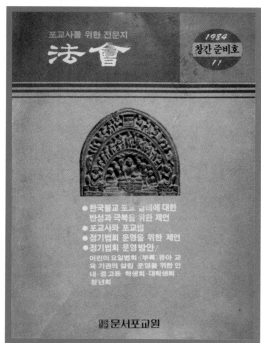

958. 문서포교원에서 펴낸「법회」창간 준비호(1984.11).
「법회」는 1988년 3월 통권 37호까지 발행되었다.

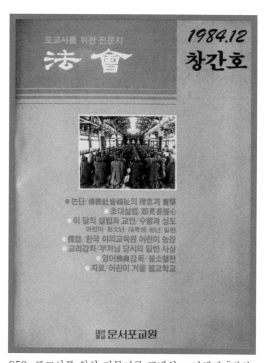

959. 포교사를 위한 전문지를 표방하고 간행된「법회」
창간호(1984.12). 1984년 12월에 창간된「법
회」는 포교사를 위한 전문지로서 많은 역할을 하
였다. 1988년 3월 37호로 종간.

960. 인간시대, 그 내일을 밝힌다는 취지로 간행된 「불
교사상」 창간호. 「불교사상」은 당시로서는 훌륭
한 불교잡지로서 1983년 12월에 창간되어 1987
년 2월, 37호로 종간되었다.

961. 남지심의 장편소설 「우담바라」(1988.5). 불교를
소재로 한 소설로서 당시의 베스트셀러였다.

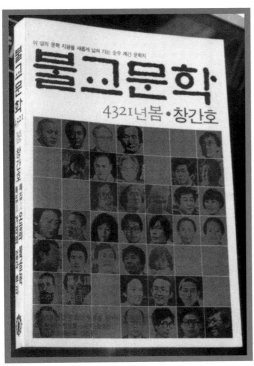

962. 「불교문학」 창간호. 전문 문학지를 표방하며서
1988년 3월에 창간된 이 잡지는 그해(1988)
12월 4호로 종간되었다.

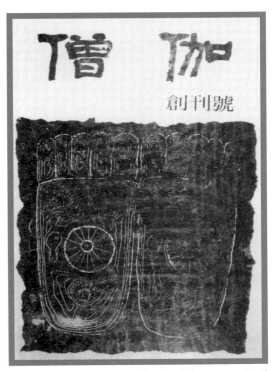

963. 중앙승가대학의 학보지 「승가」 창간호. 1984년 4월
에 창간되어 99년까지 16호가 발행되었다.

1990년대

1990년대 ●●●●●●●●●●●●●●●●●●●●●●●●●●●●●

　　1980년대부터 본격화된 불교개혁의 움직임은 불교계에서는 하나의 중심으로 자리잡았다. 그러나 종단을 주도하는 승려들의 의식까지 파급되지 못하였다. 그는 봉건적인 잔재를 말하는 것이다. 당시 이성철스님과 최월산스님을 종정으로 추대하려는 범어문중과 덕숭문중의 갈등은 그 단면을 말해주는 것이다. 이 갈등으로 부처님오신날에 종정법어도 없는 지경이 연출되었다.

　　그 갈등은 해인사・통도사에서 자파 중심의 승려대회로 이어졌으며, 나아가서는 개별적인 총무원의 분립으로 치달았다. 이같이 종단 내부의 모순은 고착화되었지만 질곡의 어둠에서 그 해결을 모색하기 위한 움직임이 등장하였으니, 그것은 선우도량과 실천승가회였다. 선우도량은 올바른 승가상확립을 내세우며 창립되었고, 실천승가회는 실천지향의 불교운동을 자임하면서 출범하였다. 선우도량은 승가 내부의 모순 척결과 지향점 수립을 위한 다각적인 모색을 거듭하였다. 실천승가회는 종단개혁을 위한 종회의원 직선제 및 겸직 금지의 해결을 우선적으로 내걸었다. 이 단체들의 새로운 행보는 당시 불교계의 관심이 되기에 충분하였다.

　　그러나 당시 종단은 권력과의 유착, 반민주적인 종단 행정 실시 등 교단개혁을 염원하는 종도들의 뜻을 저버리고 있었다. 더욱이 대통령 선거에 즈음해서는 특정 후보를 지지하는 행태를 노골화하였다. 이는 이전 해인사 승려대회에서 부정당하였던 관행의 반복에 지나지 않는 것이다.

　　마침내 교단 노선과 종단개혁을 지향하던 노선이 일대 충돌하는 사건이 일어났거니와 그를 촉발케 한 것은 서의현 총무원장의 3선강행이었다. 이에 개혁지향의 단체는 종단개혁에 나설 범승가종단개혁추진위원회(범종추)의 결성으로 이어졌다. 사태는 공권력을 배경으로 한 기존 집행부와 종단개혁을 열망하는 불교도들의 후원을 받은 범종추가 조계사에서 일대 격돌하는 것으로 전개되었다. 이에 종단은 마비되었으며, 불교와 종단개혁을 요구하는 수많은 목소리가 메아리쳤다. 그 와중에서 공권력이 개입되었으며, 이것을 비판한 다수의 불교도들의 거센 반발이 즉각 대두되었다.

　　결국 사태는 조계사에서의 4・10 전국승려대회를 기점으로 기존 집행부의 퇴진, 개혁회의 및 개혁종단이 등장하였다. 이 과정에서 지난날의 모순과 부패를 바로 잡으려는 제도개혁이 단행되고 개혁의 당위성이 분명하게 그 깃발을 올릴 수 있었다.

　　그러나 개혁의 실천을 위한 행보에서 적지않은 문제점이 등장하였다. 그것은 나약한 자주의식과 성찰의식의 부재로 요약할 수 있는 것이었는데, 이 문제는 1998년의 종단사태로 표면화되었다. 송월주 총무원장의 3선문제로 불거진 그 사태는 자칭 정화개혁회와 기존 집행부 및 종회와의 치열한 대결로 나타났다. 그러나 사태는 폭력발생, 총무원 청사 점거, 나아가서는 각기의 정당성을 확보키 위한 승려대회의 개최로 이어졌다. 더욱 문제시 된 것은 속세의 법에 그 해결을 의뢰한 반자주성이었다. 그 결과 정화개혁회의측이 도덕적인 타격을 입으면서 공권력에 의한 청사 진입으로 마감되었다. 이 사태로 교단과 승려의 정체성 점검이 시급함을 일깨워 주었으며, 종단개혁이 얼마나 어려운 것인가를 새삼 절감케 하였다.

　　조계종 사태를 겪은 이후 종단은 초발심회복운동을 전개하였지만 과연 그 효과에 대해서는 의문시되는 점이 상당하였다. 그러한 비판에서 나온 것인지는 단언할 수 없는 것이지만 1999년 10월에 재연된 조계종 사태는 불교도들의 가슴에 회한을 주기에 충분하였다. 따라서 종단개혁의 지난함을 절감케 하면서 불교자주화에 대한 열망과 그를 성취하기 위한 교단혁신이 더욱 중심 과제로 떠올랐다.

964. 통도사승려대회(1991.9.26). 강남 총무원을 등장시킨 승려대회
로, 교단이 강북과 강남으로 또다시 양분되었다. 통도사승려대회
에서는 전국승려 및 신도 600여명이 참석하였는데 기존 집행부
의 퇴진, 중앙종회 해산, 종단개혁 실시, 불교자주와 권익수호
등을 결의하였지만 명분이 약했다.

966. 통일염원 8·15 기념 불교문화 공연.

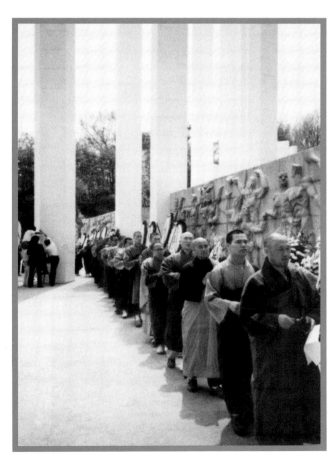

965. 4·19 기념탑에서 4·19 혁명정신을 계승키 위해 의식을 거행
하는 스님들.

967. 불교인권위원회 창립법회 장면(1990.11.20).

968. 12·12와 5·18에 대한
진상규명을 요구하는 스님
들의 기자회견.

969. 민족공조를 주장하는 종교인들의 행진대열.
90년대에 접어들면서 불교계는 사회·민족
문제에 큰 관심을 갖게 되었으며 인권·환
경·경제정의 실천 등의 문제 해결에도 나
서게 되었다.

970. 노동법·안기부법의 날치기
처리 항의 및 민주수호를 위
한 시국법회 현수막을 들고
있는 스님들(1997.1).

971. 선우도량의 수련결사에서 기조강연을 하는 휴암. 한국불교의 제반 문
제점을 결사 수행정신으로 극복키 위해 등장한 선우도량은 1990년
11월 14일 수덕사에서 창립되었다.

972. 5·18 특별법제정을 위하여 서명을 받고 있는 실천불교승가회의
스님들.

973. 교구본사의 역할과 과제를 갖고 진행된 제13회 수련결사에서 선우도량
공동대표(도법)가 인사말을 하고 있다.

974. 1992년 10월에 창립된 실천불교승가회의 거리행진. 실천승가회는
불교승가운동의 단일대오를 추구하며 교단개혁과 사회문제에 적극
적으로 활동하였다.

975. 17개의 승가·재가단체가 가입한 전국불교운동연합. '전불련' 이라는 깃발아래 시가행진을 하고 있다.

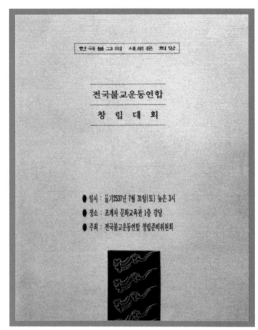

976. 전국불교운동연합이 1993년 7월 31일 창립식 당시 활용한 대회 문건.

977. 불교자주 및 민족통일을 위한 시민 운동을 표방한 전국불교운동연합 의 10·27 법난 진상규명을 위한 기자회견.

978. 쌀개방 저지를 위해 운동을 전개 하고 있는 스님들(1993.12).

979. 94년 교단개혁의 단초가 되었던 상무대비리 진상규명과 서의현 총무원장 3선반대를 위한 구종법회 (파고다공원).

980. 범승가종단개혁추진회 (약칭, 汎宗推)의 출범식 (1994.3.23). 범종추는 이후 교단의 개혁을 외치면서 서의현 총무원장 체제를 무너뜨리고 새로운 개혁회의를 출범시켰다.

981. 종단개혁을 추진하기 위한 결의를 다지고 있는 범종추(汎宗推)의 구종법회(조계사). 종단개혁을 위한 이 법회를 계기로 서의현 총무원장 체제가 무너지고 '개혁회의'가 출범, 선거에 의해 송월주 총무원장 체제가 탄생하였다.

982. 94년 3월 서의현 총무원장 3선반대로 야기된 불교계(조계종)의 분쟁이 노골화되자 지식인 300인이 선언을 하고 있다(1994.4.5).

983. 1994년 불교계 분쟁에 대하여 종단개혁을 촉구하는 '교수선언'의 기자회견 모습.

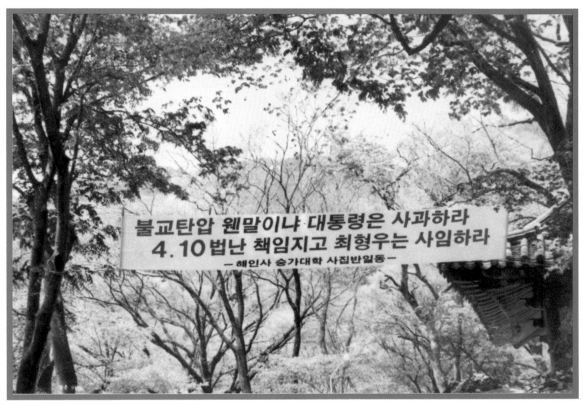

984. 94년 4월 10일 서의현 3선을 둘러싸고 당시 김영삼 정부가 공권력을 투입하자 책임자인 대통령의 사과와 최형우 내무
　　부장관의 해임을 촉구하는 플래카드.

985. 94년 4월 10일 공권력을 투입하자 이를 법난으로 규정하고 불교자
　　주화를 주장하며 부당한 공권력을 규탄하는 문건.

986. 위의 불교탄압에 대한 공권력을 규탄하는 100만인 서명운동에 이
　　용된 팸플릿.

987. 조계사에서 개최된 전국승려대회 장면(1994.4.10). 불교자주화와 교단개혁이라는 거대한 물결을 제시하였다. 서의현 총무원장 체제가 무너지고 새로운 개혁종단이 등장하는 순간이다.

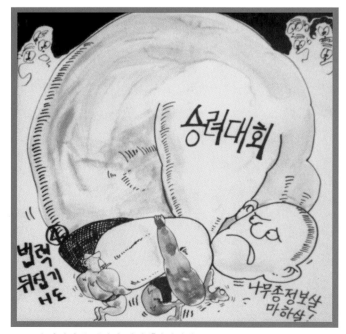

988. 승려대회를 풍자한 삽화(「한겨레신문」, 1994.4.10).

989. 승려대회를 통하여 등장한 개혁회의 진로를 풍자한 삽화(「한겨레신문」, 1994.4.12).

990. 승려와 신도들이 종단 비상사태에 즈음하여 개최한 범불교도대회(1994.4.13). 기존 종회의 권한을
과도적인 개혁집행부인 개혁회의에 이양할 것을 결의하였다.

991. 조계종 개혁회의의 현판식. 개혁회의는 서의현 체제를 무너뜨리고 종단의 제반 문제를 개혁해야 하는
새로운 과제를 안고 출발하였다.

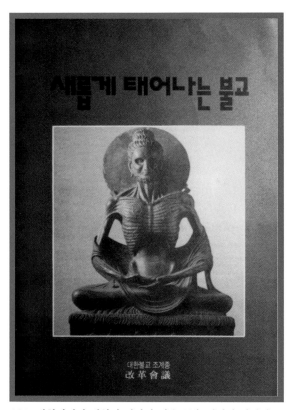

992. 개혁회의가 개혁의 대상과 내용 등을 제시한 지침서.

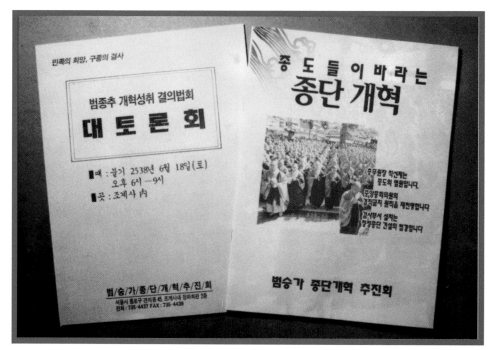

993. 범종추에서 주관한 종단개혁의 대토론회 발표문과 종단개혁의 내용을 요약한 문건.

994. 교육원의 현판식(1995.1.13). 종단개혁의 산실은 교육에 있음을 대내외에 천명한 의미가 담겨있는 교육원의 등장.

996. 제1회 교육원 회의 장면(1995.1.25).

995. 실상사에 설립된 화엄학림(1995.6.20).

997. 해인사 홍제암에서 열린 승려 기본교육을 위한 세미나(1995.7.5~6).

998. 정규대학으로 승격된 중앙승가대학교의 현판식 장면(1996.12.27). 이후 중앙승가대는 제2의 개교로 불리우는 김포학사의 이전을 위한 공사를 추진하였다. 현재 공사는 상당히 진행되고 있지만 많은 어려움이 산적해 있다. 교육은 늘상 강조하고 있지만 현실적으로 교육에 대한 지원은 소홀한 것이 불교교육의 현주소이다.

1000. 제1기 행자교육원 개원기념. 소임 맡은 스님들과 행자들(뒷줄). 체계적이고도 통일적인 행자교육의 지표를 설정하였다는 점에서 매우 긍정적인 평가를 받고 있다. 그러나 보다 상설적인 행자교육 도량의 필요성이 절감되고 있다.

999. 중앙승가대학교 현판식 직후 기념촬영을 하고 있는 교계의 원로들.

1001. 불교방송의 역사적인 개국식 장면(1990.5.1). 불교방송의 개국은 전파매체를 통한 불교포교라는 측면에서 커다란 역사적 의미를 갖고 있다.

1003. 한용운이 기거하였던 심우장에서 추모법회를 하는 승려들과 강의하는 고은.

1002. 원각사를 다시 일으키자는 홍보물. 이로부터 전국 사찰의 문화재에 대한 경각심이 크게 일어 성보박물관의 건립이 자연스럽게 대두되었다.

1004. 환경문제에 적극 대처하기 위해 개최된 전국본말사 주지 결의대회(1996.11.22).

1005. 본사 주지, 교계 중진 스님 연수회(직지사, 1995.2). 개혁종단은
행자교육 뿐만 아니라 기존 스님들의 교육에도 유의하였다.

1006. 직할사암 주지 연수회(신흥사, 1995.6.7~9).

1007. 맑고 향기롭게 운동본부에서 배포한 스티커.

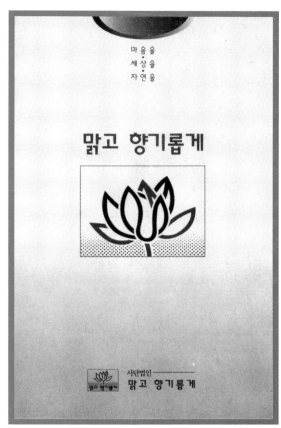

1008. '맑고 향기롭게' 운동의 선전물. 이 운동은 1993년 8월 법정스님의 발의로 시작되어 1994년부터는 불교방송과 공동으로 추진되었다.

1010. 불교귀농학교의 실습장인 실상사 농장 안내 입간판.

1009. 불교귀농학교 교육생 모집 안내 문건. 불교의 생명존중 사상의 바탕하에서 시작되었는데, 산업과 문명사회의 자연 파괴가 격심해지면서 생명과 농업에 대한 관심이 높아가고 있다.

1011. 쌀 개방 저지를 위한 시위 대열에 참가한 스님들과 불자.

1012. 불교의 육화정신을 널리 알리기 위한 대회.

1013. 감옥체험 현장에 참가한 스님.

1014. 보리수 마을 개원법회. 스님들의 노후복지
　　　뿐만 아니라 불자들의 복지에 대한 불교의
　　　관심이 요청되고 있다.

1015. 북녘동포 생명살리기 평화 대행진.

1016. '스님, 민족의학 살려주세요'. 한의학을
　　　민족의학으로 나갈 수 있도록 협조·요청
　　　하고 있는 한의학과 학부모들.

1017. 가야산 골프장 건설을 반대하는 스님들.

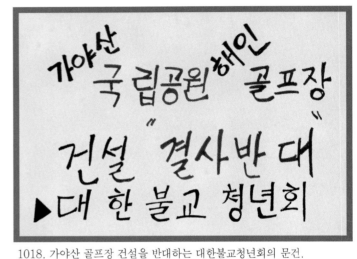

1018. 가야산 골프장 건설을 반대하는 대한불교청년회의 문건.

1019. 가야산 골프장 건설 반대를 주장하는 시위대열.

1020. 강원학인 스님들의 사찰환경보존캠페인.

1021. 화염에 휩싸인 조계종 총무원 청사. 이 부끄러운 역사를 어떻게
　　　참회할 것인가? 1998년 10월 총무원장 선거를 둘러싸고 벌어
　　　진 조계종의 내분은 정화개혁회의(월탄스님측)의 총무원 청사
　　　점거와 기존 집행부간의 치열한 공방으로 전개되었다. 그러나
　　　정화개혁회의측의 총무원 건물점거는 불법이라는 법원의 가처
　　　분 결정으로 일단락 되고 선거를 거쳐 총무원장으로 오고산스님
　　　이 당선, 새로운 집행진을 출범시켰다.

1022. 윤월하 종정이 주도했던 정화개혁회의는 당시 송월주 총무원장의 3선
　　　출마가 종헌종법에 위배된다는 명분으로 결집되었다. 사진은 정화개
　　　혁회의 현판식(1998.11.26).

1023.「정화개혁회의보 호외」. 정화개혁회의의 이 호외는 종헌과 종회를
　　　고수하는 집행부 승려들이 추진·개최한 승려대회(1998.11.30)
　　　를 비판하고 있다.

1024. 1,500여명의 승려들이 참가한 전국승려대회(1998.11.30). 해방후 수없이 개최된 승려대회 때문에 무엇이 어떤 승려대회인지, 이유와 명분은 무엇인지 심각한 혼동을 불러 일으키고 있다. 종헌·종법수호를 내세우면서 기존 집행부를 옹호했던 승려들은 정화개혁회의가 총무원 청사를 점거하는 바람에 종무행정과 종통에 혼란을 가져왔다고 판단하여 그것을 극복하기 위한 전국승려대회를 개최하였다. 승려대회를 추진한 세력은 그 여세를 몰아 총무원 청사 접수에 나섰으나 정화개혁회의의 완강한 저항으로 청사 접수는 실패하였다. 그 과정에서 양측은 폭력이 난무하는 전쟁터를 방불케 하였고 당시 발생한 조계사 대웅전 방화는 불자와 일반인의 가슴을 멍들게 하였다. 이로 인해 불교계의 위상은 또다시 곤두박질하였다.

1025. 전국승려대회에서 배포된 회보.

1026. 승려대회 봉행위원회에서 승려대회의 제반내용을 담아 만든 선전물.

1027. 광화문 지하도 입구에서 개최된 종헌·종법수호와 공권력 규탄을 위한 범불교도대회(1998.12.6). 기존 집행부 승려들이
　　　 정화개혁회의를 규탄하기 위하여 개최하였다.

1028. 종단안정과 개혁을 위해서 개최된 범불교연대회의
　　　 출범식과 대토론회 장면(동국대, 1998.12.16).

1029. 범불교도대회보.

1030. 총무원 청사로 진입하기 직전의 경찰. 기존 집행부는 종헌·종법수호라는 명분을 활용하면서 '정화개혁회의의 총무원 점거는 위법'이라는 취지로 법원에 판정을 요청하였다. 그 결과 법원에 의해 '정화개혁회의의 총무원 청사점거는 불법'이라는 가처분이 수용되었다. 이에 공권력은 법원의 판결 집행을 위해 총무원 청사를 인수하여 기존 종단의 집행부에게 인계하였다.

1031. 정화개혁회의 강제 퇴거 집행을 위해 청사로 투입되고 있는 집달관과 경찰(1998.12.23). 법원은 판결의 집행을 위해 총무원 청사를 비위줄 것을 정화개혁회의에 요청하였으나 정화개혁회의측은 이를 일축하였다. 이유야 어찌되었든간에 불교 내부의 문제를 속세의 법에 의존하였다는 비판은 면할 수가 없을 것이다.

분규 43일만에… 「정화개혁」측 격렬저항

경찰 6천명 들어가 승려·신도등 88명 연행

조계사 농성 강제해산

1032. 조계사 농성 강제해산 보도기사의 타이틀.

◇사다리車서 추락 23일 오전 정화개혁회의측 승려들이 점거이던 조계사 총무원 건물에 대한 퇴거집행에 나선 경찰이 고가 사다리를 타고 진입하던중 사다리가 뒤틀리면서 떨어지고 있다.

1033. 총무원 청사에서 추락하는 경찰. 총무원 청사를 점거하고 있는 정화개혁회의측 승려들의 퇴거 집행에 나선 경찰이 고가사다리를 타고 진입도중 추락하는 장면(1998.11.23). 이 사진은 AP통신에 의해 20세기의 기념비적인 사진으로 선정되었다. 다시는 불교계에서 이러한 장면이 발생되지 말아야 할 것이다. 합장!

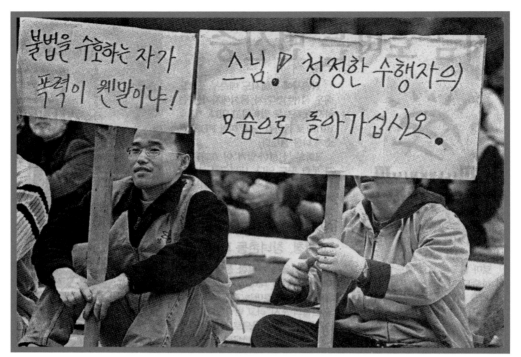

1034. 1998년 조계종 분규시 불교신도들이 스님들에게 폭력적인 대립을 중지하고, 청정한 수행자로 돌아가길
요청하는 피켓 시위장면(1998.11.16 ; 봉은사 정문 입구).

1035. '불교바로세우기'를 목표로 창립된 범불교재가연대의
깃발. 스님들이 바른 수행만 한다면 이러한 깃발은 등장
할 것도 없을 것이다.

1036. 1998년 11~12월경의 조계종 분규상황을 그래픽으로 요약 보도한 「조선일보」 기사(1998.12.5).

1037. 교구본사 주지 간담회에 참석한 총무원과 종회의 대표들(1998.12.15). 기존 집행부와 우호적인 입장을 견지하고 있던 본사 주지들과 총무원 종회측 스님들이 불교계 안정과 분규해결을 모색하는 모임이다.

- 불교 바로서기를 염원하는 -

지성인 461인 선언

불교가 중생구제와 사회완성의 종교로 바로서기 위해서는 사부대중 모두의 철저한 역사적 반성과 부처님 가르침의 대승적 실천을 통해서만이 가당하다. 그러나 이 땅의 불교는 부처님 가르침을 바르게 지키고 바르게 쥐는 어엿한 모습의 불교로 서지 못하고 있는 안타까운 실정이다. 특히 조계종 종권의 생권을 목표로 일부 권승들에 의해 저질러지는 폭력사태의 악순환은 재가불자들에게 배신감을 안겨주을 뿐만 아니라, 그로 인해 한국불교의 위상은 여지없이 무너지고 있다.

이대로는 안된다. 승가는 달라져야 하고, 불교는 새롭게 다시 태어나야 한다. 가르침 바로, 행 바로라면 그 가르침이나 좋은 이미 개인이나 사회를 이롭게 갈 힘이 없는 죽은 가르침이며 종교이다. 해방 이후 종권다툼으로 일룩진 불교 현대사 악순환의 고리를 바로 지금 과감히 떨어버려야 한다.

이에 우리 재가불자들은 사부대중의 일원으로 크게 부끄러움을 느끼며 참회 정진함과 동시에, 종단질서와 불교위상의 조속한 회복을 간절히 염원하면서 다음과 같이 그 뜻을 밝힌다.

- 승가대중은 수행과 교화 본연의 임무에 전심전력함으로써 국민과 재가불자의 신뢰를 회복하는 데 회화 정진하라.

- 종권에 집착한 일부 소수 권승들은 작금의 사태에 대해 공동책임을 지고 복을 쥐는 참회와 무소유의 출가정신으로 돌아가 대중공의와 종헌종법에 의거하여 급변 사태를 조속히 원만 수습하라.

- 폭력은 반불교적 행위이다. 폭력을 묵인, 방조, 비호, 이용하는 그 누구도 불교를 외해시키는 세력으로 규정할 것이며, 따라서 우리 재가불자들은 폭력과 관련된 파계승에 대해 승보로서 공경하기를 단호히 거부한다.

- 종권을 둘러싼 폭력의 악순환이 되풀이되며 재정이 불투명하고 비합리적으로 운영됨으로써 승가 자체의 자정능력에 더 이상 기대할 수 없다고 판단될 때에는, 우리 재가불자들은 정법을 받들어 불교를 바로 세우는 데 구체적인 행동에 나설 것을 천명한다.

불기 2542(1998)년 11월 25일

서명동참 재가불자 일동

▶ '지성인 461인 선언' 동참자 명단
학 계 강광석외 221명 / 법 조 계 정영준외 40명 / 언론출판계 강신철외 22명
문 인 강욱구외 12명 / 문화예술계 김정원외 34명 / 의 료 계 강민춘외 29명
법사단 고두익외 40명 / 교 육 계 강양철외 42명 / 사회활동가 강인성외 20명

1038. 불교바로서기를 염원하는 지성인 461인의 선언서(1998.11.25). 기존 집행부와 정화개혁회의 대립으로 불거진 불교계 분쟁을 해결하려는 지성인의 의사 표시이다.

현 조계종단 사태에 대한 재가의 입장
- 종단의 질서 회복과 한국불교 개혁을 위한 서명운동을 추진하며 -

승가의 제일 덕목은 화합이고, 부처님의 근본정신은 지혜와 자비 정신인진데 작금 종단의 잇따른 분열과 폭력사태는 종도의 가슴에 지울 수 없는 상처를 남길을 뿐만 아니라 종단의 존립이 위태하는 파멸직전의 상황으로 치닫게 하고 있다. 이로 인해 국민대중은 두려움과 고통에 허덕이며 종단과 승가에 극도의 불신감을 나타내고 있다.

이처럼 참담하고 충격적인 사태를 맞아 우리 재가불자들은 이제 더 이상의 침묵과 방관에서 벗어 일어나 실추된 신심과 애종심으로 자신을 추스려서 종단 질서의 회복과 승가의 화합을 위해 화쟁[和諍]의 기치로 화합을 만들고 승가의 화합을 추구하며 종단질서를 회복하는 대절전의 길로 올명정진하여 나갈 것을 서원하며 다음과 같이 천명하고자 한다.

- 우리는 부처님의 자비정신에 위배되는 그 어떤 폭력 행위도 받아들일 수 없다. 총무원 청사를 불법적으로 점거하여 종단사태를 극도로 악화시킨 정화개혁회의는 즉각 청사에서 물러나고 해산해야 할 것이다. 또한 대중적 공의 없는 폭력적 청사 회복 방식도 반대한다.

- 원로대덕, 선원 수좌, 본·말사 주지, 승가대학의 학인 대중에 이르기까지 모든 승가대중은 합심협력하여 大衆公議에 입각하여 조속히 사태를 수습할 것을 촉구한다.

- 종단의 사태가 조속히 해결되지 않을 시 가까운 시일 안에 재가대중이 한마음 한뜻으로 결집하여 《재가정진법회》를 개최하고 문제 해결의 원력을 높여나가자.

- 무소유와 대중공의의 원칙을 존중하고 수행과 교화에 정진하시는 스님들을 적극 공양, 예경, 후원하고, 폭력과 도박, 비리에 연루된 파계승들을 전국의 불자들에게 공개하고 예경, 청법, 공양하지 않는 운동을 펼쳐 나가자.

- 종단과 사찰 운영을 투명화하고 재가 전문가의 참여를 확대하여 삼보정재의 남용을 막고 사부대중 공의에 입각한 종단과 사찰 운영이 되게 하여 종단분규를 근원적으로 해소하자.

불기 2542(1998)년 11월 25일

범재가비상대책회의 02)723-9811

▶ 참가단체
전국 교사불자회 / 대불련 총동문회 / 우리는 선우 / 자비의 전화 / 보리 방송모니터회 / 사상보법회 / 조계종 원우회 / 대불청 서울지구·경기지구 / 금강정사 신도회 / 수원포교당 신도회 / 석왕사 신도회 / 봉은사 신도회

▶ 1080인 서명자 현황(가나다순)
개운사 4명, 경기불교대 16명, 공주신원사 1명, 구룡사 1명, 금강정사신도회 104명, 금강정사청년회 53명, 금선사 5명, 길상사 청년회 1명, 노락사 9명, 대각사청년회 16명, 대구정법회대불청 1명, 대불련총동문회 1명, 대전불교대학 9명, 동국대불교대학 1명, 동산불교대 30명, 만해불교대학 4명, 방생선사 2명, 법주사문경교육대학 5명, 보현회교대학 1명, 봉선사 6명, 농운사 2069명, 대한불교삼보회 1명, 파라미타 청소년연합(사) 103명, 파라미타교교사(사) 3명, 삼회사 5명, 서울교구 소라데바기 1명, 석왕사 64명, 석왕사청년 1명, 수원포교당 8명, 송광사 19명, 송파사 70명, 이화여고 3명, 우리는선우 240명, 한국교사불교회 40명, 전국교사불교회 전북지부 1명, 정림사 4명, 종단협의회 1명, 창양사청년회 7명, 청주동화사 19명, 사자파라미타 19명, 피주보권사 10명, 한국 스카우트불교지도자회 2명, 한국관음회 1명, 한밭사 57명, 화계사 19명

1039. 조계종단 사태에 대한 범재가비상대책회의 입장 표명(1998. 11.25). 재가불자들의 종단분규에 대한 입장을 밝힌 성명서이다.

1040. 1998년 말 불미스러운 종단사태를 겪은 총무원이 표방한 참회 문건, '초발심으로'. 과연 얼마나 많은 스님들이 초발심으로 돌아갔는지, 자세한 통계는 내 볼 수 없는지, 답답하기만 하다.

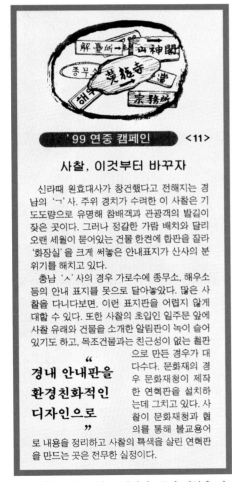

'99 연중 캠페인 <11>

사찰, 이것부터 바꾸자

신라때 원효대사가 창건했다고 전해지는 경남의 'ㄱ'사. 주위 경치가 수려한 이 사찰은 기도도량으로 유명해 참배객과 관광객의 발길이 잦은 곳이다. 그러나 정갈한 가람 배치와 달리 오랜 세월이 묻어있는 건물 한편에 합판을 잘라 '화장실'을 크게 써놓은 안내표지가 산사의 분위기를 해치고 있다.

충남 'ㅅ'사의 경우 가로수에 종무소, 해우소 등의 안내 표지를 못으로 달아놓았다. 많은 사찰을 다니다보면, 이런 표지판을 어렵지 않게 대할 수 있다. 또한 사찰의 초입인 일주문 앞에 사찰 유래와 건물을 소개한 알림판이 녹이 슬어 있기도 하고, 목조건불과는 친근성이 없는 철판으로 만든 경우가 대

"경내 안내판을 환경친화적인 디자인으로"

다수다. 문화재의 경우 문화재청이 제작한 연혁판을 설치하는데 그치고 있다. 사찰이 문화재청과 협의를 통해 불교용어로 내용을 정리하고 사찰의 특색을 살린 연혁판을 만드는 곳은 전무한 실정이다.

1041. 「불교신문」 연중 캠페인. 종단 내분을 지켜 본 불교언론들은 각기 불교계가 참회하고 개선할 점을 찾아 이를 중점 보도하였다.

제1회 한국불교근현대사 강좌

불교사 바로보기 개항에서 불교정화까지

현재의 모습을 보면 과거와 미래를 알 수 있다고 말합니다.
지난 말, 불자들 뿐 아니라 전국민에게 경망을 안겨주었던 조계종 분규.
그것은 여전히 살아있는 과거입니다.
분화의 초발심 회복운동으로 지향하고자 하는 분자들의 열원.
그것은 또한 살아있는 미래입니다.
이에, 작은 자리나마 '불교사 바로보기'를 통해
우리 한국불교가 지녀온 숨결을 이해하고
건전한 분화의 자성, 그리고 희망찾기의 계기를 마련해보고자 합니다.

일정 / 주제

1. 4월 9일(금) 불교와 역사
2. 4월 16일(금) 근대불교의 시작과 전개
3. 4월 23일(금) 근대 불교교단사의 이해
4. 4월 30일(금) 일제시대 불교계 운동사
5. 5월 7일(금) 교단 개혁의 시도와 좌절
6. 5월 28일(금) 불교 정화의 역사적 배경과 전개 과정

불기 2543년 4월 9일 ➡ 5월 28일
금요일 오후 7시

● 장 소: 조가사 제2교육문성심관 강의실
● 참 가 비: 2만5
(국민 은행 023-21-0788-162 여경순)

접수 및 문의: 한국불교근현대사 연구모임(736-0386)

주최 조계사 포교국·선우도량 한국불교근현대사연구회·한국불교근현대사연구모임
후원 범불교연대회의

1042. 제1회 한국불교근현대사 강좌 선전 문건(1999.4). 종단사태를 겪은 직후 불교계에서는 근현대불교사를 바로 알아야 한다는 인식이 팽배해지고 있다.

1043. 북한을 방문, 금강산 신계사터에서 통일기원탑돌이를 하고 있는 각 종단 대표급 스님들(1999.6).

1045. 통일을 기원하는 남·북한 불교도합동법회 기념촬영(보현사, 1999.6.12).

1044. 정보화 사회의 불교대중화에 기여한 조계종의
종합정보망, '달마넷'의 홍보물.

1046. 굴렁쇠 어린이의 국토순례단의 행사장면. 미래의 주역인 어린이들에게 불교의 참모습을 어떻게 전달해 주어야 할까?

1047. 비구니 수행처인 석남사 앞에 유흥시설이 들어서자, 이를 항의하기 위해 전국 비구니 500여명이 공사예정지에서 시위를 벌이고 있다(1999.7.6). 사찰과 스님들의 수행을 파괴하는 이른바 환경파괴는 갈수록 더해질 전망이다.

1048. 파라미타 청소년협회에서 청소년들에게 '파라미타'를 소개하고 동시에 불교의 진리를 보급하려는 홍보물.

1049. 조계종 신도등록 안내 문건.

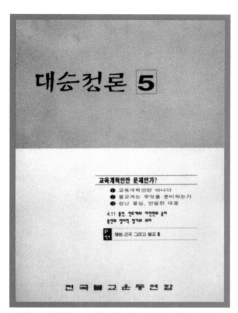

1050. 전국불교운동연합의 기관지 「대승정론」.

1051. 수행결사단체인 선우도량의 기관지 「선우도량」 창간호(1991.8). 「선우도량」은 현재까지 13호가 발간되었다.

1052. 한국대학생불교연합회의 기관지 「대불련」.

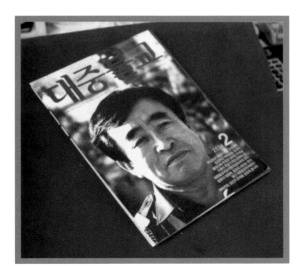

1053. 대중불교 창간호. 기존의 「대원」지가 1990년 2월부터 제호를 「대중불교」(통권 87호)로 변경 발행하였다. 불교대중화에 많은 역할을 한 「대중불교」는 1998년 5월호로 종간했지만, 그 역할은 영원했다.

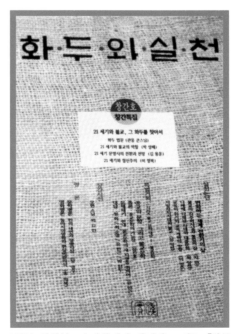

1054. 실천불교승가회에서 발행하고 있는 「화두와 실천」 창간호.

1055. 불교의 생활화 기치를 걸고 창간된 「현대불교」의 창간호. 한마음선원에서 발행하고 있다.

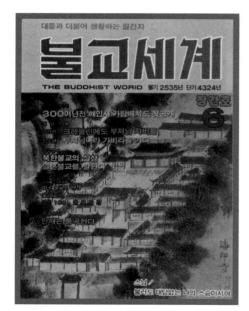

1056. 대중과 더불어 생활하는 월간지를 표방하고 나온 「불교세계」 창간호(1991.6).

1057. 1991년 10월 21일에 창립된 재가결사단체인 '우리는 선우'의 기관지, 「우리는 선우」. '우리는 선우'는 보살도의 실천을 통하여 참불자상을 정립하자는 기치로 출범하였다.

1058. 불교계의 대표적인 어린이 포교지였던 「굴렁쇠」 창간호(1990.1).

1059. 1992년 2월에 창간된 「봉은」.

1060. 「불교춘추」 창간호(1995.1).

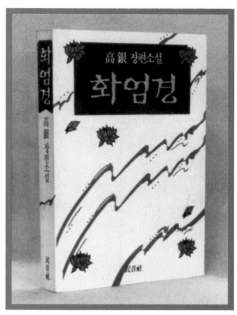

1061. 고은의 장편소설 「화엄경」. 화엄경 입법계
품에서 선재동자가 53선지식을 찾아 다니
면서 구도하는 과정을 형상화한 소설. 출
판 당시 베스트셀러였던 이 책은 경전을
소설화하여 대중에게 다가가는데 크게 성
공한 작품이다. 1991년 민음사에서 출판.

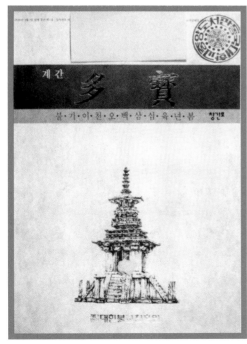

1062. 대한불교진흥원에서 발간한 대중불교 잡지
「다보」 창간호(1992.봄). 1997년 4월부터는
「불교와 문화」로 제호를 바꾸었다.

1063. 가산학보 창간호. 1991년 11월 30일에 창간
된 전문학술지. 발행처는 가산불교문화연구
원(이지관스님).

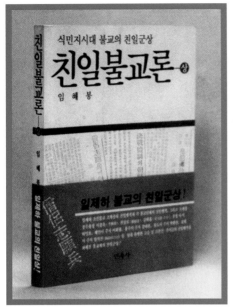

1064. 임혜봉의 「친일불교론」. 식민지하 불교계의 친일문제를 다룬 이 책이 출판되자 불교계는 발칵 뒤집혔다. 지금까지 불교계의 친일문제는 마치 서술할 수 없는 성역으로 여겨졌으나 이 책이 출판됨으로써 불교계의 친일문제가 본격적으로 대두되기 시작하였다. 1993년 민족사에서 출판되었다.

1065. 최인호 장편소설 「길없는 길」. 경허스님의 생애를 소설화한 이 책은 출판되자마자 베스트셀러에 진입했다. 작가의 지명도와 뛰어난 문체, 그리고 구성능력이 발휘된 작품이라고 할 수 있다.

1066. 「산에는 꽃이 피네」. 유시화 씨가 법정스님의 여러 수필집에서 발췌하여 출판한 이 책 역시 98년도 통계 베스트셀러 1위였다. 1998년 불지사 출판.

1067. 불교문화의 대중화와 세계화를 내세운 불교저널의 창간호(1999.8). 박경훈이 편집인으로 발간을 주도하였다.

1068. 「불교평론」. 평론지가 전무한 불교언론계에 새로운 활기를 불어 넣고 있는 새로운 평론지이다. 1999년 11월 20일 창간.

1069. 1999년 10월의 조계종 종권분규. 조계종 종법수호대책위원회 소속 종무원들이 '오고산 총무원장은 자격이 없다'는 법원의 판결에 대하여 삭발 항의하고 있다. 1998년 조계종 분규는 외형적으로 총무원장으로 오고산스님이 등장하면서 일단락 되었다. 오고산 체제는 종단 안정을 최우선으로 설정하고 이전 정화개혁회의측 잔류세력을 포섭하려고 하였다. 그러나 정화개혁회의측은 정화불사대중연합이라는 조직을 구축하면서 통도사를 거점으로 계속 활동하였다. 정화개혁회의측은 마침내 '오고산 총무원장의 자격 없음'(부존재 확인)을 서울지방법원에 요청하였다. 법원에서는 선출 당시의 절차상의 문제를 삼아 '오고산 총무원장은 자격이 없다'고 판결하고(1999.10.1) 과도직무 대행자로 황도건스님을 임명하였다. 그러나 기존 집행부 및 그 세력들은 법원의 판결을 인정하지 않게 되자 또다시 총무원 건물 접수관계로 폭력사태가 발생하였다. 98년도에는 법원의 결정이 옳다고 한 사람들이 이번엔 법원으로부터 불리한 결정이 나오자 법원을 규탄하는 모순점을 어떻게 이해해야 할까?

1070. 1999년 10월 12일, 조계사 창건 이래 최대 인파인 1만여명이 모인 가운데 거행된 '불교자주권과 법통수호를 위한 제1차 범불교도(사부대중) 궐기대회' 장면. 당시 대회에서는 절차상의 문제로 조계종단 체제를 뒤흔든 사법부의 규탄과 함께 불교자주권수호를 결의했다. 당시 종단 집행부는 항소 포기를 통한 직무 대행자의 권한과 자격이 발생되지 않도록 하고, 재선거를 통한 종단 재건에 나섰다.

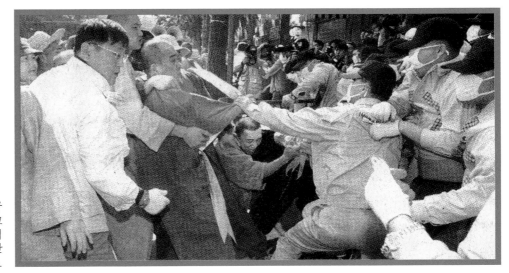

1071. 1999년 10월, 조계종 분규 당시의 폭력행사 장면. 불교의 가치와 위상을 저버린 이 같은 폭력이 추방될 때 종단 안정과 불교발전은 담보된다.

1072. 재가불자들이 불교혁신을 위해 설립한 '한국불교재가
회의'의 창립식 장면(1995.2.12). 이 단체를 주도한
공동의장은 이기영, 고은, 서돈각이었다.

1074. 1999년 조계종사태에 즈음하여 불교자주화에 대한 열망으로 조
계사에 운집한 불교도들(1999.11.12). 불교자주화의 이면에는
교단안정과 폭력배제라는 간절한 염원이 담겨 있었다. 그러나, 이
같은 사태가 발생되기까지 그에 관여한 승려들의 진정한 반성과
참회가 있었는가에 대해서는 의문이 된다.

1073. 교단자주화와 불교혁신의 서명운동 장면(조계사 경내, 1999.11.12).
이후 이 서명운동은 전국의 불교계로 파급되어 불과 한달 사이에 5만
여명의 서명을 받았다. 이는 이 운동에 담겨 있는 불교에 대한 애정을
확인할 수 있는 것이다.

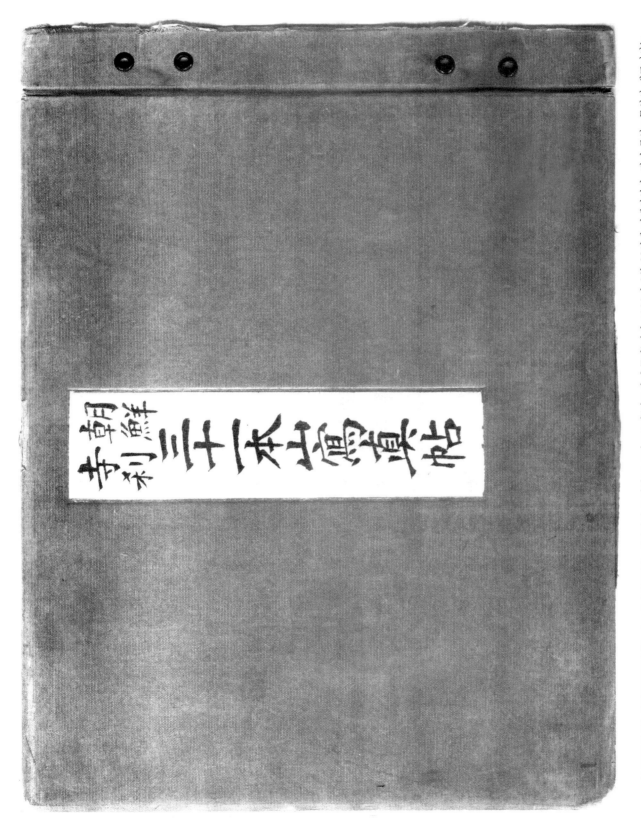

朝鮮寺刹三十一本山寫眞帖

▲ 조선사찰31본산 사진첩(朝鮮寺刹三十一本山寫眞帖). 재단법인 조선불교 중앙교무원(지금의 총무원)에서 1929년 8월 29일에 간행하였다. 당시 중앙교무원의 대표이사는 이혼성(李混星)이었다.

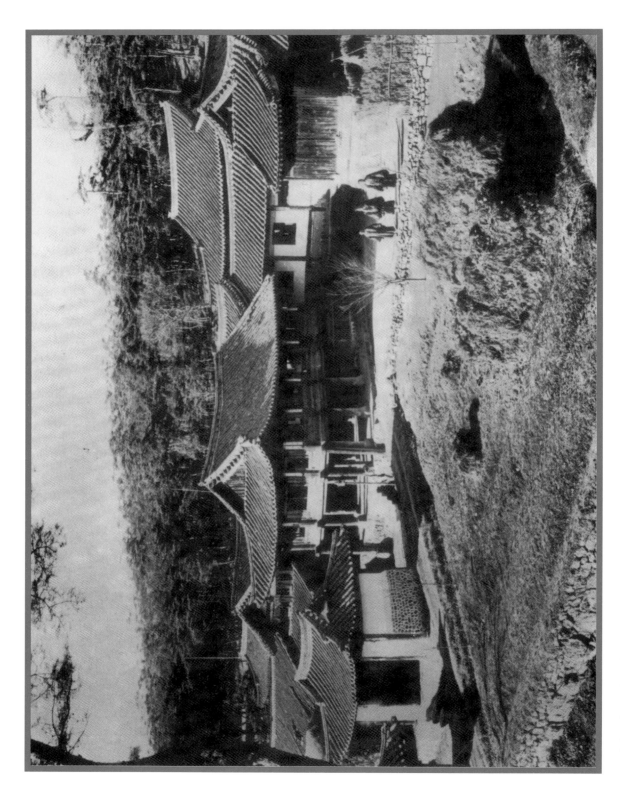

1. 경기도 광주군 수도산 봉은사(奉恩寺, 지금의 서울 삼성동 봉은사)

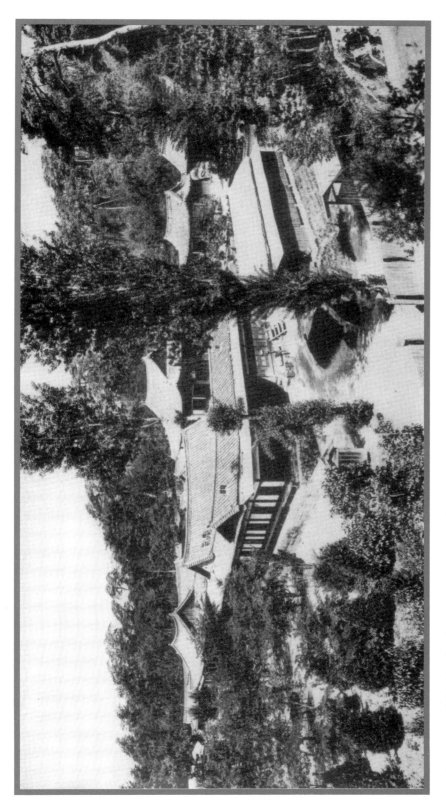

2. 경기도 수원군 화산 용주사(龍珠寺, 지금의 경기도 화성 용주사)

3. 경기도 양주군 주엽산 봉선사(奉先寺, 지금의 양주 봉선사)

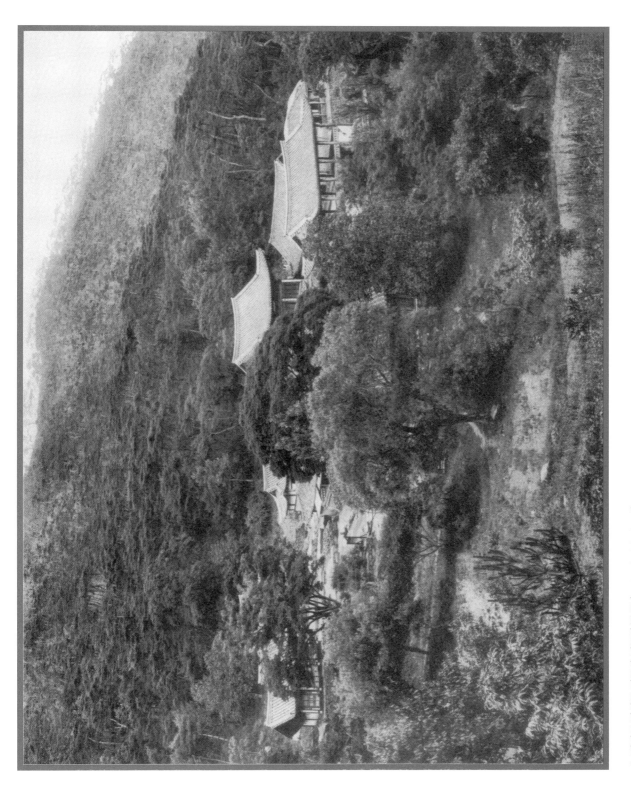

4. 경기도 강화군 정족산 전등사(傳燈寺, 지금의 강화 전등사)

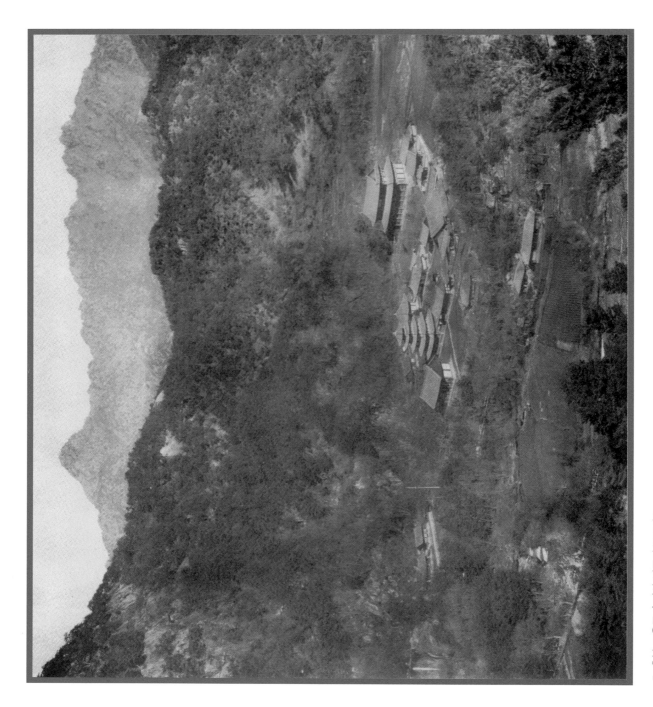

5. 충북 보은군 속리산 법주사(法住寺)

6. 충남 공주군 태화산 마곡사(麻谷寺)

7. 전북 완주군 위봉사(威鳳寺)

8. 전북 금산군 진락산 보석사(寶石寺, 지금의 충남 금산 보석사)

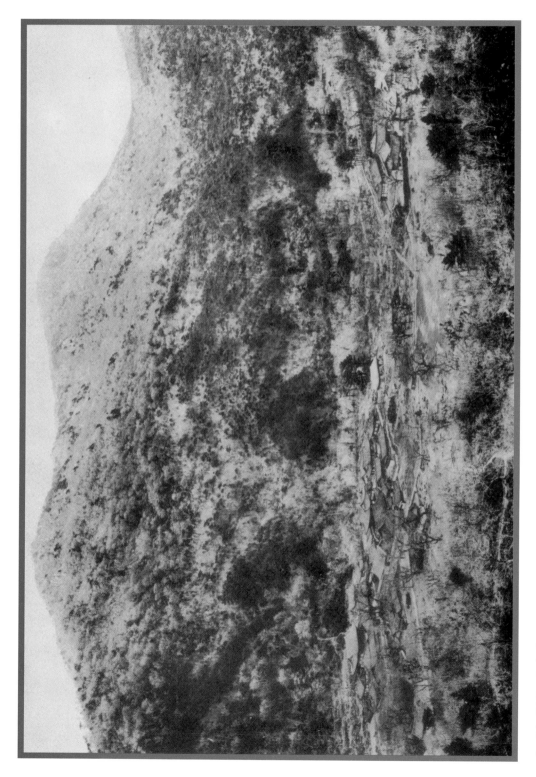

9. 전남 해남군 두륜산 대흥사(大興寺, 지금의 대둔사. 원래 이름이 대둔사였는데 일제가 대흥사라고 고친 것이다.)

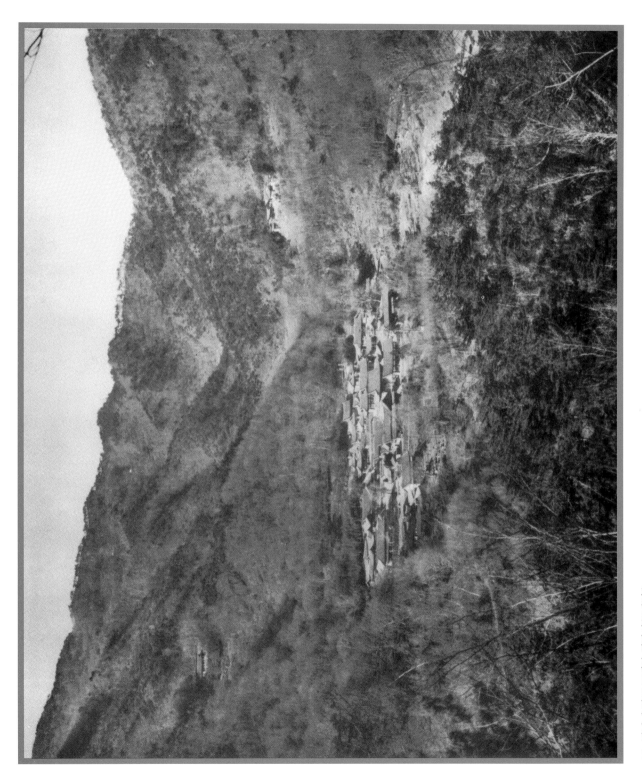

12. 전남 순천군 조계산 선암사(仙巖寺)

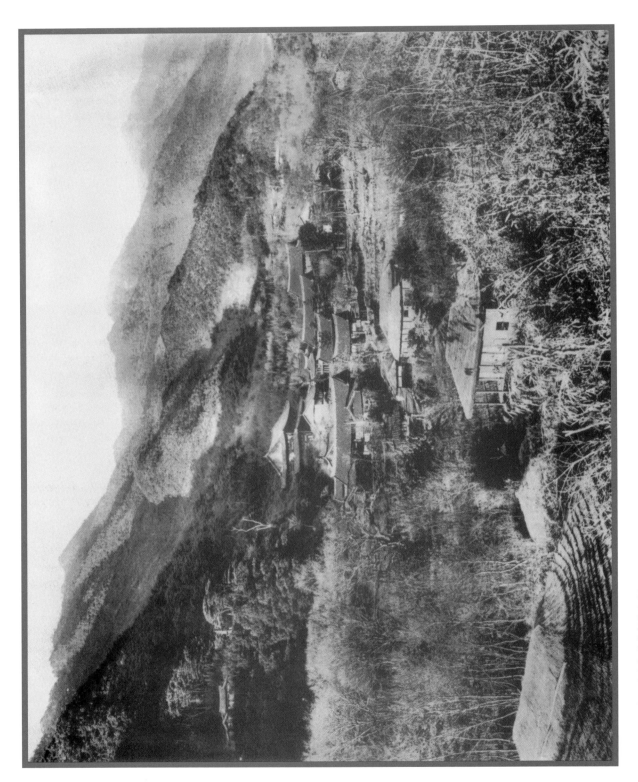

13. 전남 구례군 지리산 화엄사(華嚴寺)

14. 경북 달성군 팔공산 동화사(桐華寺)

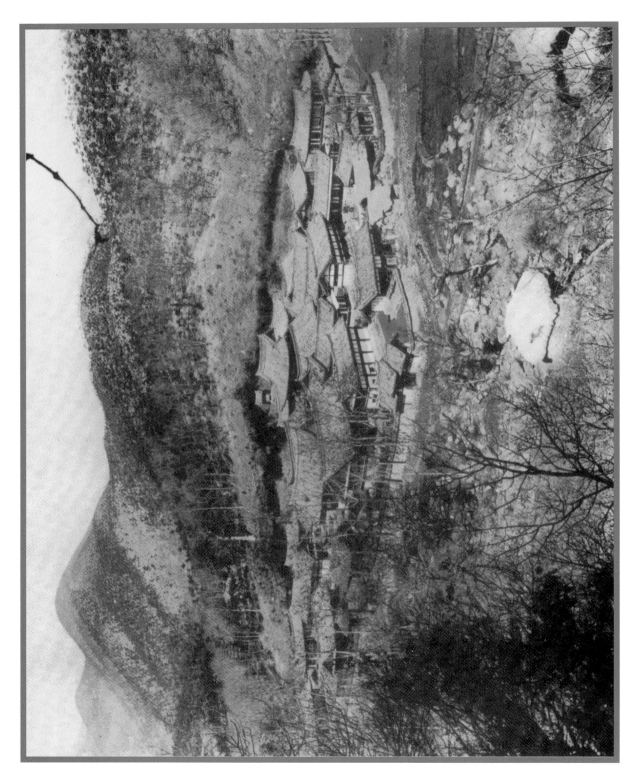

15. 경북 영천군 팔공산 은해사(銀海寺)

16. 경북 이성군 고운사(孤雲寺)

17. 경북 문경군 운달산 김룡사(金龍寺)

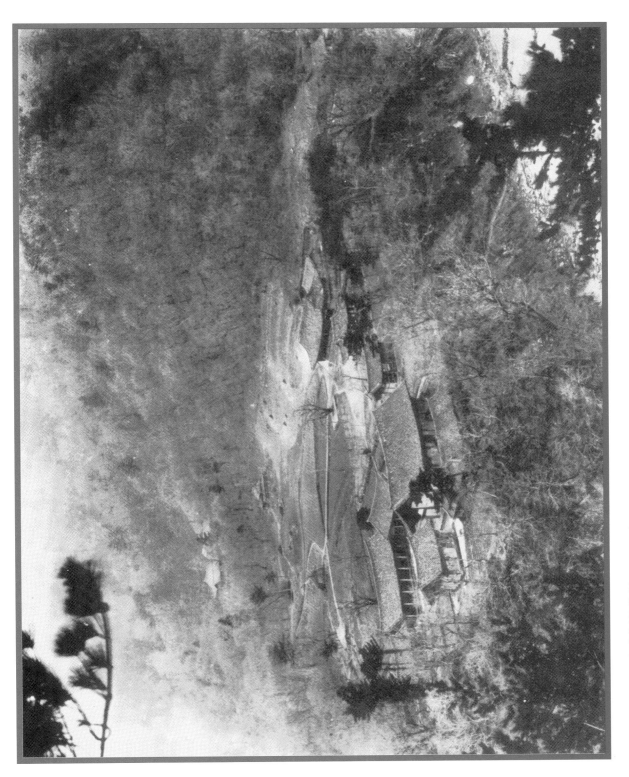

18. 경북 경주군 함월산 기림사(祇林寺)

19. 경남 합천군 가야산 해인사(海印寺)

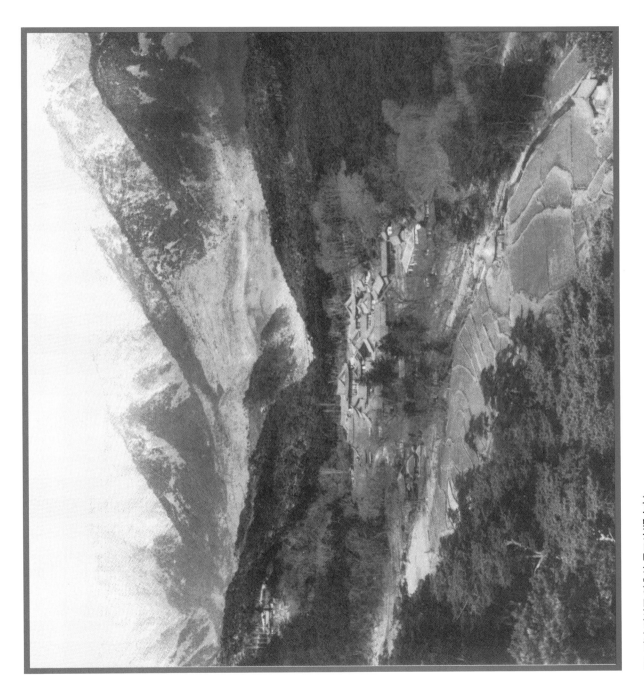

20. 경남 양산군 영축산 통도사(通度寺)

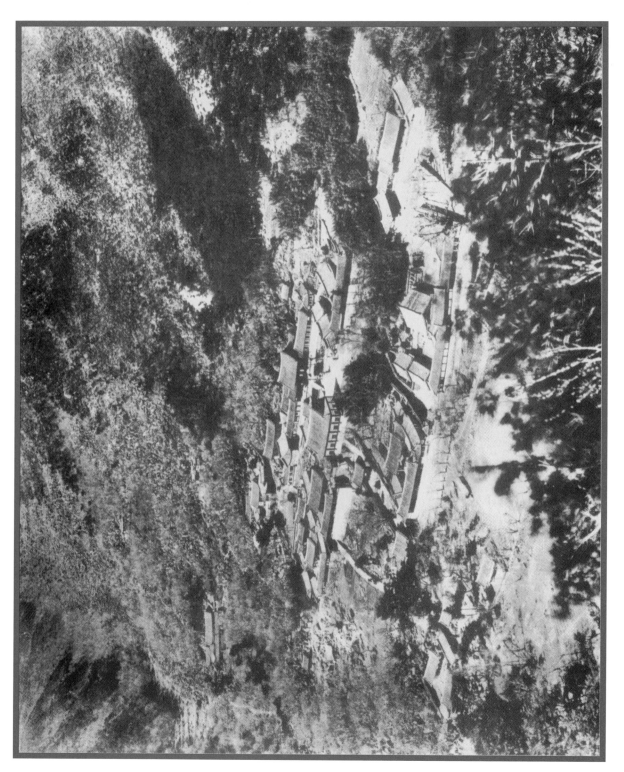

21. 경남 동래군 금정산 범어사(梵魚寺, 지금의 부산 범어사)

22. 황해도 신천군 구월산 패엽사(貝葉寺)

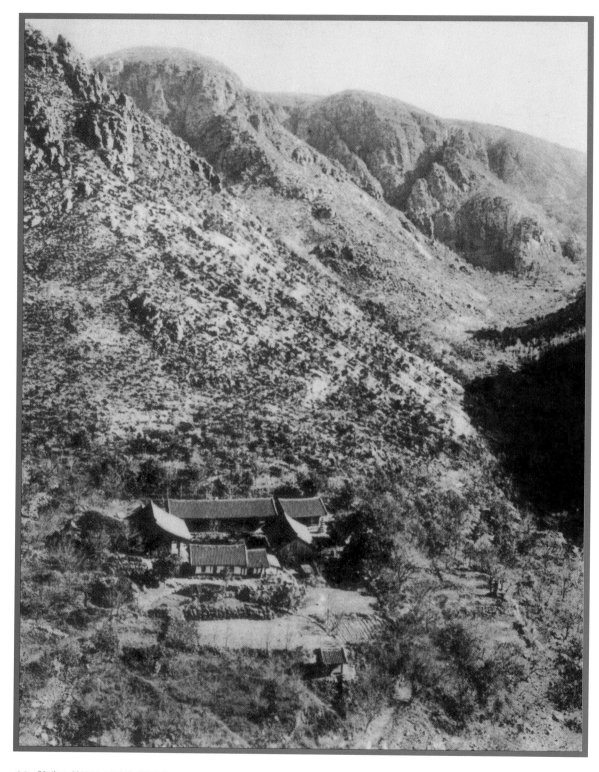

23. 황해도 황주군 정방산 성불사(成佛寺)

24. 평남 평양부(平壤府) 영명사(永明寺)

25. 평남 평원군 법흥사(法興寺)

26. 평 북 영변군 묘향산 보현사(普賢寺)

27. 강원도 고성군 금강산 건봉사(乾鳳寺)

28. 강원도 고성군 금강산 유점사(楡岾寺)

29. 강원도 평창군 오대산 월정사(月精寺)

30. 금룡사 위봉리 정을사(靜乙寺)

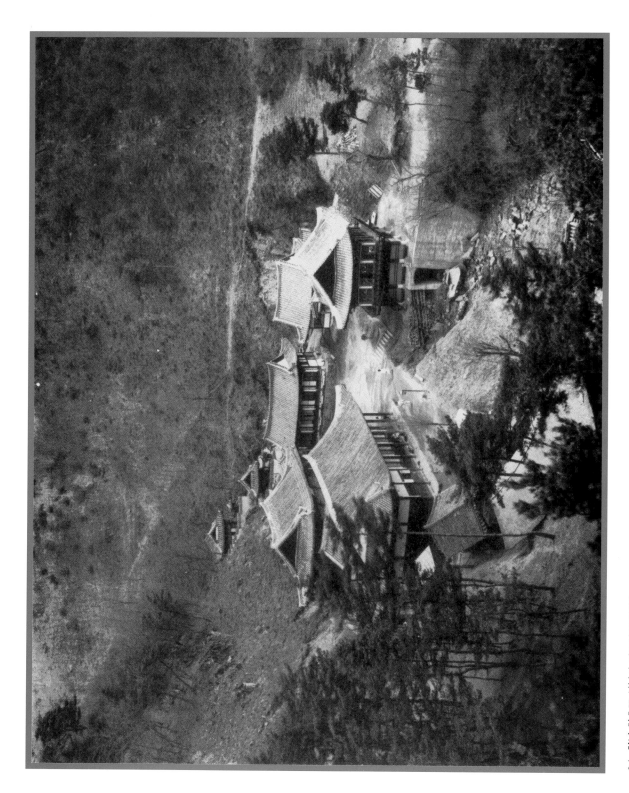

31. 함남 함흥군 설봉산 귀주사(歸州寺)

한국불교 100년 주요사진 목록

1900년대 전후

사진자료 2 : 부처님 오신날 경축행사로 '석가여래경축회(釋迦如來慶祝會)'와 '사월초파일(四月初八日)'이
　　　　　라는 문구가 보이고 갓을 쓴 신도들과 어린아이들이 매우 흥겨워하고 있는 모습으로 보아
　　　　　당시의 부처님 오신날 봉축행사는 한 마을의 잔치 분위기였음을 짐작할 수 있다. 그 당시 봉
　　　　　축행사를 볼 수 있는 유일한 사진자료이다.
사진자료 4 : 승려도성출입금지 해제를 요청한 일본 승려 사노(佐野前勵)의 사진.
사진자료43 : 최초로 우리나라에 건너와 일본불교를 전파한 오꾸무라엔싱(奧村圓心)의 사진.
사진자료45 : 한국의 원종과 조동종간에 비밀맹약을 체결하는 데 결정적인 역할을 한 일본 조동종 승려
　　　　　다께다(武田範之)의 사진.
　　　　　　※ 위의 사진(사진자료 4. 43. 45)은 우리나라에 건너와 정치적으로 활동했던 일본 승려들
　　　　　의 사진이다. 필자는 사진으로나마 이들의 모습을 보고 싶었다.
사진자료12.13 : 개화당의 인사들과도 밀접한 교류를 가졌던 개화승 이동인(李東仁)의 사진으로 이 사진
　　　　　은 수집과정에서 약간 다른 모습의 두 사진이 입수되었다. 사진으로 보아 둘 다 이동인
　　　　　의 사진이라고 생각되지만 사진자료13은 좀 호화스러운 분위기이다. 신사유람단을 기
　　　　　획할 당시 모습으로 짐작된다.
사진자료19 : 개화기 때 승려의 모습으로 이채로운 복장을 하고 있어 눈길을 끌고 있다. 이 사진은 승려
　　　　　들의 복식변천에도 참고가 될 것이다.
사진자료28 : 서울의 대곡파 본원사 법당.
사진자료31 : 대곡파 본원사 편액과 종루.
사진자료32 : 남산의 진종 대곡파 본원사 별원.
사진자료35 : 대곡파 본원사 인천 별원.
　　　　　　※ 위의 사진(사진자료 27,28,29,30,31,32,35)은 서울 등지에 있던 일본불교 대곡파 본
　　　　　원사 별원의 모습으로 일본불교의 포교가 얼마나 활발하게 전개되었는지를 보여준다.
사진자료49.50 : 화엄사의 스님들과 학생들. 한복에 모자를 쓰거나 까만 교복을 갖춰 입은 학생들의 모습
　　　　　으로 보아서 개화기의 분위기를 느낄 수 있다. 당시 불교계는 교육에도 많은 관심을 갖
　　　　　고 있었다. 1910년에 찍은 사진으로는 상태가 매우 좋은 편이다.

1910년대

사진자료82 : 임제종 운동 발기 당시 종무원장으로 피선된 선암사 김경운스님 사진.

사진자료85 : 범어사 금강계단 호계첩.

사진자료87 : 지금의 서울 필동3가에 있었던 일본 조동종 경성별원인 조계사(지금의 조계사와는 다름).

사진자료88 : 서본원사 부산별원의 한가로운 모습.

사진자료89 : 30본산 주지들의 일본시찰 환영회 장면.

사진자료90 : 유점사 금강계단에서 수계산림을 마치고 찍은 기념사진.

사진자료91 : 불교중앙학림과 당시 30본산연합위원장이었던 홍보룡스님.

사진자료93 : 해인사 주지로 비밀리에 원종과 조동종의 맹약을 체결한 이회광.

사진자료95 : 「조선불교통사」의 저자 이능화.

사진자료97 : 용주사 주지였으며 훗날 '명고축출'의 웃음거리가 된 강대련.

사진자료98 : 을축년 대홍수 때 708명의 목숨을 건진 봉은사 주지 나청호.

사진자료99 : 금강산 신계사 보덕암의 스님과 행자.

사진자료102 : 권상로의 저술인「조선불교약사」.

사진자료104 : 한용운의 저술인「불교대전」.

사진자료110 : 「조선불교월보」제13호.

사진자료112 : 「불교진흥회월보」제1호.

사진자료114 : 「조선불교총보」제1호.

사진자료124 : 1912년경의 건봉사 모습.

사진자료127 : 1917년경의 유점사 대웅전.

사진자료129 : 1917년경의 범어사 전경.

※ 이 중에서 30본산 주지들의 일본시찰기념사진(사진자료 89)은 매우 중요한 의미를갖는다. 일본시찰은 한국불교 발전을 위해 일본불교를 배우겠다는 차원에서 이루어졌지만, 사실은 한국불교 왜색화에 촉매제가 되었다. 사진 속에서 주지들은 일본승려들의 복장과 똑같은 '하오리 하까마'를 걸치고 있다. 당시 국내에서도 활동하던 주지스님들 거의가 '하오리 하까마'를 걸치고 다녔다. 시대적 상황이 어쩔 수 없었던 점도 있었겠지만 부끄러운 시대상을 그대로 노출하고 있어 안타깝다.

1920년대

사진자료167 : 각황사에서 불교개혁에 대한 주제로 회의를 하는 30본산 주지들의 모습으로 수십 년이 지난 지금도 불교개혁은 매우 시급한 문제가 아닐 수 없다.

사진자료169 : 1924년 조선불교 중앙교무원 전경.

사진자료198 : 출가하기 이전, 「불교」지 문예부 기자와 불교여자청년회의 서무부 간사로 활동할 당시의 김일엽.

사진자료217 : 1928년 일본불교 시찰단이 '하오리 하까마'를 걸치고 동경 대정대학에서 기념촬영한 모습.

사진자료218 : 1925년 11월 1일 일본 증상사(增上寺)에서 개최된 동아시아 불교대회 발회식 장면으로 나청호, 권상로, 이혼성이 참석하였다.

사진자료223 : 조선불교 소년회에서 부처님 오신날을 맞이하여 빈민들에게 팥죽을 제공하는 모습.

사진자료232 : 벨기에 브뤼셀에서 개최된 피압박민족 반제국주의 대회에 한국 대표로 참석한 김법린(전 동국대 총장)과 이미륵.

사진자료237 : 일본에서 석사학위를 받고 귀국했을 당시의 김태흡.

사진자료238 : 동국대 총장 시절의 백성욱. 불교계에서는 맨 처음으로 외국 유학(독일) 박사학위를 받았다.

사진자료241 : 1928년 3월 16일 각황사에서 개최된 조선불교 학인대회의 참가자들(이청담, 이운허스님 등). 이 대회는 강원 부흥과 교육 개선을 통한 한국불교의 발전을 주제로 개최되었다.

사진자료251 : 경허스님의 제자로 전설적인 선승으로 알려진 신혜월스님.

사진자료253 : 1927년 제주 불교포교당에서 치른 불교식 결혼 장면. 사찰에서 결혼식을 올리는 경우는 요즘도 더러 볼 수 있지만 이 사진은 우리가 볼 수 있는 최초의 불교식 결혼 기념사진으로 매우 흥미 있는 사진이다.

사진자료255 : 조선불교단 회관에서 거행된 구한말 순종의 서거를 애도하는 봉도식 장면.

사진자료263 : 1925년 6월 8일 경성호텔에서 열린 조선불교단 재단법인 설립 축하 피로연.

사진자료274 : 1929년 1월 3일부터 3일간 각황사에서 개최된 조선불교 선교양종 승려대회 기념촬영 모습. 우측에 의연한 모습으로 서 있는 나무가 현재 조계사 앞마당에 있는 느티나무이다.

사진자료279 : 1929년 10월 11일부터 3일간 조선총독부 건물 실내홀에서 개최된 조선불교대회 장면. 이 대회는 조선불교단의 조직 활성화 및 식민지 불교정책 강화를 목적으로 개최되었다.

사진자료280 : 조선불교대회에 앞서 근정전 어좌(御座)에 모셔진 불상 앞에서 예배하는 장면.

사진자료282.283 : 지금의 동대문운동장 자리에서 조선불교단이 주최한 무주고혼천도식 장면.

사진자료284 : 조선불교대회가 끝난 후 총독부 건물 앞에서 일본과 조선의 각계 인사들 수백 명이 모여 기념촬영한 모습. 총독부 건물을 대회장소로 사용했다는 점과 각계 인사 수백 명이 모였다는 사실로 보아 당시의 대회 규모를 짐작할 수 있다.

사진자료285~288 : 「불교」지에 실린 찬불가.

사진자료316 : 불국사 다보탑 컬러 그림엽서(앞 컬러사진 참조).

사진자료317 : 분황사탑 컬러 그림엽서(앞 컬러사진 참조).

※ 이 중에서도 1925년 11월 1일 개최된 동아시아 불교대회(사진자료218)는 대동아인들끼리 뭉쳐서 미제국주의를 타파하자는 일본의 대동아 공영권의 논리하에서 진행된 대규모의 행사였다. 며칠 동안 계속된 행사에서 조선은 물론 중국 대만 등 일본의 영향권에 있던 동아시아 불교권은 자의반 타의반으로 모여들었다.

그리고 각황사에서 개최된 조선불교학인대회(사진자료241)는 젊은 학인들이 모여서 강원교육 개혁을 부르짖으면서 보다 자주적인 조선불교를 모색하고자 했다는 데 의미를 두고 있다. 또한 신혜월스님의 사진(사진자료251)도 처음 공개되는 사진으로 사료적 가치가 대단하고, 제주도 불교포교당에서 거행된 불교식 결혼 장면(사진자료253)도 불교의 한 단면을 보여주는 최초의 사진이라는 점에 의의가 있다.

1929년 1월 3일부터 3일간 개최된 조선불교 선교양종 승려대회(사진자료274)는 사진
상태가 좋지 못해서 구체적인 인물은 알 수 없지만 이 대회에서는 불교의 자주화를 상징하
는 조선불교 선교양종 종헌과 선서문을 채택하였다.

무엇보다도 1920년대 가장 두드러진 사진은 아직까지 한 번도 공개되지 않았던 조선불
교단 주최 조선불교대회 관계의 사진(사진자료279,280,282,283,284)들이다. 조선불교
단은 총독부의 막강한 지원과 당시 일본·조선의 정계, 재계, 불교계의 절대적인 지원하에
발족된 이른바 식민지상황 아래 이념적이고 현실적인 친일불교의 전위대 역할을 한 단체였
다. 이 대회는 총독부 건물 실내홀에서 개최되었는데 사이토 총독(사진자료279, 앞 의자
에 앉아 있는 사람)이 참석하였고, 대회 종료 후 총독부 청사 앞에서 수백 명이 모여 기념
촬영(사진자료284)을 한 것으로 보아 당시의 상황을 잘 알 수 있다.

또한 1920년대 후반의 것으로 짐작되는 불국사 다보탑 컬러사진(사진자료 316)과 분황
사탑 컬러사진(사진자료 317)은 당시의 현실을 감안할 때 고급스러운 컬러 우편엽서를 발
행한 것은 매우 획기적인 일이 아닐 수 없다. 다보탑과 분황사탑의 문화재적 가치는 물론
이고 컬러사진이 등장했다는 사실만으로도 충분한 역사적 자료가치가 있을 것이다.

1930년대

사진자료326 : 1933년 종헌발포 4주년 기념식 사진.

사진자료330 : 최범술, 김법린, 허영호, 김상호, 강유문 등 불교청년 운동의 핵심 주역들.

사진자료333 : 조선불교청년총동맹 창립대회 기념촬영.

사진자료336 : 동국대 전신인 중앙불전 제1회 졸업식 기념사진.

사진자료340 : 1935년에 결성된 건봉사 봉서소년회 창립기념 사진. 젊은 스님들과 소년의 모습이 자못
　　　　　　　흥미진진하다.

사진자료345 : 다솔사 광명학원 제1회 졸업생 사진.

사진자료346 : 범어사 강원에서 학생들을 가르치고 있는 김법린.

사진자료355 : 조선불교 선종 제1회 수좌대회. 1931년 김적음스님에 의하여 다시 재건된 이후 선학원에
　　　　　　　서 개최된 최초의 수좌모임이다.

사진자료360 : 봉선사 홍법강원의 학인들이 울력 직후에 가진 기념촬영.

사진자료369 : 「불교」지 103호에 실린 신년 축하 광고.

사진자료417.418 : 이등박문의 죽음을 애도하여 그의 이름을 딴 '박문사' 전경과 '박문사' 입불식에 모
　　　　　　　　인 축하군중.

사진자료424 : 1938년 조선학생불교청년회연맹 결성식 기념촬영. 이 연맹은 일제의 정책에 적극 협조하
　　　　　　　기 위한 단체였다.

사진자료429 : 금강산 내금강의 삼불암 컬러 엽서.

사진자료430 : 금강산 내금강의 보덕암 컬러 엽서.

사진자료431 : 금강산 마하연 컬러 엽서. 수많은 운수 납자들이 수행한 곳이다.

사진자료436 : 1930년대 기림사의 승려와 신도들.

사진자료443 : 1930년대 석굴암을 둘러보고 있는 관광객과 석굴암의 그림엽서.

사진자료448 : 금강산 정양사 약사전과 삼층석탑.

　※ 이 중 불교청년운동의 핵심주역(사진자료330)은 민족운동 및 항일 비밀결사체인 만당(卍黨) 조직 당시의 기념사진으로 매우 중요한 의의를 갖고 있다. 그들은 1년 뒤인 1931년 조선불교청년총동맹을 결성(사진자료333)하여 사찰령 폐지운동을 포함한 한국불교의 혁신운동을 전개했던 젊음의 순수성이 살아있는 사람들이다.

　중앙불전 제1회 졸업생 사진(사진자료336) 속에서는 박윤진, 강유문, 정두석, 박영희, 한성훈, 조명기, 박봉석 등 학창시절의 패기에 찬 모습을 볼 수 있으며, 최범술이 다솔사에서 운영하던 광명학원 제1회 졸업기념 사진(사진자료345)과 산 속에서 승복차림의 김법린이 학생들을 지도하고 있는 사진(사진자료346) 또한 근대교육적인 측면에서 다루어야 할 중요한 사진이다.

　조선불교선종 제1회 수좌대회(사진자료355)는 널리 알려져 있는 사진이지만 선학원을 중심으로 하여 한국의 전통선을 부흥시키려 했다는 점에서 또다른 의미를 부여할 수 있을 것이다.

　그러나 무엇보다도 1930년대 가장 중요한 사진으로서는 이등박문의 죽음을 기념하여 남산에 세운 박문사(사진자료417, 418, 442)일 것이다. 지금의 신라호텔 영빈관이 박문사 건물터였고, 정문은 박문사 정문이라고 한다. 컬러로 된 그림엽서(사진자료442)는 그 어느 사진보다도 정교하고 고급스럽다.

　그 외에 컬러와 흑백으로 된 그림엽서들 또한 국내 사찰을 중심으로 만들어진 홍보용 사진이라는 데에 관심을 갖지 않을 수 없다.

1940년대

사진자료458 : 1941년 2월 26일부터 10일간 선학원에서 개최된 고승유교법회는 한국불교사 특히 근대 한국선의 역사에서 매우 중요한 의미를 갖고 있다(본문의 사진 설명 참조).

사진자료466 : 조선불교 조계종 초대 교무부장 임원길.

사진자료467 : 조선불교 조계종 초대 종무총장 이종욱.

사진자료468 : 조선불교 조계종 초대 종정 방한암.

사진자료469 : 조선불교 조계종 초대 서무부장 김법룡.

사진자료470 : 종정 사서 허영호.

사진자료471 : 초대 재무부장 박원찬.

※ 위의 사진(사진자료466~471)은 1941년 조선불교 조계종 출범 당시의 중요 인물들의 사진이다.

사진자료486 : 「불교」 신32집에 게재된 친일 사설 '신년을 맞이하는 전시의 각오'.

사진자료489 : 군용기 헌납 결의안.

사진자료490 : 「불교」 신58집에 게재된 '대동아전쟁 완수와 조선불교의 진로' 현상논문 공고문.

사진자료491 : 「불교」 신20집에 게재된 '총후보국에 대해서' 라는 친일적인 글.

사진자료492 : 「불교시보」 79호에 게재된 '대동아전쟁과 불교도의 사명' 이라는 친일 사설문.

사진자료494.495 : 조선불교 조계종이 전국 사찰에서 각출하여 일본 육군에 헌납한 전투기 조선불교호.

※ 위의 사진(사진자료486,489~495)들은 일제의 통치하에 있었던 암울한 시대적 분위기를 잘 말해주듯이 친일행각이 뚜렷이 나타난 자료들이다. 물론 당시 분위기에서는 어쩔 수 없었겠지만, 부끄러운 일이 아닐 수 없다.

선(善)만이 역사의 귀감이 되는 것이 아니라 악(惡)도 귀감이 된다는 사실, 친일 자료를 수록함으로써 향후 우리 불교계가 다시는 역사에 부끄러운 오점을 남기지 말아야 한다는 측면에서 수록하게 되었다. 특히 전투기를 헌납했다는 사실은 당시 「불교」 지에 수록된 이후 처음으로 공개되는 사진으로 불교를 사랑하는 불자들에게 죄송함을 감출 수 없다.

사진자료549 : 대각사를 방문한 김구 선생 일행

※ 김구 선생은 젊은 시절 약 6개월간 마곡사에 입산한 적이 있었다. 그래서 불교와 많은 인연을 갖고 있다. 봉익동 대각사를 방문한 것은 백용성스님이 상해 임시정부에 독립자금을 보냈기 때문에 감사의 뜻을 전하기 위해서 방문했다고 한다. 독립운동과 관련하여 크나큰 의미를 갖고 있는 사진으로서 이 역시 책으로 공개되기는 아마 처음이 아닐까 생각된다.

1950년대 ~ 1960년대

사진자료580 : 1954년 8월 24~25일. 선학원에서 개최된 제1차 전국 비구승 대표자 대회. 이 대회는 불교정화라는 기치하에 최초로 전국 비구승 대표자들이 모였다는 점에서 광복 이후 현재 조계종단 성립의 상징적인 사건이다.

사진자료592 : 1954년 12월 13일. 제4회 전국 비구·비구니 대회.

사진자료610 : 「평화신문」 1955년 6월 29일자에 게재된 '불도냐 이혼이냐' 의 기사. 비구측과 대처측은 승려자격을 '독신으로 삭발염의한 자' 로 합의하게 되자, 처를 거느리고 있던 스님은 이혼을 하든가 아니면 환속할 수밖에 없는 난감한 문제에 부딪혔다.

사진자료611 : 「동아일보」 1955년 7월 30일자에 게재된 '50여명이 또 이혼' 의 기사. 승려자격을 '독신으로 삭발염의를 한 자' 로 정하자 50여명이나 되는 대처승들이 한꺼번에 집단 이혼하는 해프닝이 벌어졌다.

사진자료612 : 1955년 5월 18일. 묵언의 회향법회에 참석한 사부대중들. 불교정화를 위하여 전국승려대회를 개최하기로 했으나 당국에 의해서 좌절되자 비구측 승려들은 조계사에서 단식농성을 하였다.

사진자료623 : 1955년 8월 3일 전국승니대회 참석 기념촬영.

사진자료670.671 : 정화에 대한 의지와 방향이 잘 나타난 비구측 승려대회의 격문.

사진자료677 : 1960년 11월 19일 안국동 입구에서 시위를 시작하고 있는 비구들.

사진자료680~684 : 만(卍)자 깃발을 들고 시내를 행진하는 시위대. '불법에 대처승 없다'는 간결하고도 확고한 의지가 드러난 플래카드를 들고 시위하는 사진은 그 중 으뜸이다.

사진자료757 : '不秀祖關 未免生死 爲什 欲免生死' 법거량의 주제를 미리 정해놓고 이 설문에 법거량을 던진 글도 있다. 매우 흥미있는 일이라 생각된다.

사진자료764 : 1965년 동안거 해제에 즈음하여 「대한불교」신문에서 공개적인 법거량으로 해제일언(解制 一言)을 요청했는데 알림난에는 승속, 법랍 등과 관계없이 누구든지 한마디 일러달라는 문구가 있다.

※ 1950년대 불교계의 주요 사건은 위의 자료들에서 보듯이 불교정화 관련 사진이다.

※ 1970~1990년대까지는 시기적으로 얼마 되지 않았기 때문에 역사적으로 중요한 사진이라고 하기엔 이른 감이 없지 않아서 별도로 선정하지 않았다. 다만 1990년대 들어 중요한 사건으로는 1994년 이후 1999년까지 세 차례에 걸친 조계종 내분 및 종권다툼과 관련하여 승복을 입은 채 폭력을 휘두르는 몇 장의 사진이다. 이 사진이 남아 있는 한 조계종은 향후 수많은 시간이 흐른다 해도 폭력집단이라는 오명을 씻을 수 없을 것이다.

찾 아 보 기

【ㅅ】

【ㅇ】

1900~1999 한국불교 백년

2000년 5월 1일 인쇄
2000년 5월 9일 발행

편   자 / 김광식
사   진 / 윤창화
발행자 / 윤재승
ⓒ발행처 / 민족사

등록 / 1980. 5. 9, 제1-149호
주소 / 서울 종로구 청진동 208-1 금강빌딩 301호
전화 (02)732-2403~4
팩스 (02)739-7565

ISBN 89-7009-368-0 06220
E-mail / minjoksa@chollian.net

값 58,000원